KB093150

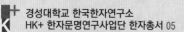

경성대학교 한국한자연구소
HK+ 한자문명연구사업단 한자총서 05

갑골문 발견 120주년 기념

문자학자의 인류학 여행기

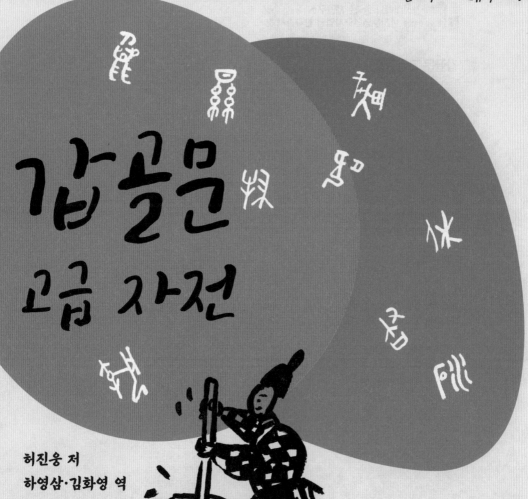

갑골문
고급 자전

허진웅 저
하영삼·김화영 역

도서출판 3

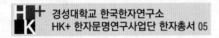

경성대학교 한국한자연구소
HK+ 한자문명연구사업단 한자총서 05

갑골문 고급 자전

저자 허진웅(許進雄)
역자 하영삼·김화영
디자인 김소연
펴낸 곳 도서출판3

초판 1쇄 인쇄 2021년 1월 10일
초판 1쇄 발행 2021년 1월 15일

등록번호 제2018-000017호
전화 070-7737-6738
전자우편 3publication@gmail.com

ISBN: 979-11-87746-52-2 (93710)

This work was supported by the Ministry of Education of the Republic of Korea and the National
Research Foundation of Korea (NRF-2018S1A6A3A02043693)

갑골문 고급 자전

허진웅 저
하영삼·김화영 역

목차

글자 유래의 이해가 문화의 역사를 이해하는 길
——『갑골문 고급 자전』에 대해

허진웅(許進雄)

한자 하나하나가 문화의 역사라면
이 자전은 바로 한자의 진화에 관한 자그만 역사이자,
고대 인류의 삶의 흔적과 유익한 정보를 가득 담은
고급 문화사입니다.

필자가 자무(字畝)문화출판사에서 『유래를 품은 한자』 시리즈의 출판을 기획할 때 애초의 계획은 동물, 정치, 음식 의복, 거주와 이동, 산업, 생활사 등 6가지 주제를 중심으로 관련 고대한자들이 가진 창제의미를 통속적인 문체로 서술하고자 하는 것이었습니다. 그러나 6권의 시리즈가 모두 출판된 후, 출판사에서는 6권의 책에서 소개된 한자들을 한데 모으고 필획과 독음색인을 만들어 『갑골문 간명 자전』으로 출판할 것을 제안했습니다. 하지만 6백자 남짓 되는 한자를 모아 '자전'이라 부르자니 이름과 실제가 그다지 맞지 않다고 생각되어, 이름과 실제가 일치하는 '자전'을 만들기로 자청하였습니다. 그리하여 『갑골문 간명 자전』의 형식을 기초로 『설문해자』에 수록된 형성자를 제외한 글자들을 모두 수록하여 보완하고자 했습니다. 이렇게 보충을 거치면서 1천12자가 추가되었습니다. 그래서 이 책에서는 『유래를 품은 한자』 시리즈 6책에 원래 수록되었던 6백11자를 합쳐, 총 1천6백23자를 수록하게 되었습니다. 이렇게 해서 새로이 탄생하게 된 것이 바로 이 『갑골문 고급 자전』입니다.

'육서(六書)'에 근거해 한자가 창제된 것이 아니다.

한자에 대해 이야기할 때면 많은 사람들이 '육서'라는 이 용어를 연상하게 됩니다. 어떤 이는 이 '육서'를 한자를 만드는 방법이라고 하기도 하고, 어떤 이는 한자의 구조 방식이라고 여기기도 합니다. 많은 사람들이 '육서'가 이해하기 어려운 개념이라 생각하고 있습니다. 사실, '육서'의 진정한 의미에 대해 그다지 깊이 공부할 필요는 없습니다. 게다가 그것을 상세히 설명한다 해도 이해하기도 쉽지 않습니다. 그것은 우선 '육서'를 설명한 원문 그 자체가 불분명하여 저자의 원래 의도를 추측하기가 어렵기 때문입니다. 그리고 그다지 깊이 연구할 필요가 없다고 한 것은 그것이 한자의 창제의미를 탐구하는데 별로 중요하지도 않고 그럴 필요도 없기 때문입니다.

갑골문의 특정 자형, 예컨대 '곽(郭)'자나 '주(酒)'자 같은 글자들에 반영된 사회적 배경에 근거해 볼 때, 한자 체계는 지금까지 4천년 이상의 역사를 가졌을 것으로 생각합니다. 시간이 오래될수록 글자 모양이 크게 변하기 마련입니다. 그래서 이후의 자형에 근거해 해당 한자가 만들어질 당시 원래의 독창성을 이해한다는 것은 쉽지 않습니다. 그러나 전국시대 때부터 산발적이긴 하나 한자의 창제의미를 해독하려고 노력하였고, 이러한 노력은 계속해서 있어왔습니다. 물론 일부 내용은 당시의 내용이 아니라 후인들이 덧보탠 내용이기도 합니다.

'육서'라는 명칭은 전국시대 때의 저작에서 처음으로 등장합니다. 『주례·지관(地官)·보씨(保氏)』에서 이렇게 말했습니다.

> 보씨라는 관직은 왕의 잘못을 간언하는 일을 맡고 있었는데, 공경대부의 자제들을 도로써 양육하였던 바, 6가지의 기예를 가르쳤다. 즉 첫째 5가지 예식, 둘째 6가지 음악, 셋째 5가지 활쏘기, 넷째 5가지 수레 모는 기술, 다섯째 6가지 서체, 여섯째 9가지 산술 등이 그것이다.(保氏掌諫王惡, 養國子以道, 乃教之六藝 : 一曰五禮, 二曰六樂, 三曰五射, 四曰五馭, 五曰六書, 六曰九數)

여기서도 알 수 있듯이 '육서'는 원래 교육의 과목이었으며 글자 만드는 방법과는 아무 관련이 없었습니다. 그러나 한나라에 들면서 학자들은 이 '육서'를 한자의 6가지 생성방법으로 해석하기 시작했습니다. 어떤 사람들은 심지어 한자 창제의 초기 시대, 즉 전설적인 황제의 사관이었던 창힐(蒼頡) 시대에 이미 이러한 육서가 존재했다고 주장하기도 했습니다.

문자는 생활에 적응하고자 창의적 발상에서부터 점차적으로 만들어져 차차 늘어난 것입니다. 한자 창제의 많은 아이디어는 우발적인 것이며, 미리 정해진 어떤 규칙이 없었지만, 그 없는 규칙을 따라 다시 한자가 만들어졌습니다. 그래서 후대에 등장한 자형을 귀납하여 얻은 규칙으로 한자 창제 당시의 실제적 상황을 탐색한다는 것은 매우 어려운 일입니다.

한나라 때의 학자들은 '육서'라는 명칭을 가져와 한자의 구조를 분석했습니다. 그들은 육서의 순서에 대해서도 다음과 같은 세 가지 다른 견해가 존재했습니다.

(1) 반고(班固): 상형(象形), 상사(象事), 상의(象意), 상성(象聲), 전주(轉注), 가차(假借)(『한서·예문지』).
(2) 정중(鄭眾): 상형(象形), 회의(會意), 전주(轉注), 처사(處事), 가차(假借), 해성(諧聲)(『주례·지관·보씨』의 정현 주석 부분).
(3) 허신(許慎): 지사(指事), 상형(象形), 형성(形聲), 회의(會意), 전주(轉注), 가차(假借)(『설문해자·서』).

그러나 이 세 가지 학설의 근원은 모두 당시의 고문경학자였던 유흠(劉歆)에서 시작된 것입니다. 이들 중 허신만이 육서에 대해 정의를 내리고 구체적 예를 제공했습니다.

서기 2세기 때를 살았던 동한의 허신이 『설문해자』를 집필한데는 어떤 사회적 배경이 있습니다. 즉흥적으로 쓴 게 아닙니다. 허신은 가규(賈逵)의 학문을 받아들였는데, 가규는 유흠의 재전 제자였습니다. 유흠은 고문경학을 주창했으며, 가규는 고문학파의 창시자입니다. 그래서 『설문해자』는 고문학파의 저술에 속하며, 그것의 집필에는 어떤 연원과 목적이 있었다고 할 수 있습니다. 서한 때에 들면서 개인이 사적으로 책을 소유할 수 없다는 진(秦)나라에서 규정했던 금령이 철폐되었습니다. 그리고 고전 경학 연구를 장려하게 되면서 구전에 의해 전해지던 경전에 근거해 당시 쓰이던 한자(예서)로 기록한 금문(今文) 경전 외에도 고문으로 써진 여러 고대 문서가 줄을 이어 출현했습니다. 그러자 이 고대 문서를 해독하기 위한 학술 기관이 만들어졌고, 이를 통해 관리가 되는 방법으로서 일부 학자들은 고대한자를 공부하기 시작했습니다. 이러한 배경에서 『설문해자』의 편찬은 여러 유리한 조건을 갖게 되었습니다.

금문 경학의 기존 지위를 대체하기 위해 고문학파는 그간의 자의적이고 기준이 없는 해석보다는 더 설득력 있고 합리적인 경전의 의미를 해석해내야만 했습니다. 이 때문에 학자들은 한자 자체의 규칙을 따라 원래 글자의 의미를 파헤치고 고문으로 된 경전의 의미에 대해 주석을 달기 시작했습니다. 이렇게 해서 한자의 창제의미에 대한 연구가 이루어지게 되었습니다.

한자가 처음 만들어질 당시에는 개별 한자를 만들기 전에 어떤 규칙을 만들었던 것은 결코 아닙니다. 그러나 인류의 사고방식은 대체로 일정한 방식이 있었기에, 인류가 상상해 낼 수 있는 문자의 창제 방법은 민족이 다르다 하더라도 그다지 차이가 없었습니다. 기본적으로 형체가 있는 것은 그 형체를 그대로 그리면 되고, 형체가 없는 추상적 의미는 특정 기물의 사용 방식이나 습관 또는 가치관 등을 연결하여 표현할 수 있습니다. 그리고 구체적으로 그려내기가 쉽지 않은 표현이거나 표현하기 어려운 추상적 의미인 경우에는 발음을 빌려오는 가차(假借)라는 방법을 통하면 됩니다. 가차에 의해 표현된 글자들의 자형은 해당 글자의 창제의미와 관련이 없습니다. 그래서 글자의 유형을 '음성 관계가 있는 표음문자'와 '음성 관계가 없는 표의문자'의 두 가지 범주로 간단히 나눌 수 있습니다.

그러면 허신이 내린 '육서'의 정의를 먼저 보도록 하겠습니다.

(1) 지사(指事)

> 지사는 보면 알 수 있고 살피면 뜻이 드러나는 것을 말하는데, 상(上)
> 과 하(下)가 그 예이다.(指事者, 視而可識, 察而見意, 上下是也.)

이는 어떤 자형에 객관적 물체가 아닌 부분이 포함되어 있어 자세히 생각
해 보아야만 해당 글자의 의미를 알 수 있다는 말입니다. 그가 예로 든 상
(上)과 하(下) 두 글자의 고대한자 자형을 보면 다음과 같습니다.

상(二, 上)은 긴 획 위에 짧은 획 하나를 놓아 '위쪽'이라는 위치적 관계를 나타
냅니다. 또 하(二, 下)는 긴 획 아래에 짧은 획 하나를 놓아 '아래쪽'이라는 위
치적 관계를 나타냈습니다. 이러한 상(上)과 하(下)는 어떤 특정 기물에 한정되
는 것이 아니기 때문에 어떤 특정 대상의 형상을 가져와 표현할 수가 없습니다.
어떤 경우에는 두 획 모두가 추상적인 것이 아닐 수도 있어, 구체적인 물체와
추상적인 획이 결합한 모습일 수도 있습니다. 예를 들어, 인(刃, 칼날)을 구성하
는 도(刀)는 구체적 물체이고, 도(刀) 위에 그려진 짧은 획은 날[刃]이 칼[刀] 위
에 있는 '부위'를 나타냅니다.

(2) 상형(象形)

> 상형이라는 것은 사물을 그린 것인데 들쑥날쑥한 것을 그대로 따라 그린 것을 말한다. 일(日)과 월(月)이 그 예이다.(象形者, 畵成其物, 隨體詰詘, 日月是也.)

이 의미는 물체의 들쑥날쑥한 외형을 따라 그대로 그려낸 물체의 모양이 바로 상형자라는 뜻입니다. 일(日)자의 고대한자 자형(⊙)은 둥근 모양의 '태양'을 그렸으며, 이로써 '하루'라는 의미를 표현하는 데도 사용했습니다. 월(月)자의 소전체 자형(⊘)을 보면 언제나 이지러진 달의 모양을 그렸으며, 이로써 '한 달'의 의미를 표현하는 데 사용했습니다.

(3) 형성(形聲)

> 형성이라는 것은 사물을 이름으로 삼고, 비유하는 바를 취하여 합치는 것인데, 강(江)과 하(河)가 그 예이다.(形聲者, 以事爲名, 取譬相成, 江河是也.)

강(江)자의 소전체 자형(鿂)은 수(水)와 공(工)자의 조합으로 이루어졌습니다. 수(水)는 장강(長江)이나 강과 관련이 있다는 것을 의미하는데, 이것이 '사물을 이름으로 삼는다(以事爲名)'라는 말입니다. 강은 매우 많으며 각기 자신의 이름이 있습니다. 공(工)이라는 독음을 갖고서 '장강'이라는 이 특정한 강의 이름을 나타냈는데, 이것이 '비유하는 바를 취하여 합친다.'라는 말입니다. 마찬가지로, 하(河)자의 소전체 자형(鿂)을 보면 수(水)와 가(可)의 조합으로 이루어져 있습니다. 수(水)는 황하라는 의미와 강과 관련이 있다는 것을 의미하며, 가(可)라는 독음을 갖고서 '황하'라는 이 특정한 강의 이름을 나타냈습니다.

(4) 회의(會意)

회의라는 것은 부류를 모아 의미를 합쳐서 그것이 가리키는 바를 나타 내는 것으로, 무(武)와 신(信)이 그 예이다.(會意者, 比類合誼, 以見指 撝, 武信是也.)

무(武)자의 소전체 자형(𣥏)을 보면, 지(止)와 과(戈)의 조합으로 이루어져 있습니다. 허신은 초나라 장왕(莊王)의 말을 그대로 인용하여 이렇게 말했습니다. "공을 세우고 전쟁을 그치게 한다. 그래서 지(止)와 과(戈)를 합치면 무(武)가 된다.(定功戢兵, 故止戈為武)" 이는 아마도 고문학파들이 추가한 문장일 가능성이 높습니다. 지(止)에 멈추게 하다는 뜻이 있고 과(戈)는 전쟁에 쓰던 무기를 그린 것이니, 왕이 모든 사람들로 하여금 무기를 사용하지 못하게 하는 것, 그것이 바로 진정한 무공(武功)이라 했습니다. 허신이 말한 '회의(會意)'는 서로 다른 글자의 의미를 합친다는 것인데, 결합 후 둘 간의 관계에 새로운 의미가 생기는 것을 말합니다. 사실, 지(止)자의 경우 갑골문 시대에는 결코 '멈추다'는 뜻이 없었습니다. 그래서 갑골문에서 무(武)자(𦥑)는 창(戈)을 들고 춤을 추는 모습, 혹은 창을 들고 거리를 활보하는 용맹스런 모습을 그린 것으로, 일종의 동태적인 묘사였지 관계없는 두 글자간의 조합이 아닙니다.

신(信)자의 소전체 자형(𦣞)에 대해, 허신은 인(人)과 언(言)의 조합이라고 했습니다. 그 뜻은 사람들의 말이 성실해야 한다는 것으로, 인(人)과 언(言)이 결합하여 새로운 의미를 나타낸다는 규칙에 부합합니다. 사실 사람들의 말은 믿을 수 없는 경우가 많습니다. 그래서 한나라 무제(武帝)는 대신들이 자주 거짓말을 하는 바람에 소전체에서 대(對, 대답하다)자(𰀁)를 구성하는 구(口)자를 사(士)자로 바꾸어 버리기도 했습니다(𰀁). 갑골문에서 언(言)자는 기다란 관을 가진 관악기의 모습입니다. 그래서 신(信)자의 의미는 기다란 관악기를 가진 사람이 선포하는 것, 그것이 비로소 신뢰할 수 있는 정부의 정책이므로, 이를 들은 체 만 체 하거나 제멋대로 추측해서는 안 된다는 뜻입니다.

(5) 전주(轉注)

> 전주라는 것은 부류를 세워 하나를 대표자로 삼고 같은 의미를 서로
> 주고받는 것을 말하는데, 고(考)와 로(老)가 그 예이다.(轉注者, 建類一
> 首, 同意相受, 考老是也.)

고(考)자의 소전체 자형(考)에 대해 허신은 "노(老)와 같아 늙은이라는 뜻이다.
노(老)의 생략된 모습이 의미부이고, 교(丂)가 소리부이다."라고 하면서, 고(考)자
를 형성자로 분석했습니다. 사실 금문의 자형(考)에 의하면 지팡이를 짚고 길을
가는 노인을 그린 모습입니다. 아니면 혹 고대 사회에서 노인을 죽이던 습속과
관련이 있을 수도 있습니다. 고(考)자로써 이미 돌아가신 아버지를 지칭했는데,
구체적 형상을 표현한 표의문자라 하겠습니다.

노(老)자의 소전체 자형(老)에 대해, 허신은 이렇게 해설했습니다.

> 고(考)와 같아서 늙다는 뜻이다. 70살 노인을 노(老)라고 한다. 인(人)과
> 모(毛)와 비(匕)로 구성되었다. 수염이 흰색으로 변하는 나이를 말한다.
> (考也. 七十曰老. 从人毛匕. 言須髮變白也.)

허신의 해석에 따르면, 나이가 70살이 된 사람을 노(老)라고 하며 그때가 되
면 수염이 흰색으로 변합니다. 갑골문에서 로(老)자는 두 가지 자형으로 나
뉩니다(❶과 ❷). 전자와 같은 자형들은 특별한 모양의 모자를 쓰고 있는 사
람의 형상이며, 후자와 같은 자형들은 지팡이를 짚고 길을 걷는 노인의 형
상입니다. 금문의 자형❸을 보면 지팡이의 모양이 변하여 몸에서 분리되어 나왔
고, 모양도 화(匕: 化의 원래글자)자처럼 변했습니다. 그래서 『설문해자』에서는
수염이 흰색으로 변한다는 해설을 더하게 된 것입니다.

전주(轉注)에 대해 학자들은 거의 이천년 동안이나 논쟁을 벌여 왔습니다. 그 원인은 허신이 내린 정의가 너무 간단하고, 또 '건류일수(建類一首)'라는 정의에서 류(類)도 어떤 부류를 지칭하는 것인지가 모호했기 때문입니다.

특히 '동의상수(同意相受)'는 개별 글자의 구조나 글자를 만드는 방식이라기보다는 오히려 글자의 의미의 활용을 말한 것으로 보입니다. 허신이 예로 들었던 고(考)와 로(老)는 호훈(互訓: 서로를 뜻풀이 함)을 하고 있어서, 의미 간의 관계를 가리키는 것인지 독음 간의 관계를 가리키는 것인지 분명하지 않습니다. 그래서 이에 대한 의견이 분분하게 되었고, 이것을 살피다 보니 저것을 놓치는 식이 되어 어떤 학설로도 명확하게 설명할 방법이 없게 되었습니다. 사실 한자의 응용을 보면, 어떤 경우에는 독음을 빌려와 의미를 표현하기도 하고, 어떤 경우에는 의미를 확장시켜 해당 의미를 표현하기도 합니다.

'육서'를 보면 독음을 빌려 활용한 가차(假借)는 있지만 의미의 파생에 관한 명칭은 없습니다. 아마도 전주(轉注)가 의미의 파생에 관한 것일 것입니다. 그것은 글자의 의미를 확장하는 방식이지 글자의 구조에 관한 문제는 아닐 것이라 생각합니다.

(6) 가차(假借)

가차는 원래 그런 글자가 없어 독음에 의탁하여 의미를 표현한 것으로, 령(令)과 장(長)이 그 예이다.(假借者, 本無其字, 依聲託事, 令長是也.)

허신은 령(令)자의 소전체 자형(令)을 "명령을 내리다는 뜻이다. 집(亼)이 의미부이고 절(卩)이 소리부이다."라고만 했지, 왜 '명령을 내리다'는 뜻이 있는지 설명하지 않았습니다. 갑골문의 절(卩)은 원래 꿇어앉은 사람의 모습인데 허신은 이를 인장(印章: 도장)을 그린 것이라고 했습니다. 여러 가지 도장(卩)을 모아 (亼) 명령을 내린다고 생각했을지도 모르겠습니다. 만약 그랬다면 이는 허신의 정의에 의하면 회의자가 되어야 합니다. 갑골문에서 령(令, 令)자는 전쟁을 편리하게 치르고자 명령을 내리는 사람은 모자를 썼고 모자를 쓴 사람은 대중들에게 잘 드러났기 때문에, 꿇어앉아 모자를 쓴 사람이 바로 명령을 내릴 수 있는 사람임을 표현했을 것입니다. 허신의 해설이 옳든 필자의 해설이 옳든 령(令)자는 어쨌든 가차가 아니라 회의나 표의의 방식에 속하게 됩니다.

다시 장(長)자의 소전체 자형(長)을 봅시다. 『설문해자』에서는 이를 "올(兀)과 비(匕)로 구성되었으며, 망(亡)이 소리부인 구조이다."라고 풀이했습니다. 이 구조 분석이 옳은지의 여부는 잠시 제쳐 두고서라도, 그는 분명히 망(亡)이 소리부라고 했기 때문에 이는 형성자에 속합니다.

이렇게 볼 때, 허신이 말한 가차(假借)는 '글자의 응용'이지 '글자의 창제 방식'이 아닙니다. 그는 이어서 이렇게 말했습니다. "올(兀)은 높아서 멀리 보다는 뜻이다. 오래되면 변하기 마련이다. ㄏ는 망(亡)자의 거꾸로 된 모습이다." 이를 갑골문 자형(長, 長)과 비교해 보면, 허신의 해설이 옳지 않음을 바로 발견할 수 있을 것입니다. 갑골문에서 장(長)자는 손에 지팡이를 짚은 사람이고 머리칼이 높디높게 휘날리는 모습을 했습니다. 아마도 노인의 머리칼이 듬성듬성하여 비녀도 꽂지 못하였고 그래서 머리칼이 길디길게 늘어진 모습을 하였을 것입니다. 일반 성인의 경우 보통 상투를 틀고 비녀로 이를 고정해 머리칼이 바람에 휘날리지 않습니다. 그래서 노인의 머리칼을 가지고 와서 '길대[長]'는 추상적 의미를 표현했던 것입니다.

이상의 간단한 논의를 통해 허신의 육서 중 앞의 네 가지(지사, 상형, 회의, 형성)는 글자의 구조나 창제 방식에 관한 것이지만, 뒤의 두 가지(전주, 가차)는 글자의 구조나 창제 법칙에 관한 것이 아니라 글자의 응용에 관한 것임이 분명합니다. 앞의 네 가지에 대한 설명에서도 허신은 한자구조의 유형에 대해 상당히 분명하게 설명한 것처럼 보이지만, 사실은 한자의 구조 유형을 그런 식으로 분명하게 나눈다는 것은 그다지 쉽지 않아 보입니다.

허신은 상형자에 대해 물체의 윤곽을 따라 구체적 형상을 그대로 그려내는 것을 말한다고 했습니다. 그래서 상형에 의해 묘사될 수 있는 대상은 볼 수 있고 만질 수 있는 구체적 사물로, 명사임에 분명합니다.

상형자는 사물의 모습 그대로 매우 사실적으로 그려낼 수도 있고 대략의 윤곽만 그릴 수도 있습니다. 어떤 때에는 문자사용 당시의 환경에 영향을 받기도 했고, 어떤 경우에는 개인의 호불호의 영향을 받기도 했습니다. 예컨대, 같은 청동기 명문인데도 족휘(族徽) 즉 씨족을 나타내는 휘장은 상당히 복잡하고 실물과 상당히 비슷하게 그려졌습니다. 그러나 내용을 기록해 놓은 명문은 비교적 간단하고 추상적으로 그려졌습니다. 상형문자는 회화(그림)와는 여전히 다릅니다. 일반적으로 말해서, 회화는 어떤 특정인물의 구체적 형상을 그렸다면 문자는 인물의 공통적 특성을 그렸다 할 수 있습니다.

상형자의 분류는 매우 간단한 것처럼 보이지만, 사실 일치된 인정을 받기가 그리 쉬운 것도 아닙니다. 자형에 치중하는 사람은 글자의 형체에 근거해 물체를 순수하게 그린 것인지의 여부에 따라 상형문자인지 결정할 것입니다. 그러나 글자의 의미에 치중한 사람이라면 해당 글자가 사용된 의미에 근거해서 이미지를 그린 것이라면 상형자가 아니라고 주장할 것입니다.

예를 들어, 고(高)자의 경우, 갑골문(⛪, ⛪)에서는 높은 기단 위에 세워진 고층 건축물의 모습을 그렸습니다. 구(口)는 나중에 더해진, 빈 공간을 채우기 위한 무의미한 기호입니다. 어떤 사람들은 이 글자가 구체적인 건축물을 그렸기 때문에 상형자라고 보기도 합니다. 그러나 어떤 사람은 높고 낮음은 개념적 속성에 속하는 것이며, 고대인들은 '높다'는 추상적 의미를 표현하기 위해 일반 주택보다 높은 건물을 갖고 왔다고 보기도 합니다.

또 대(大)자의 경우, 갑골문 자형(⛄)을 보면 서있는 성인의 정면 모습을 그렸습니다. 사람의 형상을 묘사했지만 이 글자의 의미는 아이의 몸보다 큰 성인의 모습을 빌려 사물의 크기를 나타낸 것입니다. 그래서 고(高)자나 대(大)자를 구체적 형상을 그린 상형자가 아니라 이미지를 그려낸 것이라 보기도 합니다.

중요한 것은, 우리가 이해하고 있는 갑골문 시대의 글자의 의미도 아마 해당 글자가 창조될 당시의 원래 의미가 아닐 수도 있어, 상나라 이전 시대에는 또 다른 원래의 의미를 가졌을 수도 있다는 점입니다. 일반적으로 말해서 추상화의 개념은 비교적 늦게 발전합니다. 해당 글자가 창제될 당시의 고(高)의 원래 의미는 특정 구체적 형체를 가진 고층 건물이었으며, 나중에 높이와 고도라는 뜻으로 확장되었습니다. 그래서 한 글자의 분류는 특정 시대에 사용되는 의미에 의해 영향을 받을 수 있습니다. 또 자형도 이후에 독음부호가 추가되어 형성구조로 변할 수도 있습니다.

또 다른 예로, 분류의 기준이 단어의 의미에 더 초점이 맞추어진 경우, 일부 물상의 형체가 어떤 고유한 윤곽을 갖지 않기 때문에 참조 정보를 강화하여 그 개념을 지칭한 경우도 있습니다. 일부 사람들은 사용하는 의미가 명사이기 때문에 해당 글자를 상형문자로 분류합니다. 그러나 일부 사람들은 자형이 합성 형식이기 때문에 상형자라고 생각하지 않기도 합니다.

예를 들어, 주(酒)자의 경우, 갑골문 자형(呑, 氏)은 술 독 하나와 세 개의 술 방울로 구성되었습니다. 어떤 사람들은 이것이 상형문자라면 더 이상 분리되지 않는 독체(讀體)여야 한다는 원칙 때문에, 그리고 유(酉)자를 빌려와 주(酒)자로 사용한 예들 때문에, 주(酒)자는 술독에 저장된 특수한 액체라 여기기도 하고, 심지어는 주(酒)를 상형자가 아닌 수(水)가 의미부이고 유(酉)가 소리부인 형성 자로 보기도 합니다.

또 다른 예로 뢰(牢)자의 경우, 갑골문 자형(呑, 呑, 呑)은 통상 소나 양 한 마리가 우리에 갇힌 모양이지만, 어떤 경우에는 울타리만 그린 경우도 있습니다. 갑골 복사에서 뢰(牢)자의 의미는 방목하여 키운 보통의 희생으로 쓸 일반적인 소나 양이 아니라 우리 속에서 특별나게 키워진 특수한 물품을 가리킵니다. 우리 속에 갇힌 동물을 말[馬]로 바꾸면 말을 키우는 마구간이라는 의미를 갖게 됩니다. 어떤 사람은 뢰(牢)자의 본래 의미가 '뢰고(牢固: 튼튼하다)'라고 하기도 하고, 어떤 사람은 특수하게 치루었던 제사의 희생물로 여기기도 하여, 상형자 가 아니라 회의자에 속한다고 봅니다. 그러나 울타리만 그린 글자도 있기 때문 에 본래 의미는 '울타리'였고, 의도적으로 기른 희생물로서의 소나 양의 의미는 나중에 확장된 것일 수도 있습니다.

또 다른 예로 추(秋)의 경우, 갑골문 자형(呑, 呑)은 가을에 출현하는 메뚜기 떼의 재앙으로 해당 계절(가을)을 표현했습니다. 메뚜기의 모습은 상형입니다. 그러나 '가을'이라는 의미는 도리어 '회의'입니다. 자형으로 본다 해도 추(秋, 呑)자는 더 이상 분리가 되지 않는 독체자입니다. 그러나 의미를 표현하는 수 법에 있어서는 독체 회의자여야 합니다.

또 다른 예를 하나 더 들면, 향(享)자의 경우 갑골문 자형(㐭)은 기단 위에 세워진 고층 건물입니다. 그 건축물은 신령에게 제사를 지내기 위해 만들어진 특별한 것이기 때문에, 희생을 바쳐 제사를 지낸다는 동사로 사용됩니다. 이 또한 대상 이미지가 반드시 명사성의 상형자가 아닐 수도 있으며, 단독의 회의자일 수도 있습니다. 허신의 정의에 따르면, 두 개의 독체자가 서로 합쳐야만 회의자가 되는데, 이러한 것과 같이 한 글자로 된 회의자는 없습니다. 그래서 '회의(會意)'라는 명칭을 '상의(象意)'로 바꾼다면 앞서 들었던 고(高)나 추(秋)나 향(享)과 같은 글자들을 독체 회의자에 포함시킬 수 있게 됩니다.

『설문해자』에서 의미부와 소리부의 결합으로 자형을 해설한 형성(形聲)구조의 경우에도, 의미부 없이 소리부로만 조합되어 이러한 유형에 포함시킬 수 없는 글자도 있습니다.

중국어는 단음절 언어입니다. 그래서 초기에 창제된 글자들은 표의자(상형, 지사, 회의 등)를 위주로 하고 있습니다. 그러나 언어에는 많은 다양한 개념이 있기 때문에 이들 모두를 적절한 그림으로 표현하기가 어렵고, 또 점점 증가하는 인간의 일들에 대해서도 이를 표현할 특별한 단어를 만들 방법도 없었습니다. 그래서 이러한 어려움을 해결하는 두 가지 방법을 생각해 냈습니다. 그것은 바로 의미의 파생이고, 다른 하나는 독음의 가차(假借)입니다.

'파생'의 방법은 같은 글자를 사용하여 기본 의미와 관련된 몇 가지 의미를 확장해서 표현하는 것입니다. 허신이 말했던 전주(轉注)가 이에 해당됩니다. 어떤 경우에는 어떤 개념들 사이에 그들이 갖고 있는 공통적 속성을 찾을 수도 있고, 혹은 그 의미들 간에 시간을 달리 하며 단계적으로 발전한 관계가 있기 때문에 같은 글자를 가지고 그러한 개념들을 표현할 수 있었습니다.

예를 들어, 복(复)자의 경우, 갑골문 자형(𡕀)은 도가니에 바람을 불어넣는 포대기의 페달에 발을 대고 서 있는 모습입니다. 발을 위아래로 반복해서 운동하는 개념을 빌려, 포대 속의 공기가 송풍관을 통해 끊임없이 용광로로 지속적으로 전달하는 의미를 그려냈습니다. 이 때문에 이 글자는 왕복과 반복의 의미를 나타내며, 이로써 반복되는 여행, 햇빛의 재출현, 정벌 후의 회군, 심지어는 여러 겹으로 된 옷 등과 같이 왕복이나 중복과 관련된 다양한 문제를 표현하기 위해 차용되었습니다. 이후 이들 의미를 구분하기 위해 각종 의미부를 추가하였는데, '가다'는 뜻의 척(彳)을 더하여 복(復)이, '옷'을 뜻하는 의(衣)를 더하여 복(複)이 되는 등 형성자로 변화했습니다. 그러나 복(复)으로 구성된 많은 글자들 중 '왕복'이나 '중복'과 관계없이 단순히 독음만 빌려온 형성자도 많습니다.

또 구(冓)자의 경우, 갑골문 자형(𤕻)은 두 개의 목재를 밧줄로 묶어 연결한 모습인데, 이로써 '교차'와 '만남'에 관련된 다양한 의미를 확장하여 표현했습니다. 나중에 원래의 의미와 확장된 의미를 구분하고 각각의 독자적인 자형을 확정하기 위해 원래의 어원에다 수(水), 목(木), 패(貝), 여(女), 견(見), 착(辵), 언(言) 등의 서로 다른 의미부를 추가하여 구(溝), 구(構), 구(購), 구(媾), 구(覯), 구(遘), 강(講) 등과 같은 글자들을 만들었습니다. 이들 구(冓)자를 소리부로 삼는 글자들은 모두 '교차하다'라는 개념과 관련된 형성자들입니다. 파생 의미로 인해서 만들어진 형성자들은 모두 공통된 의미를 갖고 있습니다.

'가차(假借)'의 방식은 하나의 의미(특히 추상적 개념)를 그림으로 묘사하기 어려울 때, 동일하거나 유사한 발음을 가진 다른 단어를 빌려와 이를 표현하는 데 사용했습니다.

예컨대, 황(黃)자의 경우 갑골문 자형(東)은 옥으로 만든 장식물 세트가 허리에 매달려있는 모습이지만, 옥과는 무관한 노란 색을 표현하기 위해 빌려온 글자입니다. 이후 혼동을 피하기 위해 원래 의미의 황(黃)자에는 옥(玉)을 더하여 황(璜)자를 만들어 형성구조로 변화시켜, 가차 의미인 '노란색[黃]'과 구별해 사용했습니다.

마찬가지로, 막(莫)자의 경우도 갑골문의 자형(茻, 糅)은 해가 서쪽으로 져 숲 속으로 떨어질 때의 '저녁'을 말합니다. 간혹 조(鳥)자를 더하여 새가 숲의 둥지로 돌아가는 시간 즉 저녁을 나타내기도 했습니다. 어쨌든 모두 시간을 나타내는 부사로 쓰였습니다. 그러나 춘추시대에 들면서 막(莫)자가 부정을 나타내는 부사로 가차되면서 본래 의미의 막(莫)에는 일(日)을 하나 더 더하여 모(暮)자를 만들게 되었습니다. 많은 가차자들이 이런 방식을 거쳐 형성구조로 변했습니다.

때로는 읽기의 편의를 위해, 혹은 이미 변화된 독음을 반영하기 위해 새로운 소리부를 추가하여 형성구조를 만들기도 합니다. 예컨대, '내일'은 추상적인 시간부사입니다. 상나라 때에는 이 의미를 표현하기 위해 독음이 같은 깃털의 형상(羽)을 빌려와 사용했습니다. 그러나 제3기 갑골문에 이르면 소리부인 입(立)을 더하여 구분했습니다(翊). 이후 전국시대에서 우(羽)자가 음악의 궁조 이름으로 쓰이게 되자, 새로운 소리부 우(于, 亏)를 더했습니다.

나머지, 전국시대 때의 여러 나라들에서는 호(虍)가 의미부이거나() 어(魚)가 의미부인 자로써 1인칭 대명사인 여(余)자를 대신했습니다. 인칭대명사는 모두 가차의 방법을 통해 만들어졌습니다. 이렇게 해서 이런 형성자들은 순수한 소리부와 의미부로 구성된 형성구조로 분석됩니다. 그래서 이들을 형성자라고 하는 것도 적합하지 않습니다. 오히려 '상성(象聲)'자라고 하는 것이 더 적합합니다.

앞에서 언급한 바와 같이, 초기 형성자의 대부분은 상형이나 상의자였으며, 오랜 기간 사용을 거치면서 형성자로 발전했습니다. 사람들은 이러한 형성구조가 간편하고도 유효한 글자 창제방법이라는 것을 알게 되자 이러한 방식으로 대량의 새로운 글자들을 만들어냈습니다. 초기에 의도적으로 만들어진 형성문자는 씨족 이름, 장소 이름, 동식물 이름 등이었을 것인데, 그림의 형식으로 표현해내기 어려운 고유명사이기 때문입니다. 그 다음에 다른 어휘의 영역으로 확장되었으며 결국에는 가장 광범위하게 응용된 글자의 창제방법이 되었습니다.

대부분의 형성문자는 문자사용의 편의를 추구하기 위한 것으로, 의미를 나타내는 의미부와 발음을 나타내는 소리부의 결합으로 이루어져 있으며, 글자의 창제의미는 깊이 게재되어 있지 않습니다. 그래서 이들 형성자는 우리가 글자의 창제의미를 논의하는 초점의 대상이 아닙니다. 그래서 이 책에서는 『설문해자』에 수록된 비(非)형성자, 즉 형성자가 아닌 글자들을 해설 대상으로 삼았습니다.

그러나 형성자가 형성되는 과정에서 일부는 이미 상형이나 회의형의 글자를 만들어 냈으나 발음의 편의를 위해 소리부를 더하여 생성된 형성자도 있습니다. 이들은 원래 글자의 창제의미를 논의하는데 필요한 글자들이므로 해설 대상으로 삼았습니다.

예를 들어, '조(造)'자의 경우, 금문에는 다양한 자형이 존재합니다❹. 한자학의 변화 규칙으로 볼 때, 🜲가 가장 초기의 자형일 것인데, 집안에 배가 한 대 있는 모습입니다. 집에 배를 그려 넣어 '제조(製造)하다'는 의미를 표현했는데, 글자의 창제의미는 조선소에서 선박을 만드는 것에서 가져왔을 것입니다. 집안에 선박이 든 모습은 선박을 조선소에서 만드는 단계에 이르러야만 가능한 모습입니다.

❹

일단 배가 완성되면 물에 들어가 항해를 해야 합니다. 이러한 글자의 창제 의미는 쉽게 이해할 수 있습니다. 舟나 舟 등은 한 걸음 더 나아가 여기에 고 (告)자(告, 告)가 더해진 형성자들입니다. 일부 사람들이 이들 글자의 창제의미를 이해하지 못하는 바람에 원래 있던 집 부분을 버리고 舟로 단순화했습니다. 그리하여 결국에는 주(舟)가 의미부이고 고(告)가 소리부인 형성자로 남게 된 것입니다.

또한 배와 다른 것들도 제작되었을 것이기 때문에, 어떤 사람들은 무기를 제작할 때에는 '창'을 뜻하는 과(戈)가 들어간 戈, 금속 기물을 제작할 때에는 '쇠'를 뜻하는 금(金)이 들어간 金, 교통과 여행에 관한 기물을 제작할 때에는 '이동'을 뜻하는 착(辵)이 들어간 辵, 혹은 돈을 주고 제작된 것을 구매할 경우에는 '화폐'를 뜻하는 패(貝)가 들어간 貝 등으로 표현했습니다.

『설문해자』에서는 조(造)에 대해 이렇게 해설했습니다.

> 조(造)는 취(就)와 같아 나아가다는 뜻이다. 착(辵)이 의미부이고 고(告)가 소리부이다. 담장은 '조(造)는 상사(上士: 관료가 되다)라는 뜻이다'라고 풀이했다. 舟(艁)는 조(造)의 고문체인데 주(舟)로 구성되었다.(造, 就也. 从辵, 告聲. 譚長說: 造, 上士也. 舟, 古文造从舟.)

『설문해자』에서 제시했던 고문체는 바로 금문의 자형입니다. 소전체(造)를 보면 원래 배를 제작하던 모습을 찾아볼 수 없습니다. 그래서 허신은 조(造)자에 대해 설명하면서 가장 자주 보이는 의미 항목인 '창조(創造)'나 '제조(製造)' 등으로 설명하지 않고 '나아가다(就)'나 '상사(上士)'라는 의미를 가지고 설명했던 것입니다. 안타깝게도 모두 틀린 해석입니다.

그리고 몇몇 글자들의 경우, 그 형태에 큰 변화가 있었기 때문에 허신은 합리적인 설명을 할 방법이 없어 형성자라는 개념으로 쉽게 설명하기도 했습니다. 이러한 글자들도 이 책에서는 수록대상으로 삼아 그 창제의미에 대해 해설했습니다.

형성자에는 세 가지 중요한 포인트가 있습니다. 첫째, 적어도 하나의 독음부호를 포함해야하며 그 독음부호는 독립적이어야 한다는 점입니다. 둘째, 해당 형성자와 독음부호로 기능하는 소리부는 운모(韻母)가 큰 범위에서 같은 부류에 속해야 합니다. 셋째, 해당 형성자와 독음부호로 기능하는 소리부는 성모(聲母)도 큰 범위에서 같은 부류에 속해야 합니다. 예컨대, 순음(脣音)이 하나의 큰 부류이며, 후음(喉音)도 하나의 큰 부류이며, 설음(舌音)도 하나의 큰 부류입니다. 만약 독음부호로 기능한 소리부의 성모나 운모가 서로 다른 부류에 속한다면 이는 형성자로 볼 수 없습니다.

예컨대, 상(喪)자의 경우 『설문해자』에서는 이렇게 해설했습니다. "상(喪)은 망(亡)과 같아 '죽다'는 뜻이다. 곡(哭)과 망(亡)이 모두 의미부인데 망(亡)은 소리부도 겸한다.(喪, 亡也. 从哭, 亡, 亡亦聲.)"

상(喪)의 독음은 식(息)과 랑(郞)의 반절(=상)인데, 성모는 설첨음으로 심(心)모에 속합니다. 망(亡)의 독음은 무(武)와 방(方)의 반절(=망)로, 성모는 미(微)모에 속합니다. 주법고(周法高)의 재구음에 의하면 상(喪)은 /sang/, 망(亡)은 /mjwang/으로, 이 둘은 다른 소리부에 속합니다.

상(喪)자의 갑골문 자형❺은 뽕나무 한 그루와 가지들 사이에 크기가 다른 구(口)가 2~4개 더해진 모습입니다. 이 글자에서 구(口)는 바구니를 그렸으며, 글자의 창제의미는 뽕나무 잎 따기 작업에 있습니다. 뽕나무 가지 사이에 여러 개의 바구니를 걸고 뽕나무 잎을 따면 수월합니다. 상(喪)자는 금문 ❻에 이르러 뽕나무의 뿌리 부분이 모두 망(亡)자와 비슷한 모습으로 변해 버렸습니다. 이렇게 볼 때, 망(亡)은 뽕나무 뿌리 부분이 잘못 변한 것이지 원래 글자의 소리부로 충당된 것이 아님을 알 수 있습니다.

또 성(聖)자의 경우, 『설문해자』에서는 이렇게 설명했습니다. "성(聖)은 통(通)과 같아 '정통하다는 뜻이다. 이(耳)가 의미부이고 정(呈)이 소리부이다. (聖, 通也. 从耳, 呈聲.)"

성(聖)의 갑골문 자형❼은 입 옆에 귀가 크게 그려진 사람의 모습인데, 이로써 이 사람이 뛰어난 청력을 갖고 있으며, 각종 소리를 구분하는 재주가 뛰어난 사람임을 말했습니다.

금문에서의 성(聖)자❽는 사람을 그린 부분이 변화 규칙을 따라 점차 정(王)자로 변했음을 알 수 있습니다. 허신은 구(口)와 정(王)을 합쳐서 정(呈)으로 오인했고 이를 소리부라고 해설했던 것입니다.

주법고(周法高)의 재구음에 따르면 선진(先秦)시대 때의 성(聖)자의 재구음은 /st,jieng/이고 정(呈)은 /diengm/입니다. 성모의 유형이 서로 같지 않다는 것을 알 수 있습니다. 그래서 갑골문 이후의 성(聖)자의 자형 변천 과정을 잘 알지 못한다 하더라도 우리는 허신이 정(呈)이 소리부라고 해설한 것에 대해서는 의심을 해야 합니다.

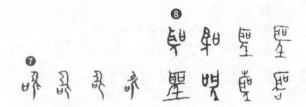

단순한 분류든 아니면 더 상세한 분류든 상관없이 명확한 경계를 설정하기 어려운 글자도 있습니다. 그러므로 모든 글자에 대해 그것이 육서 중에서 상형인지, 지사인지, 회의인지를 일일이 밝힐 필요는 없으며, 구성요소 중 소리부가 필요한 형성자와 구분해 주기만 하면 될 것이라 생각합니다. 가장 중요한 것은 해당 글자를 만들 때의 창제의미와 그것의 사용 의도를 이해하는 것입니다.

『유래를 품은 한자』
한국어판 출판에 붙여

허진웅(許進雄)

대만 자무(字畝)출판사에서 출판한 『유래를 품은 한자』 시리즈(8책)는 주로 개별 고대한자를 대상으로 이에 담긴 창의성과 한자에 반영된 사회적 배경을 소개하기 위한 것입니다. 이 때문에 여기에는 여러 학과와 관련된 주제가 많이 포함되어 있어, 중문학과 출신인 저로서는 원래부터 관련 정보를 충분히 이해할 수 있는 것이 아니었습니다. 그런데도 감히 이런 책을 쓰게 된 것은 제가 어떻게 해서 60년 한 평생 내내 한자의 창의성과 관련된 지식을 연구하는 데 특별히 관심을 가져왔는가에 대한 이유와 관련되었다고 이해해 주시기 바랍니다.

저는 고등학교 3학년 때 우연히 왕념손(王念孫, 1744~1832)이 주석을 단 『광아소증(廣雅疏證)』이라는 책을 읽게 되었고, 책의 제1장의 해석에 다음과 같은 문장이 포함되어 있었습니다. "건(乾), 관(官), 원(元), 수(首), 주(主), 상(上), 백(伯), 자(子), 남(男), 경(卿), 대부(大夫), 영(令), 장(長), 용(龍), 적(嫡), 낭(郎), 장(將), 일(日), 정(正)은 모두 임금[君]이라는 뜻이다." 저는 왜 이렇게 다양한 글자들이 동일한 의미를 갖는지 궁금했었습니다.

일부 글자의 용법은 알고 있었지만 잘 모르는 글자들도 있었습니다. 그래서 그 책을 사가지고 돌아와 읽었습니다. 몇 번이고 읽은 후, 이 글자들은 원래 다른 의미를 가지고 있었지만 사용되는 상황에 따라 비슷한 의미를 가질 수 있다는 점을 알게 되었고, 그것이 저에게 한자에 대한 신비함을 느끼도록 해 주었습니다. 한자 지식에 대한 열망으로 왕인지(王引之, 1766~1834)의 『경전석사(經傳釋詞)』와 『경의술문(經義述聞)』, 유월(俞樾, 1821~1907)의 『고서의의거례(古書疑義擧例)』 등과 같은 책들을 계속해서 읽게 되었습니다. 그러한 일념 때문에 저는 이후 대학에 진학하면서 중문과를 선택하게 되었습니다.

1960년, 제가 대만국립대학에 입학한 첫해 때였습니다. 제가 갑골문을 연구하시는 김상항(金祥恆, 1918~1989) 교수님을 뵈었을 때, 교수님께서는 막 창간한 『중국문자(中國文字)』라는 저널을 한 권 주셨습니다. 그에 실린 논문 중에서 교수님께서 쓰신 「호(虎)에 대한 해석[釋虎]」이라는 글이 있었습니다. 거기에서 호(虎)자의 갑골문 자형은 호랑이의 모습을 그렸는데, 이후 다양한 변화를 거쳐 점차 지금의 호(虎)자와 예서체 및 초서체 등의 자형으로 변했다고 했습니다. 이 논문을 읽고 나서 저는 큰 영감을 얻었습니다. 한자의 창제의미를 정확하게 이해하려면 현재까지 발견된 최초의 한자인 상나라 때의 갑골문에서부터 시작해야 한다는 것을 알게 되었습니다. 왜냐하면 이후 글꼴은 변화가 너무 심해 원래의 창제의미를 살펴볼 방법이 없기 때문입니다. 그때부터 저는 혼자서 갑골문을 공부하기 시작했습니다.

대학 2학년 때, 문자학 강의를 맡으셨던 이효정(李孝定, 1918~1997) 교수님께서는 갑골문 연구자이셨습니다. 교수님께서는 제가 갑골문을 어느 정도 알고 있다는 것을 아시고서는, 2학기가 끝나갈 무렵 저에게 미국의 한 기관에서 대만에다 중국 동아시아 학술연구 기금회를 설립했다는 정보를 알려주셨습니다. 그리고 거기서는 인기 없는 주제에 대한 학생들의 연구 참여의지를 높이기 위해 충분한 거액의 장학금을 제공하고 있고, 그중 하나의 정원이 갑골문 연구자에게 제공된다고 하셨습니다. 교수님께서는 제가 지원하도록 추천해 주셨지만, 이는 연구 논문 작성에 한정된 지원이라고 하셨습니다. 저는 선생님의 지시에 따라 연구주제를 "상나라 제사 복사 연구[商代祭祀卜辭的硏究]"로 설정하여 신청하게 되었으며, 뜻하지도 않게 장학금을 받게 되었습니다.

대학 3학년이 되면서 그 논문을 쓸 연구 자료를 수집하기 시작했습니다. 김상항 교수님께서도 당신의 연구실에 자리를 마련해 주셨기 때문에 자연스럽게 저의 연구 관점을 교수님께 여쭈어 볼 기회도 갖게 되었습니다. 교수님께서는 연구 내용 중에서 우선 통찰력 있는 내용을 뽑아 『중국문자(中國文字)』에 발표하라고 격려해 주셨습니다. 1963년 6월, 『중국문자』 제12집에 저의 첫 학술논문인 「어(御)에 대한 해석[釋御]」이 실렸습니다. 저의 연구를 통해 갑골문의 어(御)자가 사실은 비슷한 모양을 가진 두 개의 다른 글자임이 밝혀졌습니다. 하나는 '제거'와 '저항'의 의미를 가지고 있고, 다른 하나는 '전차나 말을 몰다'는 의미를 가지는 것이었습니다. 그리하여 '자용(玆用)'과 '자어(玆御)'의 의미가 같다는 호우선(胡厚宣, 1911~1995) 교수의 견해에 의문을 제기했던 것입니다. '자용(玆用)'은 소위 조측(兆側) 각사로, 이번에 친 점괘가 채택되었음을 의미하고, '자어(玆御)'는 점을 친 결과에 관한 험사(驗辭)로서 전차나 말을 사용한 사냥을 통해 각종 소득이 있었음을 기록하였던 것입니다.

동아시아 학술장학기금을 지원받은 논문을 작성하면서 얻은 가장 큰 성과는 주제(周祭)(이전에는 '5종 제사(五種祭祀)'라고 불렀음)에 대한 성과였습니다. 주제(周祭)에 대한 연구는 저 이전의 경우, 동작빈(董作賓, 1895~1963) 선생님과 시마 쿠니오(島邦男, 1908~1977) 선생 두 분이 가장 대표적이었는데, 두 분의 연구 결과는 비슷하지만 조금 차이가 있었습니다. 저는 이를 다시 탐구하고 증거를 찾아내어 두 선생님께서 추론한 주제(周祭)의 제사 목록을 비롯해 시작 제사의 그룹을 새롭게 수정했습니다. 그리고 이를 『중국문자』 제22집에다 「갑골복사의 '5종 제사'의 첫 제사에 관한 논의[甲骨卜辭中五種祭祀祀首的商討]」라는 제목으로 발표했습니다. '5종 제사'는 상나라 왕의 조상들에게 5가지로 구성된 제사, 즉 익(翌), 제(祭), 재(載), 협(劦), 융(肜) 제사 등을 연속해서 거행하는 것을 말합니다. 이들 제사 중 어느 것이 먼저 오는지를 알아내야 했습니다. 동작빈 선생께서는 제사를 드릴 때, 북을 사용한 음악이 들어가는 융(肜)제사가 제일 먼저이고, 그 다음이 춤이 들어간 익(翌)제사, 그리고 마지막으로 음식을 올리는 제(祭)제사, 재(載)제사, 협(劦)제사로 마무리한다고 했습니다. 그래서 그가 정한 순서는 융(肜), 익(翌), 제(祭), 재(載), 협(劦)제사의 순이었습니다.

그러나 일본의 시마 쿠니오(島邦男) 교수는 첫 번째 제사는 대규모로 거행되었고, 제(祭)제사 그룹에 재(載)제사와 협(劦)제사가 포함되며, 규모도 가장 성대하다고 했습니다. 그래서 주제의 순서는 제(祭), 재(載), 협(劦), 융(肜), 익(翌)제사가 되어야 한다고 했습니다. 이 두 가지 주장은 모두 주관적인 설정으로, 이를 뒷받침할 만한 증거는 없었습니다.

제가 발견한 두 편의 갑골 복사에서 그 순서는 익(翌), 협(劦), 융(肜)제사로 되었으며, 게다가 익(翌)제사 그룹과 제(祭)제사 그룹으로 되어 있었습니다. 제(祭)제사 그룹과 융(肜)제사는 연이어져 있었지만, 융(肜)제사 그룹과 익(翌)제사 그룹 사이에는 시간적 간격(10일, 旬)이 존재했습니다. 이는 한 제사 사이클과 다음 제사 사이클 사이에 간극이 존재했음을 분명히 보여주었습니다. 그래서 5종 제사의 순서는 익(翌), 제(祭), 재(載), 협(劦), 융(肜)제사의 순이 되어야 된다고 생각했습니다. 이 논문이 발표된 이후 대부분 정확한 견해로 인정되어 더 이상의 의견 차이는 존재하지 않게 되었습니다. 그리고 이를 이어서 『중국문자』 제24집에 「5종 제사의 제사 주기와 순서[五種祭祀的祀周和祀序]」라는 논문을 발표했습니다.

년대와 달과 날짜가 기록된 제사 관련 갑골 각사에 근거해 복원한 제사 계보로부터 '사(祀)'가 왕의 재위 연수를 지칭하는 것이지 제사의 주기를 나타내는 단위가 아니라는 사실도 발견할 수 있었습니다. 그리고 제사의 관습에 근거해 어머니가 아들을 중히 여긴다는 요점(母以子貴)을 알게 되었고, 선왕(先王)과 선비(先妣)에 대한 제사 계보 내용을 복원하여, 『사기(史記)』의 일부 내용을 수정하기도 했습니다. 상나라 당시에 모든 선왕(先王)과 선비(先妣)에 대한 제사가 한 바퀴 돌아 끝나는 주기는 정상적인 경우 36순(旬)(1순은 10일)이었으며, 약 2년마다 37순의 주기가 돌아왔습니다. 이상의 몇몇 이론적 토대를 바탕으로 저는 주제를 확장하여 석사 논문인 「은 복사에 나타난 5종 제사 연구(殷卜辭中五種祭祀的研究)」를 작성하게 되었습니다.

1968년, 대만중앙연구원(Academia Sinica) 역사언어연구소의 이제(李濟, 1896~1979) 교수와 저의 지도교수인 굴만리(屈萬里, 1907~1979) 교수께서 캐나다 토론토 대학의 요청에 답하여 저를 토론토의 로열 온타리오 박물관(Royal Ontario Museum)에서 소장하고 있던 멘지스(James Mellon Menzies, 明義士, 1885~1957) 수집 갑골을 정리하도록 추천해 주셨습니다. 이 기회를 통해 저는 저의 지평을 넓힐 수 있었고 여러 방면의 지식을 습득할 수 있었습니다.

제가 박물관에서 근무하는 과정에서 이룬 가장 중요한 발견은 찬조(鑽鑿: 단단한 갑골을 불로 지져 금이 잘 나도록 미리 움푹하게 파낸 둥글고 세로로 길쭉한 홈)를 사용하여 갑골의 시기를 구분한 것입니다. 동작빈(董作賓) 선생께서 갑골의 연대 측정 사례 연구를 발표하면서 갑골의 연대 측정에 활용할 10가지 표준을 요약하여 제시한 바 있습니다. 그러나 특정 유형의 갑골(소위 말하는 퇴조(堆組) 복사, 혹은 왕족(王族) 복사나 다자족(多子族) 복사 및 역조(歷組) 복사라고도 불림)의 시기에 대해 학자들은 두 가지 의견을 가지고 서로 대치하였습니다. 제가 발견한 찬조(鑽鑿) 패턴은 시기 구분에서 추가적인 기준을 제공하게 되었으며, 이는 이런 분쟁을 해결하는 데 도움이 될 수 있었습니다. 은허(殷墟) 유적에서 발굴된 갑골은 불로 지져 운세를 예견하는 금을 잘 드러낼 수 있도록 하기 위해, 갑골의 뒤쪽에다 찬조(鑽鑿)라고 불리는 움푹한 홈을 팠습니다. 일반 학자들은 실제 갑골 편을 보지 못했으며, 설사 보았던 학자라 하더라도 장기적으로 접촉하지 않았기 때문에, 시기가 서로 다른 갑골에 새겨진 찬조(鑽鑿) 패턴의 차이를 발견할 수 없었으며, 그로 인해 이런 찬조(鑽鑿) 패턴이 갑골의 시기 구분과 연관될 수 있다는 것을 예상하지 못했습니다.

제 같은 경우는 갑골의 탁본 작업을 마치고 난 이후, 정리하는 과정에서 갑골의 뒷면에 있는 형상을 관찰할 수 있었습니다. 일정 시간 동안 정리하면서, 저는 시기가 다른 갑골의 찬조(鑽鑿) 패턴에 다른 습관이 있다는 것을 점차 느낄 수 있었습니다. 그래서 세밀하게 관찰한 결과 찬조(鑽鑿) 패턴이 갑골의 시기구분에 실제로 도움이 된다는 것도 확인할 수 있었습니다. 이로써 저는 『중국문자』 제37집(1970.09)에다 「찬조(鑽鑿) 패턴이 갑골 시기구분에서 갖는 중요성[鑽鑿對卜辭斷代的重要性]」을 발표하였으며, 이것이 이후 쓰게 된 일련의 시리즈 논문 중 첫 논문이 되었습니다. 나중에 미국, 일본, 영국, 대만의 중앙연구원 등에 소장된 많은 갑골들의 찬조(鑽鑿) 패턴을 그림으로 그리고 자세히 관찰하여 박사학위 논문을 완성했습니다. 찬조(鑽鑿) 형태의 관점에서 보면 원형의 조(鑿)가 다른 것 보다 크고 기다란 모양의 찬(鑽)을 포함한 예가 제1기 갑골에서 출현하는데, 둥근 모양의 조(鑿)는 제1기 갑골과 제4기 및 왕족(王族)복사에서만 보입니다. 그리고 긴 모양의 찬(鑽) 곁으로 둥근 조(鑿)가 있는 형태는 기본적으로 제1기 갑골에서만 보입니다. 왕족 복사의 찬조 형태도 제4기와 제5기와 비슷하였습니다. 복골의 아랫부분 표면에 길 모양의 조(鑿)는 제3기와 제4기 및 왕족 복골에서만 나타나고 있었습니다.

길이가 1.5센티미터를 넘는 조(鑿)는 문무정(文武丁) 시기와 왕족 복골에서만 나타났습니다. 이상의 여러 특징에 근거해 저는 제4기에 출현하는 소위 왕족 복사와 역조(歷組) 복골은 동일 시대의 현상임이 분명하며, 이 때문에 동작빈 선생께서 내렸던 결론을 지지할 수 있었습니다. 그로부터 수년 이후 중국에서는 소둔(小屯) 남쪽 지역과 마을 가운데 및 중여촌(中與村)의 남쪽 등에서 두 차례에 걸친 대규모 과학적 발굴이 이루어졌는데, 지층의 퇴적이 제가 추정했던 찬조 형태의 변화 순서와 일치했기 때문에, 다른 학자들도 저의 시기구분 견해를 지지하기 시작했습니다.

박물관에서 갑골을 정리하는 과정에서 저는 한 손으로 갑골을 문질러 탁본을 해야 했고 그와 동시에 갑골 편을 짜 맞추어 결합하는 작업도 하고 있었습니다.

그런 어느 날 조수가 두 편의 작은 갑골 조각을 가져와 이 둘이 합칠 수 있는 것인지를 물었습니다. 제가 보니 같은 거북이 등껍질에, 색깔과 두께도 똑같고, 나누어진 틈과 반점까지도 꼭 들어맞았습니다. 그래서 조금의 의심도 없이 하나로 합칠 수 있는 갑골이라고 말하였습니다. 하지만 위쪽의 갑골 편을 해독하고서는 깜짝 놀라 멍해질 수밖에 없었습니다. 한 조각은 신해일에 대갑(大甲)의 배우자인 비신(妣辛)에게 협(協)제사를 드리는 내용이었고, 다른 한 조각은 기유일에 조을(祖乙)의 배우자인 비기(妣己)에게 협(協)제사를 드리는 내용이었습니다.

이 때문에 방금 내렸던 판단을 유보하지 않을 수가 없었습니다. 이 두 갑골 편은 서로 다른 제사 주기 체계에 속하여, 이 둘을 하나로 짜 맞출 수 없었기 때문입니다. 그러나 갈라진 틈, 가장자리, 색깔, 두께, 반점, 실드 마크[盾痕] 등의 특성으로 볼 때 이 두 조각을 동일한 갑골의 조각편이 아니라고 보는 것은 불가능했습니다.

주제(周祭)의 제사 주기에는 두 가지가 있습니다. 일반적인 주기는 36순(旬)이고, 다른 하나는 37순(旬)입니다. 이전에 발표된 갑골 각사를 보면, 37순 주기에서 더해진 1순은 언제나 '익공전(翌工典)'과 '익상갑(翌上甲)' 사이에 놓여 있었습니다. 만약 이 두 조각을 하나로 합칠 수 있다면 그전에 보지 못했던 새로운 현상을 말해주는 것이 될 수 있을까요? 추가된 1순이 다른 위치에도 놓일 수 있단 말인가요? 그리하여 저는 박물관에 소장된 주제(周祭)를 기록한 잔편들을 다시 꼼꼼히 살펴보게 되었고, 마침내 합칠 수 있는 7개의 잔편들을 찾아낼 수 있었습니다. 그래서 『중국문자』 제35집에다 「은허 복사에 보이는 5종 제사 연구의 새로운 관점[殷卜辭中五種祭祀研究的新觀念]」이라는 논문을 발표했습니다. 이 논문에서 저는 37순 주기의 주제 체계에서 추가된 1순은 이전에 생각했던 것처럼 익공전(翌工典)'과 '익상갑(翌上甲)' 사이에만 놓이는 것이 아니라 어떤 위치라도 배치될 수 있다는 사실을 발표했습니다. 나중에 장병권(張秉權) 선생께서 짜 맞추기 한 대만중앙연구원 소장 갑골에서도 사조(祀組)의 다른 위치에서 1순이 추가된 현상을 발견함으로써 이러한 현상을 증명하게 되었습니다.

76

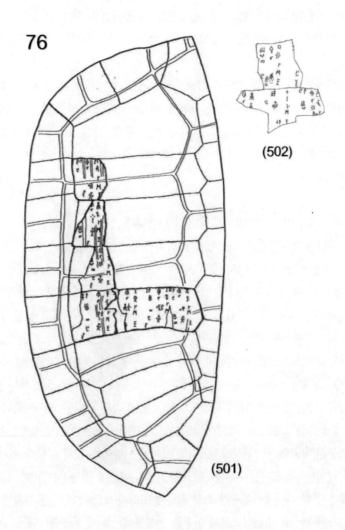

(502)

(501)

상 왕조에서 주제(周祭)는 신파 왕실 고유의 엄격하게 조직된 제사 시스템으로, 5가지 유형의 제사로 구성되었습니다. 각각의 제사는 이미 정해진 제사 계보에 따라 첫 번째 조상인 상갑(上甲)에 대한 제사에서부터 그 이전 왕과 왕비까지 이루어졌습니다. 어떤 왕은 부인까지도 제사를 받았으며, 제사들 간에는 일정한 연관성이 있었고, 일정한 간격을 두고 있어서, 이들 제사 사이에 며칠간의 간격이, 또 몇 달간의 간격이 있었는지에 근거해 정확한 날짜를 배열할 수 있습니다. 그래서 이들 자료는 상나라 때의 월력을 연구하는 데 사용할 수 있는 유일한 자료라 할 수 있습니다. 저는 연월일이 명확하게 기록된 몇몇 주제(周祭) 기록에 근거해 제을(帝乙) 재위 2년 때부터 10년 때까지의 구체적 달을 상당히 촘촘하게 복원할 수 있었습니다.

상나라 사람들은 대체로 오늘날 우리가 사용하는 것과 비슷한 음력을 사용했습니다. 큰 달은 30일, 작은 달은 29일 해서, 큰 달과 작은 달이 교대로 배열되었습니다. 몇 달을 단위로 큰 달이 연속해서 배열되기도 했으며, 이로써 월(月)과 일(日) 사이의 오차를 조정하고, 또 월과 태양 년 사이의 오차를 조정했으며, 윤달을 배열하기도 했습니다. 그 결과 새롭게 짜 맞추기 한 복사에는 존재하지 않아야 할 작은 달(29일)이 연속 배열되는 현상도 보여 주는데, 이는 그 당시의 달력의 제작이 특정 데이터에 따라 미리 안배하는 후대의 달력 시스템이 아니라, 실제 관측을 사용하였음을 보여 줍니다. 그리하여 한 달이 29일 미만인 경우도 등장하게 되었습니다(태양과 지구와 달 삼자 간의 상호 중력의 변화로 인해 지구 주위를 도는 달의 속도가 날마다 바뀌며, 실제 한 달은 28일에서 31일 사이로 달라질 수 있습니다.). 이 때문에 저는 「5종 제사의 새로운 짜 맞추기—작은 달의 연속 현상[五種祭祀的新綴合--連小月的現象]」(『중국문자』 신 10집)과 「제5기 5종 제사 계보의 복원—상나라 후기의 역법을 함께 논함[第五期五種祭祀祀譜的復原--兼談晚商的曆法]」(『대륙잡지(大陸雜誌)』 제73권 제3호)이라는 논문을 발표하게 되었는데, 갑골을 실제로 정리해보지 않았다면 이러한 새로운 발견은 불가능했을 것입니다.

로열 온타리오 박물관에 있는 중국 유물 컬렉션은 중국을 제외한 세계 10대 컬렉션 중의 하나로 알려져 있습니다. 이 박물관의 컬렉션은 가장 아름다운 것을 소장하였다고 할 수는 없지만 필요한 모든 것은 두루 갖추고 있다고 할 수 있으며, 일부 컬렉션은 중국에서도 없는 것들입니다. 저의 주요 업무는 갑골을 정리하는 것이었습니다. 제가 대만에 있는 유명한 대학의 중문학과에서 교육을 받았기 때문에 중국에 대한 지식은 서양인보다 훨씬 더 많다고 생각하여, 동료들은 잘 알지 못하는 것이 있을 때마다 저를 찾아와 함께 의논하곤 했습니다. 이러한 과정에서 저는 의식하지도 못하는 사이에 고대 유물에 대해서도 알아가게 되었습니다. 게다가 여기 연구원들은 수장고를 자유롭게 출입할 수 있어 실제 유물을 가까이서 관찰할 수 있었습니다. 특히 관련 부문의 책임자가 된 후에는 여러 가지 문화 유물의 전시회에도 참여하게 되었으며, 다양한 주제의 전시회에 필요한 각 라벨을 포함하여 텍스트 제작 등에서 오류가 없는지를 직접 확인해야 했기에, 관련 경험을 점차 많이 쌓아갈 수 있었습니다. 갑골에 새겨진 한자 자형이 고대 문화 유물과 밀접한 관련이 있다는 것도 알게 되었습니다. 따라서 나중에 고대 중국 문화 유물에 대한 강의를 하고 관련 갑골 대본을 소개하기도 하였습니다. 이후에 『중국 고대문화 유물 안내서[中華古文物導覽]』(중국어 간체 버전은 『문화 유물 소강의[文物小講]』로 개명함) 및 중국어 번체 및 간체로 된 『한자와 문화 유물 이야기[文字與文物的故事]』(대만 상무인서관, 2019; 북경화학공업출판사, 2020)도 출판하게 되었습니다.

여기서는 한두 가지 예를 간단히 들어 볼까 합니다.

머리는 짐승을, 몸은 벌레를 닮은 이러한 옥 조각은 홍산 문화 유적지에서는 흔히 볼 수 있지만, 중부 평원의 다른 문화에서는 볼 수 없는 유물입니다. 그 형상은 현재 알려진 어떤 육지 동물과도 다르지만, 당시의 그 지역 사회에서는 상당한 의미가 있었을 것입니다. 그 때문에 여러 차례 등장했을 것입니다. 크기는 작은 것은 7~8센티미터, 큰 것은 15센티미터까지, 일정치 않고 다양하지만, 모두 줄을 꿰어 착용할 수 있는 드릴 구멍이 있습니다. 발굴된 위치에 근거해 볼 때 항상 큰 것 하나와 작은 것 하나를 가슴 앞에 착용했으며, 후대에 보이는 것처럼 허리에 착용하는 것은 아니었습니다.

▌청색 수암석 옥저룡(靑色岫岩玉豬龍),
홍산(紅山)문화, 높이 7.9센티미터, 홍산문화유형,
5천5백년~4천2백년 전.

이 동물의 머리 윗부분에는 큰 귀가 두 개 있습니다. 이 귀는 불규칙한 반 타원형이고 일부는 한쪽으로 치우친 삼각형인 것도 있는데, 모두 크게 뜬 한 쌍의 둥근 눈을 갖고 있습니다. 일부는 약하게 파진 짧은 선만 있어서, 눈을 감거나 잠든 상태를 표현한 것처럼 보이기도 합니다. 입은 불룩 튀어나와 돼지처럼 보입니다. 이마 앞쪽과 코 부위에는 여러 개의 평행으로 된 약간 긴 파인 선이 있어서 주름진 얼굴을 대략적으로 표현하고 있습니다. 몸통은 구부려져 말려 있는데, 일부는 이 유물처럼 아래턱까지 거의 연결되어 있지만 패옥처럼 완전히 분리되어 있기도 하고, 일부는 완전히 분리되지 않고 안쪽 부분에 연결되어 있기도 합니다.

이것은 도대체 어떤 종류의 동물을 표현한 것일까요? 실제 존재했던 것일까요? 아니면 상상 속의 동물이었을까요? 학자들의 의견은 분분하여, 어떤 사람은 그것이 용이라고 하기도 하고, 어떤 사람은 머리가 돼지 같아서 '돼지 용[豬龍]'으로 부르기도 합니다. 먼 옛날 사람들이 근거 없는 환상을 만들었을 가능성은 적습니다. 이렇게 반복해서 출현하는 것들이라면 원래의 모양은 현실을 기반으로 해야 합니다. 갑골문의 용(龍)자(❓)를 보면, 꼬리가 항상 머리의 반대쪽을 향하고 있습니다. 이 형상은 6천 년 전 하남성 복양(濮陽)의 한 무덤에서 처음으로 나타났습니다. 학자들은 원래 모양이 양쯔강 악어라고 믿고 있습니다. 그런데 이 동물의 몸통에는 비늘이 없고 꼬리는 말리고 머리를 향한 모습이라 결코 용일 수는 없습니다. 이 유물은 도리어 갑골문에서의 연(肙)자(❓)를 닮았습니다. 머리는 사나운 모습을 하였고, 꼬리는 말렸으며, 머리와 같은 방향으로 되었습니다. 상나라에서 이 글자의 의미는 견(蠲)이나 연(捐)자 등과 같이 쓰여, 질병이나 재난을 제거한다는 뜻으로 쓰였습니다. 예를 들어, "병이 있는데, 제거할 수 없을까요?(有疾身, 不其肙?)", "비경께서 왕의 질병을 물리치게 해 줄 수 있을까요?(妣庚肙王疾?)" 등이 그렇습니다.

『설문해자』에서는 연(肙)자를 두고 '작은 곤충'이라고 풀이했습니다. 일부 갑골 학자들은 이 글자가 모기 유충을 그린 것이라고 설명하기도 합니다. 고대 사람들은 '제거하다'는 의미를 표현하기 위해 왜 모기 유충을 동원했던 것일까요? 그 이유는 모기가 사람을 물고 피를 빨아 통증을 유발할 뿐만 아니라 병도 전염시키기 때문에 그것이 제거되기를 원했기 때문일 것입니다. 모기가 다 자라서 날아다닐 수 있게 되면 이미 박멸하기가 쉽지 않으므로, 아예 형성되지 않은 애벌레 단계에서 제거하는 것이 가장 좋을 것입니다. 이 때문에 모기 유충을 사용하여 제거하다는 의미를 표현했을 겁니다.

이 옥 조각을 끈에다 끼워 아래로 처지게 하면 머리 부분이 아래쪽으로 늘어지게 되는데, 물에서 기생하는 모기의 유충 모양이 됩니다. 학자들은 이 옥 조각을 옷에 다는 것은 장식용을 넘어서 길조와 보호를 기원하는 목적도 있다고 보았습니다. 이것이 모기 유충을 묘사한 것이 분명하다면 그것은 그곳 사람들이 모기에 시달렸을 가능성이 컸을 것이며, 이 때문에 이런 장신구를 패용하여 그것을 물리치고자 하는 마음을 기원했을 것입니다. 모기 유충을 제거하는 것이 모기를 제거하는 근본적인 방법이라는 것을 알았던 것은 홍산 문화를 살았던 사람들이 이룬 성취라고 볼 수밖에 없습니다.

▎모자에 깃을 꽂은 사람 모양을 한 연한 녹색 패옥[戴羽冠人頭形泛白淡綠玉珮].
높이 4.3센티미터, 캐나다 로열 온타리오 박물관 소장, 상나라 후기, 약 3천4백 년~3천1백 년 전

떠있는 듯한 선으로 양각된 이 비취 패옥의 주제는 높은 깃털이 달린 모자를 쓴 사람의 머리입니다. 이 디자인은 강서성 신간(新幹)에서 발굴된 깃털 왕관을 쓴 비취 패옥과 거의 동일하며, 서로 비교해 볼 수도 있습니다. 같은 무늬로 장식된 이 두 가지 패옥은 허리춤에 매달린 패옥으로, 둘 다 전시용 패옥이라 할 수 있습니다. 다만 신간(新幹)에서 발굴된 패옥은 한쪽 면만 장식되어 있지만 목적이 다르다고 할 수는 없습니다.

깃털로 된 면류관을 쓴 인물상은 4~5천 년 전까지 거슬러 올라갑니다. 절강성 양저(良渚) 문화에서 발굴된 옥월(玉鉞: 옥으로 만든 도끼)과 옥종(玉琮: 옥으로 만든 밖은 네모지고 속은 둥근 통 모양의 기둥)은 어떤 동물을 타고 있는 사람 모습을 하였습니다. 짐승에 올라 탄 사람의 정체는 왕일 수도 있지만, 이 두 개의 옥에 새겨진 형상을 이런 식으로 볼 수는 없습니다. 양저에서 발굴된 짐승을 탄 사람은 평범한 사람의 모습을 하고 있는 반면, 신간에서 출토된 패옥에 조각된 사람의 모습은 송곳니와 이빨을 드러낸 흉악한 모습을 하였습니다. 양저의 이 옥 조각은 송곳니와 이빨을 드러내지 않았지만, 입 양쪽 가에 둥글게 말린 이중으로 된 선이 조각되었습니다. 아마도 이 외곽선은 송곳니가 단순화된 것으로 보

입니다. 흉악한 모습의 얼굴이 신간에서 출토된 이 두 옥 조각의 주된 표현이라면, 이들은 양저의 옥 조각이 표현하고자 한 짐승을 탄 사람이 신통력을 가졌고 사람들의 존경을 받도록 한 의도와는 완전히 다르다고 할 수 있습니다.

이 인물상은 귀신을 그린 것일까요? 왕일까요? 부하일까요? 고대인들은 그것을 아름다움을 과시하기 위해 달고 다녔을까요? 아니면 신분을 나타내기 위한 것이었을까요? 벽사(闢邪: 악함을 물리치다)를 위한 것일까요? 일련의 물음표가 답을 기다리고 있습니다. 문화 유물 앞에서 가장 이해하기 어려운 것은 그 배후에 깃든 사회적 배경과 동기입니다. 캐나다 로열 온타리오 박물관에는 긴 머리를 뾰족한 모양으로 묶은 금박한 청동 인간 머리상이 있는데, 길게 자란 머리칼을 뾰족한 모양으로 묶었고, 뒷면에는 옷 안으로 꿰맬 수 있는 작은 단추가 있습니

다. 이 역시 전시품으로 쓰였지만 외모는 결코 사나운 모습이 아닙니다. 고대 중국에서는 머리카락을 가지런하게 묶지 않는 것이 칭찬할만한 일은 아니었습니다. 대부분은 범죄자이거나 자신의 외모를 관리할 수 없는 경우에만 표현되던 모습이었습니다.

고대에는 나라의 군대를 기념하는 웅장한 축전에서 적의 머리를 잘라 바치는 행위가 있었습니다. 『의례왕제(王制)』에서는 "황제가 원정을 떠날 때······조상신들에게 명령을 부여받고 학교에서 전쟁의 성과를 보고했습니다. 출정하여 죄가 있거나 반란을 일으킨 자를 잡아와 학교에서 승리보고를 했는데 적의 머리를 잘라와 바쳤습니다.(天子將出征, ······受命于祖, 受成于學. 出征執有罪反, 釋奠于學, 以訊馘告.)"라고 했습니다. 정벌의 승리 보고 대회를 학교에서 거행했고 잡아온 포로의 머리를 잘라 조상신에게 바쳤던 것입니다. 학교는 고대사회에서 군대를 훈련하던 곳이었기 때문에 그곳에서 적의 머리를 바치는 의식을 거행했던 것입니다. 군사적 성과는 고대 통치자들이 가장 자랑하고 내세우기 좋아하던 정치 업적이었습니다. 『일주서(逸周書)·세부(世俘)』에 의하면, 주나라 무왕이 상나라를 멸망시킨 주나라의 종묘를 향해 포로의 머리를 잘라 바치는 의식을 네 차례나 거행했다고 합니다. 주 왕조는 나중에 왕실 자체적으로 적의 머리를 바치는 의식을 거행했을 뿐만 아니라 제후국에서도 군사적 승리가 있을 때 주 왕실의 종묘에 와서 적의 머리를 헌상하는 의식을 거행할 의무를 다해야만 했습니다.

적의 머리를 잘라 보상을 받는 것은 고대 국가에서 흔한 일로, 중국인들만의 야만적인 행동이 아니었습니다. 『좌전희공(僖公)』 33년 조에 의하면, 진(晉)나라의 선진(先軫)이 갑옷과 투구도 없이 서북 오랑캐의 적진에 들어가 전쟁을 치다가 불행하게도 전투에서 패배하여 목이 잘렸고, 이후 서북 오랑캐들이 그의 머리를 되돌려 주었는데 그때의 안색이 마치 살아있는 사람인 듯 하였다고 합니다. 이러한 습관은 고대 글자에도 반영되어 있습니다. 갑골문의 괵(馘 귀를 베다)자가 그것인데, 머리에 달린 눈이 낫처럼 생긴 창[戈]에 매달려 있는 모습입니다

(취). 이후 머리가 너무 무겁고 휴대하기 불편했기에 중요하지 않은 적의 경우 왼쪽 귀만 잘라 적을 죽였다는 징표로 사용했습니다. 갑골문에 등장하는 취(取: 빼앗다)자가 바로 귀를 손에 쥐고 있는 모습입니다(취). 귀를 손에 쥐었다는 것은 이미 잘린 귀라는 것을 말해 줍니다. 전국시대 때 진(秦)나라에서는 병사들에게 적을 죽이도록 독려했는데, 적의 머리를 벤 숫자로 전공을 계산해 작위를 주었습니다. 벤 머리의 숫자를 통해 전공을 계산하던 이러한 것은 의심할 여지 없이 매우 오랜 고대로부터 내려오던 습관이었을 것입니다. 적을 죽이는 것은 과시할만한 일이었습니다. 대만 원주민들에게도 이전에 적을 죽인 전사만이 장식용 조개를 박아 넣은 모자를 쓸 자격이 있다는 관습이 있었는데, 이는 사람 머리 모양의 옥 장식을 달고 다니며 적을 죽인 자신의 공적을 표현하던 것과 비슷합니다.

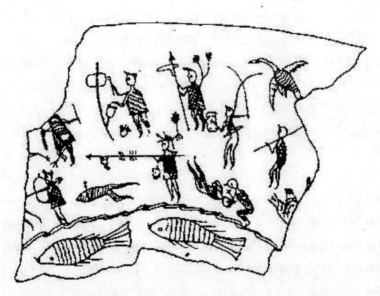

❙ 전국시대의 구리 조각에 남겨진 무늬. 머리를 베는 모습이 새겨졌다.

캐나다에서 일하면서 제가 누렸던 가장 큰 혜택은 다양한 측면에서 접촉이 가능했다는 점입니다. 먼저 농업 방면의 지식이 그중 대표적인 것이었습니다. 멘지스(James Mellon Menzies, 1885~1957) 목사가 수집한 갑골을 다 정리한 후, 저는 토론토대학교 동아시아연구소에 가서 석사 학위를 취득했습니다. 나중에 다시 고고학 및 인류학과 박사과정에 진학했습니다. 이후 동아시아학과로 전과하여 박사 학위를 취득했습니다.

저는 샘플(山普, Sample) 교수의 동아시아 고고학 주제연구 강의를 들으면서 한 학년도의 연구 보고서로 「중국 농업의 기원과 발전[中國農業的起源與發展]」이라는 보고서를 작성했습니다. 이로부터 저는 농업 관련 연구에 참여하기 시작했습니다. 저는 중국을 남부, 북부, 동해안의 3개 농업 지역으로 설정했습니다. 각 지역의 연대, 지리, 기후, 도구, 물적 증거 등을 종합적으로 조사했는데, 약 1만 년 전에 농업 발전에 가장 적합한 지역이었던 중국의 남부 지역에서 자생적으로 농업이 시작되었습니다. 하지만 이후 급격한 기온 상승으로 인해, 더 이상 인간의 거주에 적합하지 않게 되자 중국 북부와 동해안 지역으로 발전하여, 중국의 동서 지역이 서로 다른 문화적 특징을 갖게 되었음을 알게 되었습니다. 당시만 하더라도 중국의 중원 지역이 중국 문명의 최초 발상지라고 믿고 있던 때였습니다.

연구를 하면서 농업에 대한 많은 지식을 얻을 수 있었고 농업과 관련된 갑골문의 창제의미도 일부 해독하게 되었습니다. 예를 들어, 려(犁: 쟁기)자는 갑골문에 자주 보이는데, 점복을 행하면서 어떤 소를 제물로 바쳐 제사를 지내야 신들이 만족할는지를 묻는 내용입니다. 제사에 사용한 소는 일반적으로 황우(黃牛: 황소), 유우(幽牛), 시우(戠牛) 등과 같이 피부색으로 구별되었지만 려우(犁牛: 쟁기소)는 그 기능을 따서 붙여진 이름이었습니다.

갑골문에서 려(犁)자는 처음에는 등과 같이 적었으나 이후에는 과 가 합쳐져 한 글자를 이룬

ⵣ ⵗ ⵗ ⵗ   ⵗ ⵗ ⵗ ⵗ ⵗ ⵗ ⵗ ⵗ ⵗ ⵗ ⵗ ⵗ ⵗⵗⵗ 등으로 필사되었습니다. 그것은 이러한 소가 쟁기질과 관련이 있었기 때문에 소를 뜻하는 우(牛)가 더해 져 지금의 려(犁)자가 되었던 것입니다.

려(犁)자의 초기 모양은 그 의미를 어떻게 표현했을까요? 이 글자는 두 개의 단 위로 구성되었는데, ⵗ 는 농지에 흙을 갈아엎어주는 쟁기의 측면 모양입니다. 하단은 쟁기의 보습을 설치하는 부분이고, 상단은 손잡이가 있는 곳입니다. 두 세 개의 작은 점은 땅을 뒤집으면서 위로 올라오는 흙덩이를 나타냅니다. 그래 서 보습을 뜻하는 ⵗ 는 일반 칼과 매우 유사하게 그려졌습니다. 칼이 물건을 자르면 절단된 조각이 두 조각으로 나뉘어져 칼의 양쪽에 위치하지만, 쟁기가 흙속으로 들어가면 뒤집어진 흙은 위로 올라오기에 쟁기의 위쪽에 그려졌습니 다. 그래서 이 글자는 쟁기질 같은 작업을 표현하는 데만 적합합니다. 소는 기 본적으로 두 종류가 있습니다. 하나는 마른 땅에서 움직이기를 좋아하는 소인데, 수레를 끄는 황소가 이에 속합니다. 다른 하나는 습한 진흙과 같은 환경에 있기 를 좋아하는 소인데, 쟁기질을 하는 려우(犁牛)가 이 범주에 속합니다. 그래서 려우(犁牛)처럼 려(犁)와 우(牛)가 종종 결합하여 하나의 단어처럼 사용됩니다. 이 단어는 농지를 가는 쟁기도 뜻하는 동시에 쟁기질을 하는 소를 뜻하기도 합 니다. 이후 ⵗ 는 소실되고 말았습니다.

일부 학자들은 상나라 때 우경(牛耕: 소를 이용한 밭 갈기)이 존재하지 않았다고 하면서, 이 단어의 뜻은 여러 색이 들어간 소를 말한다고 하기도 합니다. 쟁기 질을 하면서 흙을 파 뒤집은 흙덩이에는 건초가 뒤섞여 있기 마련이고 그 때문 에 색깔이 순수하지 않기에 '잡색'이라는 뜻이 생길 수 있습니다.

상나라 사람들이 말을 탈 수 있었고, 코끼리를 시켜 힘든 일을 할 수 있었을진 대 소를 사용하여 쟁기질을 하지 못했다고 볼 수는 없습니다. 그래서 려우(犁牛)는 쟁기질을 하는 소를 지칭한다 하겠습니다. 『설문해자』에서는 려(犁)에 대 해 "쟁기질을 하다는 뜻이다. 우(牛)가 의미부이고 려(黎)가 소리부이다.(犂, 耕

也. 从牛, 黎聲.)"라고 했습니다. 그러나 이는 그다지 정확하지 않은 해석으로 후대의 글꼴을 기반으로 한 분석입니다.

소는 힘이 세고 길도 안정되게 걸을 수 있으며 지구력도 있어 먼 곳까지 무거운 짐을 실어 옮길 수 있습니다. 노약자, 여성, 어린이들에게 적합한 교통수단 일뿐만 아니라 군사적, 경제적으로 무거운 화물을 운반할 수 있는 중요한 수단이기도 합니다. 따라서 『풍속통의(風俗通義)·일문(佚文)』에 "건무(建武: 동한 광무제 때의 연호, 서기 25~56년) 초기에는 군역이 매우 많아, 소도 고갈되었고 농사도 피폐하여 쌀 한 섬에 1만 전이나 하였다.(建武之初, 軍役亟動, 牛亦損耗, 農業頗廢, 米石萬錢)"라고 했습니다.

이는 군사작전에서 군수품을 운반하기 위해 소와 수레를 사용해야했기 때문에 농지가 버려지고 수확량이 크게 줄어들어 쌀의 가격이 천정부지로 올랐다는 말입니다. 그래서 전장에서는 언제나 소가 끄는 수레를 포획하곤 했습니다. 예를 들어, 서주 후기 때의 「다우정(多友鼎)」에서는 당시 서북쪽의 유목민족이었던 험윤(玁狁)과의 전투를 기록했는데, 첫 번째 전투에서는 2백 명 이상의 군사를 죽였고 23명을 사로잡았으며, 전차 1백여 대를 포획했다고 했습니다. 또 두 번째 전투에서는 적 36명을 죽이고, 2명을 사로잡았으며, 전차 10대를 포획했다고 했습니다. 험윤(玁狁)이라는 민족은 말을 잘 타는 사람들입니다. 그들에게 전차는 전투 장비가 아니라 보급품 운반용이었습니다. 『사가·주본기(周本紀)』에서도 주나라 무왕이 은나라를 멸망시킨 후 "소는 도산의 유허지에 묻어버렸고, 무기는 다 부수어버리고, 병력들은 다 해산하여 더 이상 전쟁에 사용할 수 없음을 천하에 내보였다.(放牛於桃山之虛, 偃干戈, 振兵釋旅, 示天下不復用也)"라고 했습니다. 고대사회에서 무거운 짐을 멀리까지 옮길 수 있는 소의 이러한 능력이 없었더라면 먼 정벌도, 세상의 패권을 잡는 것도 불가능했을 것입니다.

그러나 대중들에게 소를 사용하여 얻을 수 있는 가장 큰 경제적 이익은 쟁기질에 이용하여 땅을 깊이 일구어 농사를 짓는 일이었을 것입니다. 땅을 깊이 일구어 농사짓는 심경법(深耕法)은 경작지의 후경 기간을 단축하여 농지의 이용률을 높일 수 있습니다. 우경(牛耕: 소를 이용한 경작)은 흙을 파 뒤엎는 속도를 높일 수 있고 노동 시간을 단축할 수 있습니다. 상나라 후기 때의 수도였던 안양(安陽)은 상대적으로 인구가 밀집된 도시였기에, 많은 사람들의 식량 수요를 충족시키기 위해서는 토지 이용률이 상당히 높아야만 했습니다. 연구에 따르면, 비교적 일찍부터 발전한 고대 문명에서는 가축에 의존하여 수레와 쟁기를 사용했을 때와 근접했었는데, 그들이 사용했던 원리는 비슷했습니다.

이집트와 수메르 지역에서는 5천5백년에서 4천8백 년 전 사이에 이미 구조가 상당히 복잡한 우경용 쟁기를 갖고 있었습니다(사진 참조). 상나라 때의 마차의 경우 그 제작의 정교함을 바탕으로 계산해 볼 때 당시의 마차는 이미 1천년 이상의 발전과정을 거친 것이라고 해도 전혀 이상할 것이 없을 정도입니다. 그래서 상나라 시대에 소로 쟁기질을 했다는 것은 전혀 문제가 되지 않을 것입니다. 선진(先秦) 때의 문헌에서도 소가 끄는 수레에 대한 언급이 말이 끄는 수레보다 훨씬 적다고는 하지만, 이 때문에 당시에 우마차의 사용이 드물었을 것이라 생각할 수는 없습니다. 왜냐하면 소는 무거운 짐을 운반하는 도구이지 귀족 계층의 오락을 위한 것에 초점이 놓인 것이 아니기 때문입니다. 소가 끄는 수레는

▌4천 년 전 고대 이집트. 전벽(前壁)에 그려진 우경도(犁耕圖).

마차만큼 강력하지도 빠르지도 않기 때문에 귀족의 문학 작품에서는 소가 끄는 수레에 대한 기술이 거의 보이지 않습니다.

상나라 때에 우경(牛耕)이 존재했다는 것을 가장 직접적으로 증명해 줄 자료는 갑골문의 양(襄)자입니다. 이들의 자형은 다음과 같습니다.

[갑골]
[금문] (耰)
[소전]『설문해자』 "양(襄)은 한나라 때의 법령에 의하면 옷을 벗고 농사일을 하는 것을 양(襄)이라 한다. 의(衣)가 의미부이고 영(馭)이 소리부이다. 은 양(襄)의 고문체이다.(襄, 漢令, 解衣而耕謂之襄. 从衣, 馭聲. , 古文襄.)"(제8편 상)

『설문해자』에서 제시한 양(襄)자의 고문체와 갑골문의 자형을 비교해 봅시다. 갑골문 글꼴은 날카로운 쟁기를 양손으로 잡은 모습인데, 쟁기 앞에 소가 쟁기를 끌고 있고 먼지가 이는 모습까지 그려졌습니다. 잡고 있는 쟁기의 경우 어떤 경우에는 쟁기 가림 판이 있기도 하지만 어떤 경우에는 없습니다. 쟁기 가림 판은 쟁기를 연속해서 사용할 때 유용한 장치입니다. 당시에는 청동으로 만든 쟁기를 사용했기에, 우경으로 인한 생산 효율성은 사람의 1.7배에 불과하였고, 사용 시간도 적었습니다. 그러나 동주 때에 이르면 철로 만든 쟁기를 사용했고, 생산 효율성은 사람의 5배에 달하는 효과가 있었습니다. 이 때문에 우경이 대량으로 사용되었고 생산성도 대대적으로 증가하고 사회의 모습이 크게 바뀌게 되었습니다.

또 갑골문에는 방(旁)자가 등장하는데 그 자형은 다음과 같습니다.

[갑골] (갑골문자들)

[금문] (금문자들)

[소전] 『설문해자』 "방(旁)은 부(溥)와 같아 '넓게 펼치다'는 뜻이다. 이(二)가 의미부인데 왜 그런지는 잘 알 수 없다. 방(方)이 소리부이다. 은 방(旁)의 고문체이다. 도 방(旁)의 고문체이다. 은 주문체이다.(, 溥也. 从二闕. 方聲. , 古文旁. , 亦古文旁. , 籒文)"(제1편 상)

방(旁)자를 보면 쟁기 위쪽에 쟁기 가림 판이 있는 쟁기의 모양을 표현하고 있습니다. 쟁기 날이 흙덩이를 파서 뒤엎으면 뒤집힌 흙덩이들은 쟁기 양 측면으로 밀려 나가게 되므로, '옆'과 '양 켠'이라는 뜻이 생기게 되었습니다. 쟁기 가림 판은 쟁기가 당겨지도록 설계되었는데, 이는 쟁기 앞에 이를 끄는 가축이 있었음을 말해 줍니다.

고고학과와 인류학과에 입학한 후 독서 범위가 넓어졌습니다. 박물관에 꼭 필요한 고고학 이외에도 민속 관련 서적도 참고하기 시작했고, 대만 남세(南勢)에 있는 아미족(阿美族)의 창세신화에 대해서도 연구했습니다. 태양신과 달 신의 15대 후손인 한 쌍의 오누이가 홍수라는 대재난을 피해 나무로 만든 절구통을 타고서 대만으로 흘러들었습니다. 이 세상에 남은 사람이 그들 두 사람밖에 없다는 것을 발견했으며, 인류의 대를 이어가기 위해서는 그들은 오누이간이였지만 결혼하여 부부가 될 수밖에 없었습니다. 하지만 오누이간에는 배와 가슴 부분이 닿아서는 안 된다는 금기 때문에 감히 부부 관계를 갖지 못했습니다. 하루는 오빠가 사슴을 잡아왔고 사슴 가죽을 벗겨 말리다가 거기에다 구멍을 팠습니다. 이 사슴 가죽을 중간에 놓고 결합하면 배와 가슴이 닿아서는 안 된다는 금기를 깨뜨리지 않고서도 짝짓기와 번식의 목적을 달성할 수 있었습니다. 이렇

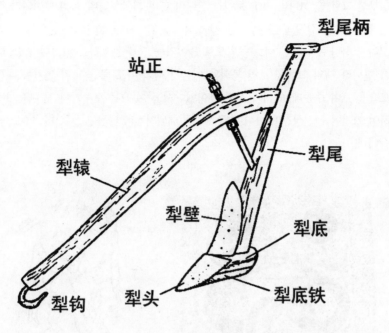

犁尾柄

站正

犁尾

犁辕

犁壁

犁底

犁钩

犁头

犁底铁

▌쟁기 구성도

게 해서 그들에게서 태어난 아이들이 아미 부족의 조상이 되었습니다. 저는 이 이야기가 한족들의 복희(伏羲)와 여와(女媧) 전설과 많이 비슷함을 발견했습니다. 둘 다 해와 달과 관련이 있었고, 또 홍수 이후에 일어난 일이며, 이야기의 주인공도 오빠와 여동생이라는 오누이이자 부부이기 때문입니다.

게다가 고산족 신화에 등장하는 오누이와 복희와 여와는 모두 뱀과도 관련이 있습니다. 복희와 여와는 인간의 몸통에 뱀의 꼬리를 하였으며 뱀 꼬리는 서로 엉켜 있습니다. 아미족은 뱀을 토템으로 삼았기에 족장의 집 앞에 세워진 토템 기둥에는 뱀의 형상으로 장식되어 있습니다. 이야기를 하자면 너무 길어서 더 이상 쓰지 않겠습니다.

첨부한 그림 중 하나는 자주 보이는 한나라 때의 화상석인데, 복희와 여와가 각기 해와 달을 잡고(때로는 암수를 상징하는 곱자와 컴퍼스를 들고 있음) 두 개의 꼬리가 하나로 뒤엉킨 채로 무덤으로 들어가는 길을 보호하고 있습니다. 또 다른 한나라 때의 그림을 보면 복희와 여와가 각기 따로 불을 피워 연기를 내는 모습을 보여 주는데, 연기가 서로 붙어있어서 신이 그들 오누이의 결혼을 허락하여 그것이 근친상간이 아니며 금기에 위배되지 않았다는 것을 나타내주고 있습니다.

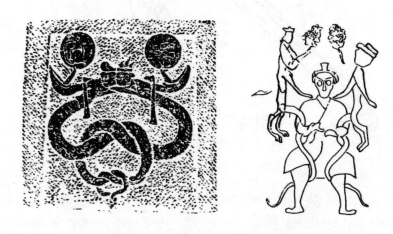

▌한나라 때의 화상석에 보이는 복희와 여와.

언어의 변천이라는 관점에서도, 복희와 이 이야기의 주인공인 페루 카리(Peru Kari)는 동일한 진화 체계에 속합니다. 아미족의 전설이 사실에 가장 가깝다고 믿게 되었으며, 전통 결혼식에서 중요한 역할을 하는 '사슴 가죽'의 기능에 대해서도 합리적인 해석이 가능하게 되었습니다. 따라서 「사슴 가죽과 복희 여와의 전설[鹿皮與伏犧女媧的傳說]」이라는 논문을 『대륙잡지』 제59권 제2호에 발표하게 되었습니다. 이 글이 제가 쓴 민속학에 관한 첫 논문이라 할 수 있습니다.

중국의 장정낭(張政烺, 1912~2005) 교수는 갑골문에서의 바람을 뜻하는 풍(風)자가 범(凡)을 소리부로 하는 자형(𧲲 𧲲 𧲲 𧲲)과 형(兄)을 소리부로 하는 자형(𧲲 𧲲)의 두 가지 계통이 있다는 사실에 근거해 고대 중국에서 한 글자가 두 가지 독음으로 발음되었을 가능성이 있다고 했지만, 다른 증거를 찾지는 못했습니다.

그러나 저의 연구에 따르면, 한족 신화에 등장하는 복희와 여와는 대만 고산족(高山族)의 창세 신화에 등장하는 피루 카루(piru karu)와 그의 여동생에서 왔다고 생각합니다. 주법고(周法高, 1915~1994)의 『한자고금음휘(漢字古今音彙)』의 재구음에 근거하면, 복희의 선진시대 때의 재구음은 /bjwak xiab/입니다. 고산족 신화의 주인공인 'piru karu'를 비교해 보면, 첫 번째 음절을 구성하는 첫음절인 /b/와 /p/가 모두 순음에 속하고, 두 번째 음절을 구성하는 첫음절인 /x/와 /k/는 모두 후음에 속합니다. 게다가 복희는 중국에서 성이 풍(風)이었다는 기록이 보입니다. 갑골문에서 풍(風)자를 구성하는 두 가지 독음부호인 범(凡)과 형(兄)도 공교롭게도 하나는 순음이고 다른 하나는 후음입니다. 게다가 "해치(解豸: 해태), 창경(倉庚: 꾀꼬리), 인동(忍冬: 인동), 호접(蝴蝶: 나비), 지주(蜘蛛: 거미), 오공(蜈蚣: 지네)" 등과 같은 일부 2음절어도 고대의 다음절어의 잔흔일 가능성이 큽니다.

갑골문에서 치(鳥)자는 단독으로 된 상형자인데, 한나라 이후로는 치(鳥)를 해치(解鳥), 해치(解豸), 해치(獬豸) 등과 같이 2음절어로 불렀는데, 아마도 상나라나 혹은 그 이전 시기에 치(鳥)자에 두 가지 독음이 존재했다는 증거가 될 수도 있습니다. 또 다른 예로 갑골문에서의 록(彔)자(𧲲 𧲲 𧲲 𧲲)는 물을 긷는 두레박의 모습인데, '산기슭'이라는 뜻으로 가차되었습니다. 후대에서는 이를 녹로(轆轤 두레박)라 불렀는데, 이 역시 2음절어입니다. 또 곽(郭)자(𧲲)도 하나의 독립된 상형자인데, 성벽의 사면에 망루가 설치된 모습을 그렸습니다. 금문에서는 이 글자가 곽(郭)과 용(墉)이라는 독음이 다른 두 글자로 사용되었습니다.

제가 근무하던 박물관에는 기원전 16세기 때의 이집트 프레스코 석조 벽화가 있었는데, 동쪽의 항구에서 물품을 싣고 있는 모습이 묘사되었습니다. 거기에는 성서체로 된 비문이 새겨져 있습니다. 배의 위쪽에 기록된 문자에서 적재된 화물이 각양각색의 진귀한 물품과 향료임을 말해주고 있습니다. 이들 중에는 계수나무(桂木: Osmanthus)가 포함되어 있는데, 달아놓은 주석에 따르면, '계수나무'는 표의자로, '가루로 갈아 분말로 만들 수 있는 나무'라는 의미를 담았습니다. 여기에다 'khesyt 나무'라는 독음 부호가 추가되었습니다. 한자에도 같은 방법이 있습니다. 원래는 상형자나 회의자였는데, 이후에 독음의 편의를 위해 독음 기호가 추가되어 형성자가 된 경우가 그렇습니다.

예를 들어, '밭을 갈다'라는 뜻의 적(耤)자(𝍖 𝍗 𝍘 𝍙)는 원래 한 사람이 쟁기를 밀며 밭을 가는 모습인데, 금문에 들면서 석(昔)이라는 독음 기호가 추가되었으며(𝍚 𝍛 𝍜), 지금은 자형이 줄어 적(耤)으로 고정되었습니다. 그래서 이집트의 비문에서 계목을 뜻하는 단어의 독음은 'khesyt'입니다. 계목이라는 식물의 학명은 'Cinnamomun cassia auct. family Lauraceae'입니다. 기원전 16세기 경 자바인들이 이의 공급을 통제했습니다. 그들은 정향(丁香)을 중국의 계피(桂皮)로 바꾸었고 그런 다음 서양의 아프리카와 서아시아에다 팔았습니다. 식물의 학명으로서의 계목(桂木, cassia)은 북 아삼(Assam)어의 카시(khasi)에서 따 왔습니다. 그러나 이는 계목의 원산지인 중국 광서의 말임이 분명합니다. 자바인들이 판매하던 계피의 원산지는 오늘날 중국의 광동과 광서 지역으로, 고대에는 이를 '계(桂)'라고 불렀습니다. 계(桂)자의 독음을 보면 『광운』에서 고(古)와 혜(惠)의 반절이라 했고, 재구된 상고시대의 추정 독음은 /kwev/로, 1음절어입니다. 그러나 'Khasi'에는 2개의 음절로 된 'ks'가 들어있습니다. 이것이 원산지 언어를 나타낸다고 한다면 계목을 나타내는 원래의 말에도 2음절 혹은 그보다 더 많은 음절로 되었을 것임이 분명합니다. 그래서 계(桂)자의 고대 중국음으로 재구한 운미 '-v'는 제2음절의 잔흔일 가능성이 있습니다.

박물관에서 근무하는 동안
저는 뉴욕 메트로폴리탄 박
물관의 야금 과학 연구팀과
업무적으로 교류할 일이 있
어 일반인들보다 야금에 대
해 더 잘 이해하게 되었습니
다. 그리고 갑골문에 고대인
의 귀중한 지식이 반영되어
있음도 발견하게 되었습니다.
녹인 구리 액을 거푸집에 붓
는 과정이 청동 주조의 마지
막 단계이자 가장 어려운 부
분이기도 합니다. 이는 주조
가 성공하여 정교한 기물을
만들어 낼 수 있는지의 핵심
과정이기도 합니다. 상나라
후기 수도였던 안양에서는 움
푹 파인 구덩이가 많이 발견
되었고, 구덩이에서는 주물을
꺼내고 난 다음 남은 거푸집

의 파편이 남아 있었지만 그 이유를 알지 못했습니다. 저는 야금 기술 연구
자들과 교류를 할 수 있었기 때문에 갑골문의 길(吉)자가 깊은 구덩이 속에
서 기물을 제작하던 모습임을 깨닫게 되었습니다. 오늘날의 과학적 실험을
통해서도, 구리 액체를 부은 후 거푸집을 너무 빨리 식히면 다음 그림과 같
이 구리와 주석의 통합이 엉망이 되고 불규칙해 진다는 것이 밝혀졌습니다
(빨간색 부분은 구리, 파란색 부분은 주석).

그러나 서서히 냉각시키게 되면 구리와 주석의 합금 조성이 나뭇가지처럼 완전히 일체화 될 수 있고(57쪽 그림), 그렇게 되면 구리 주물의 표면이 기포 없이 매끈하게 되어 사람들이 원하는 좋은 구리 제품의 외부 모습을 얻을 수 있습니다.

갑골문에서 길(吉)자(⺊)의 초기 자형을 보면 깊은 구덩이 속에 결합된 주형 거푸집 세트가 든 모습입니다. 글꼴은 점차 규격화되어 깊은 구덩이는 얕은 구덩이로 변했으며(⺊), 이를 이어서 거푸집의 형태는 더욱 간단한 모습으로 변했으며(⺊)(⺊), 마침내 금문(⺊)과 소전체(吉)의 글꼴이 되었습니다. 이것이 야금의 경험을 표현한 것이라고 추측하기는 쉽지 않습니다. 청동기는 구덩이 속에서 주조되고, 열이 가해진 청동 액이 천천히 식을 때까지 기다립니다. 그래야만 표면이 매끈한 좋은 주물이 만들어집니다. 이로부터 '훌륭하다'는 의미가 나왔습니다. 상나라 때의 청동 주물 장인들은 평지에서 주물 액을 부으면 발산한 열기가 날아가 버려 빨리 식는 바람에 좋은 주물을 얻을 수 없지만 깊은 구덩이에서 주조하면 열이 쉽게 발산되지 않고 달아나지 않아 정교한 완성품을 얻을 수 있다는 사실을 이미 잘 알고 있었습니다. 이것은 현미경으로만 관찰할 수 있는 미세한 부분입니다. 상나라 때 구리와 주석 성분이 천천히 통합되는 기능을 알 수는 없었을 것입니다. 그러나 적어도 이러한 조건에서야 우수한 주물을 얻을 수 있다는 것만은 알고 있었을 것입니다. 그리해야만 정교하고 훌륭한 제품을 얻을 수 있었고, 이 때문에 '좋다'는 뜻의 길(吉)자가 만들어졌습니다. 만약 갑골문의 이러한 자형이 남아 있지 않았다면, 어떻게 상나라 때의 장인들이 이러한 지식을 갖고 있었으며, 이미 상당히 보편화된 지식이었다는 것을 알 수 있겠습니까?

저는 또 북베트남 공무원을 접대하는 과정에서 중국에서 멸종된 동물에 대해서도 알게 됐습니다. 해치(解廌)는 동주 시대 이후 점차 신화로 남게 된 동물입니

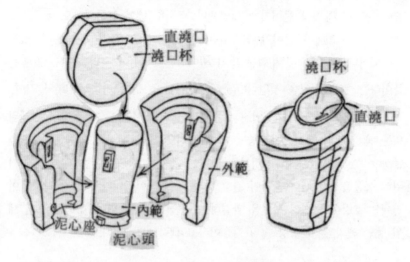

▌청동 액을 붓는 곳(澆口杯, 삼각형)과 주형틀(장방형)이 합쳐진 다음의 모습. 이것이 길(吉)자의 자형이다.

다. 사슴처럼 생겼으나 뿔이 하나 달렸고, 소송 문제를 해결할 능력을 갖고 있으며, 길조로 간주되는 동물이어서 상서로운 장식 문양의 주제로 자주 사용되었습니다. 갑골문에는 치(廌)자가 존재하는데, 긴 뿔이 평행으로 난 모양으로 그려졌습니다(𩡧 𩡧 𩡧 𩡧). 이 짐승을 잡았다는 기록도 보이고, 이를 몰았다는 기록도 보이며, 피부색은 노란색이며, 많은 다른 글자들을 만들어내기도 합니다. 예컨대, 경(慶)자는 치(廌)와 심(心)의 결합으로 이루어졌습니다(𢜩).

『설문해자』에서는 경(慶)자가 사슴 가죽을 결혼의 선물로 삼던 고대 예속과 관련이 있다고 풀이했습니다. 이것은 글자의 형태가 변경된 이후의 자형에 근거한 오해입니다. 고대인들은 해치의 심장을 진미 또는 특별한 약효가 있는 것으로 간주했을 가능성이 있으므로 이 글자로 '축하하다', '경축하다'는 의미로 사용했을 것입니다. 또 기(羈)자도 있는데, 이는 두 뿔을 밧줄로 묶어 놓은 모습을 했습니다(𩡧 𩡧 𩡧 𩡧). 갑골 복사에서 기(羈)자는 정보나 물자를 전달하는 역참의 의미로 쓰였습니다. 고대에는 이 해치로 수레를 끌게 하거나 타고 다니는데 썼을 것입니다. 그러나 이후에는 속도가 더 빠른 말로 대체되어, 글꼴에서도 마(馬)자가 들어가게 되었습니다. 서주 때의 금문에서도 이 두 글자에 모두 치(廌)가 들어가 있습니다. 천(薦)자는 치(廌)가 풀숲[艸]에 있는 모습입니다. 아마도 해치[廌]가 먹기 좋아하는 풀[艸]이 자리를 짜는데 좋은 풀이라는 뜻을 담았을 것입니다(🦌🦌🦌🦌). 또 법(法)자는 치(廌)와 거(去)와 수(水)의 조합으로 이루어진 글자입니다(🦌🦌🦌🦌). 이 글자의 창제의 미는 해치[廌]가 뿔로 송사 중에 있는 죄인을 받아 제거하고[去] 법 집행을 물[水]이 흐르는 것처럼 공정하게 한다는 뜻입니다. 고대에는 판결을 돕기 위해 동물을 동원했다는 것이 결코 억지 해석은 아닙니다. 베트남에서도 이전에는 호랑이를 빌려 사건을 판결하는 관습이 있었습니다. 우리는 오랜 세월 동안 해치[廌]가 상상 속의 짐승이라고 생각해왔습니다.

그러나 북베트남 관리들은 베트남 전쟁 당시 북베트남의 밀림 속에서 머리에 매우 평행한 한 쌍의 긴 뿔이 나 있고 영양과 같은 몸을 가진 노란색 피부의 커다란 포유류 동물을 발견했다고 말해 주었습니다. 저는 이 동물이 바로 갑골문에서 치(廌)자로 그렸던 그 동물이라는 것을 깨닫게 되었습니다. 7천~3천5백년 전의 중국은 연평균 기온이 지금보다 섭씨 2도 정도 높았습니다. 그러나 나중에는 기온이 내려 지금보다 심지어 섭씨 2도까지나 낮아지기도 했습니다. 따뜻함을 좋아하는 일부 동물은 기온 하락에 적응하지 못하고 남쪽으로 이동해야했기 때문에 결국 중국에서는 볼 수 없게 되었습니다. 예컨대 코끼리와 코뿔소가 고대에는 중국 북부에서 많이 살았는데 이제 모두 사라지고 만 것처럼 말입니다. 치(廌)자는 자형의 변화로 인해 머리 부분이 약간 갈라진 사슴의 뿔처럼 보입니다. 그래서 더는 존재하지 않는 짐승으로 오해하게 되었습니다.

저는 캐나다에서 일을 하면서 문자라는 것이 사람들의 삶의 편의를 위해 만들어졌다는 사실을 점점 더 많이 이해하게 되었습니다. 만약 여러분이 만든 글자를 다른 사람들이 이해하게 하려면 모든 사람의 경험에 의존하는 것이 가장 좋습니다. 그래서 저는 글자의 자형이 어떻게 그 글자의 의미를 표현하게 되었는지에 주의를 기울여왔고 점차 나름대로의 견해도 가지게 되었습니다. 그래서 과거 언

┃다 성장한 베트남의 사라(沙拉) 영양류 동물.

젠가의 일로 기억됩니다. 학과장이 더 많은 대학생들이 과목을 선택할 수 있도록 더 흥미롭고 인기 있는 과목을 개설하도록 교수들에게 협력을 요청했습니다. 왜냐하면 학생들이 선택 수강한 과목의 수에 따라 학과 예산을 배분하는 새로운 정책이 만들어졌기 때문입니다.

저는 생각했습니다. 중국을 비롯한 다른 고대 문명의 글자들이 모두 그림에서 유래했다고 말입니다. 상형 문자는 생활환경, 사용도구, 생활방식, 심지어 업무처리 방법과 사상개념까지도 반영할 수 있습니다. 고대사회의 특정 상황을 탐구하고 싶다면 고대문자의 분석을 통해 얻은 정보가 큰 깨달음을 얻게 해 줄 것입니다. 저는 이미 갑골문에 일상생활과 관련된 많은 정보가 있다는 것을 발견하였습니다. 만약 글자의 창제 의미를 설명하면서 문헌자료와 지하에서 발굴된 고고학 자료를 융합하고, 또 해외에서 배운 인류학적 지식과 결합한다면 흥미로운 주제를 선택하고 쉬운 해설로 설명하고 관련된 시대적 배경을 논의한다면, 고고학이나 역사학에 전문적이지 않은 사람들도 중국문화에 대한 흥미를 향상시킬 수 있을 것이라고 생각했습니다. 특히 고대 한자의 창작은 의미 표현을 주로 하였기 때문에, 글자 수가 많을 뿐만 아니라 다른 고대 문명보다 훨씬 더 넓은 범위를 포함하고 있습니다. 주제에 따라 장으로 나누어진 상형문자를 찾는 것은 어렵지 않았으며, 한 학년도의 강의 자료로 삼기에도 충분했습니다.

몇 년 후, 강의가 늘어나서 저서처럼의 모양을 갖추게 되었습니다. 그리하여 1984년에는 이들 자료를 『고대 중국의 한자(*The Writing Word in Ancient China*)』(대북, 예문인서관)라는 책으로 출판하게 되었으며, 이를 계기로 매년 교재를 바쁘게 복사하던 수고를 덜게 되었습니다. 이 강의 내용과 내레이션 방법은 언뜻 보기에는 해외에 나가있는 화교 학생들에게 상당히 적합한 것 같았지만, 내심 속으로는 중국내 학생들에게도 적합할 것 같아서 중국어판 출판 가능성을 모색했습니다. 더욱 뜻밖인 것은 1988년 9월 대만상무인서관에서 『중국고대사회(中國古代社會)』라는 책의 이름으로 출간한지 얼마 되지 않아 한국의 홍희(洪憙, 1957~) 선생이 1991년 이를 한국어로 동문선출판사에서 번역 출간하게 된 일입니다. 1993년에는 한국의 영남대학교 중국연구실에서도 공동으로 이를 한국어로 번역하여 영남대학교출판부에서 출판했습니다. 생각치도 않게 이 책은 영어판 2종, 중국어판 4종, 한국어 번역판 2종이 출판되어, 저의 저술 중에서 가장 많이 팔린 책이 되었습니다.

대만으로 돌아온 후, 갑골학 이외에 중국문자학이 제 강의의 중심이었습니다. 고대 한자에 대한 새로운 지식이 많이 늘어남으로써 한자학을 가르치는 방법도 강의자마다 조금씩 다른 게 현실입니다. 저는 대학을 다니면서 항상 『설문해자』에서 한 해설에 대해 의문점을 가져왔습니다. 세월이 갈수록 『설문해자』에서 근거로 삼았던 자형이 사실은 세월이 많이 지나 종종 잘못 변화된 것이어서 설명이 명확하지 않다는 것을 알게 되었습니다. 한자의 창제의미를 진정으로 이해하려면 근거 자형의 시대가 이를수록 더 좋습니다. 그래서 가능한 상나라와 주나라 때의 갑골문과 금문의 자형에 근거해 해석하려 노력했습니다. 특히 초기 한자의 창제의미가 고대인의 삶과 더욱 밀접하게 관련되어 있다는 사실을 깨닫게 되었습니다. 그래서 제가 공부한 고대인의 삶에 대한 관점을 바탕으로 해설하였으며, 전통적인 설명에 너무 얽매이지 않았습니다. 이렇게 해서 저는 『간명 중국 문자학』(북경: 중화서국)(한국어 번역판: 『중국문자학 강의』, 조용준 역, 2013, 고려대학교출판부)으로 이러한 목적을 달성하려 했습니다. 어떤 사람들은 이것을 두고 '새로운 문자학'이라 부르기도 합니다. 왜냐하면 제가 한 설명들이 『설문해자』와는 너무 달랐기 때문입니다. 물론 개인적인 경험이라는 것은 항상 불완전한 존재입니다. 그래서 제 설명이 반드시 옳을 수는 없습니다. 그러나 저는 가능한 합리적인 방향을 향해서 생각해 왔기에 맞지 않다 하더라도 그렇게 많이 틀리지는 않았을 것입니다.

다음으로는 8책으로 된 『유래를 품은 한자』 시리즈를 어떻게 해서 집필하게 되었는가에 대해 설명 드리고자 합니다. 1996년 대만으로 돌아와 먼저 국립대만대학 중문학과에서 교편을 잡아 학생들을 가르쳤습니다. 그러다가 65세에 정년퇴임을 한 뒤 세신(世新)대학 중문학과로 자리를 옮겼습니다. 70세에 퇴임한 뒤 겸임교수로 활동했으며, 75세에 완전히 은퇴를 결심하여 이때부터 여유롭고 부담 없는 삶을 살고 있었습니다. 그런데 예기치도 않게 저의 의형제인 황계방(黃啓方) 교수의 친한 친구인 풍계미(馮季眉) 여사께서 『청년 공화국』이라는 새로운 잡지를 창간하게 되었는데, 저에게 매월 2천자 정도 분량의 갑골문을 소개하는 짧은 글을 한 편씩 써 달라고 부탁을 해 왔습니다. 저는 별 부담이 되지 않을 것이라 생각하고서 그만 수락하고 말았습니다. 그러나 창간 1년 만에 생각치도 않게 저널이 폐간되고 말았습니다. 풍계미 여사는 대신 책을 출판하는 사업에 매진하기로 했습니다. 좋아하는 사람들끼리는 끝까지 돕는다고 했던가요? 저도 갑골문을 소개하는 특별한 책을 한 권 쓰기로 동의했습니다. 결과적으로 풍 사장께서 제안한 계획은 다양한 범주별로 관련 갑골문자를 소개하자는 것이었는데, 이는 한 권의 작은 책으로는 해결할 수 없는 일이었습니다. 그래서 풍 사장께서는 일련의 시리즈로 출판할 계획을 세웠고, 주제는 동물, 정치, 음식, 의복, 주택, 교통, 제작, 생활사 등으로 나누었습니다. 그리고 거기에 맞는 글자를 몇 자씩 선택하여 해당 한자의 창제의미와 관련된 사회적 배경을 소개하기로 했습니다. 각 권은 약 3만~4만 자 정도의 분량으로 설정되었고, 독자는 초등학교나 중학교 청년 학생들을 대상으로 삼았습니다.

저는 마음속으로 생각했습니다. 이전에 『고대 중국사회』를 출판했을 때는 사물의 범주에 초점을 맞추고 그에 해당하는 한자를 부차적으로 사용하여, 범주별로 나누어 체계적으로 소개하고자 했습니다. 그러나 이번에는 그와 반대로 한자에 초점을 맞추고 관련된 사회적 배경을 간단간단하게 이야기하게 되었습니다. 흥미로운 것들만 몇 개 선택했고, 그것들을 하나하나 자세히 다 소개할 필요는 없다 생각했습니다. 이와 동시에 저는 『간명 중국문자학』도 출판한 경험이 있던 터라 필요한 고대 한자를 스캔하여 디지털화 해 놓았고 관련 자료도 이미 다 갖고 있던 터라 풍 사장의 제안을 수용하였던 것입니다.

이러한 작업을 수락한 후 저는 제1권인 '동물편'에 관련된 원고를 완성하여 출판사의 요구사항을 충족하는지 아니면 어떤 부분을 더해야 하는지를 우선 확인하였습니다. 출판사에서는 한 권의 책으로 내기에 분량도 내용도 충분하여 더 보낼 필요가 없다고 했습니다. 제1권이 출판된 후 독자들의 반응도 상당히 좋아, 신간 출판기념회에서만 해도 1백 부 정도에 직접 서명하여 독자들에게 헌정할 수 있었습니다. 이에 고무되어 저는 나머지 원고를 열심히 작성했습니다. 제가 좋아하는 비디오 게임 시간도 줄여 책을 쓰는 시간으로 따로 할애하였습니다. 대략적인 윤곽을 그려놓고 생각나는 한자가 있을 때마다 기술을 해 나갔으며, 이후에 생각나는 글자가 있으면 다시 적절한 곳에다 끼워 넣었습니다. 원래는 은퇴 후 더는 연구를 하지 않을 거라 다짐했었습니다. 그러나 이 책을 쓰는 과정에서 다시 새로운 통찰을 불러 일으켰습니다. 그러나 한꺼번에 6권의 책을 쓸 것이라고는 전혀 생각치도 못했습니다. 그 결과 지난 10년간의 성과보다 더 많은 결과를 얻었습니다. 다시 돌이켜 보면 황계방 교수 덕택에 컴퓨터 앞에 쭈그리고 앉아 한 글자 한 글자 관련 글을 써 내려간 셈입니다. 이 책들이 이 사회에 약간의 영향이라도 끼친다면 그 공은 바로 황계방 교수에게 돌아가야 할 것입니다.

6권의 시리즈가 모두 출간된 후, 출판사에서는 『유래를 품은 한자』 6책에 소개된 모든 한자를 한데 모아 필획과 독음 색인을 추가하여 『갑골문 간명 자전(甲骨文簡易字典)』이라는 이름으로 책을 만들었습니다. 그러나 제가 보기에 6백여 자 남짓한 글자를 수록한 책을 '자전'이라 부르려니 이름과 실제가 맞지 않는다고 생각했습니다. 그래서 또 참지 못하고 스스로 자청하여 『갑골문 간명 자전』의 형식에 근거하되 『설문해자』에 수록된 9,353자 중 형성자를 제외한 나머지 회의자들을 모두 수록하겠다고 했습니다. 이런 증보 과정을 거쳐 1,012자가 더해졌고, 원래의 611자를 더하여 총 1,623자를 수록한 자전이 만들어지게 되었고, 『신편 갑골문 고급 자전[新編進階甲骨文字典]』이라 하였습니다. 물론 소홀하여 빠진 글자도 있을 것이라 생각합니다. 이에 대해서는 독자들의 질정을 바랍니다.

『유래를 품은 한자』 제1권이 출판된 이후 중국 본토의 간화자 버전의 판권이 계약되었습니다. 이를 계기로 저는 한자를 사용하고 있는 한국과 일본에도 이 책이 소개되면 좋겠다고 생각했습니다. 하지만 이렇게 많은 양의 텍스트를 번역하여 출판할 수 있는 국외의 출판사를 찾는 일이 얼마나 어려운지를 잘 알고 있었습니다. 몇몇 친구에게도 이 문제에 대해 도움을 요청해 보았지만 모두가 너무 어려운 일이라며 난색을 표했습니다. 개인도 이런 용기를 보이지 못하는데 이를 해결해 줄 어떤 단체나 공공기관을 찾는다는 것은 더더욱 어려운 일이라 생각했습니다. 그래서 저는 희망을 접고 있었습니다.

그런데 예상치도 않게 2019년 말 부산의 경성대학교 한국한자연구소의 하영삼 소장으로부터 책 전체를 한국어로 번역하고 싶으며 출판을 지원할 시스템도 갖고 있다는 편지를 받게 되었습니다. 저의 가슴에 다시 희망이 싹트기 시작했습니다. 그래서 마침 2020년 1월 초 부산에서 한국한자연구소 주최로 개최한 "갑골문 발견 120주년 기념 국제학술대회"에 신청을 하여 참가했습니다. 직접 가서 보니 한국한자연구소가 한자연구의 한국 중심지임을 알게 되었고 책 전체를 번역할 수 있는 충분한 연구진도 확보하고 있음도 확인하게 되었습니다. 한국한자연구소에서는 이 책의 번역을 위해 최선을 다했고, 채 1년도 되기 전에 전체 번역 작업을 마쳤으며, 수정 보완을 거쳐 곧 출판될 예정이라 하였습니다. 이 시점을 맞이하여 한국어판 서문으로 출판을 축하하며, 이 글을 쓸 수 있음을 매우 기쁘게 생각합니다.

2020년 10월
허진웅 씁니다.

이 책에 사용된 고대한자 자형에 대한 설명

이 자전에서 논의하고 있는 것은 고대한자가 초기 창조 단계에서 갖는 창제의미에 관한 것입니다. 이를 여러분들에게 제공하고 참고하기 위한 것이므로 서로 다른 시기의 모든 자형을 다 포함시킬 의도는 없었으며, 몇 가지 대표적인 자형만 선택하였습니다. 주로 갑골문, 금문, 소전체의 세 가지 서체를 인용했으며, 이에 대한 간단한 소개를 첨부합니다.

1. 갑골문(甲骨文)

상나라 때의 갑골문은 현재 대량으로 보존된 가장 이른 시기의 한자이며, 한자의 창제의미를 탐구하는 데 가장 중요한 자료이기도 합니다. 상나라 때에는 일반적으로 글자를 쓸 때 죽간(竹簡)을 사용했습니다. 그러나 대나무 쪽은 오랜 세월 동안 땅속에 보존될 수 없었기 때문에, 지금 볼 수 있는 대부분의 자료는 상나라 후기 때의 거북딱지나 동물 견갑골에 새겨진 점복 자료들입니다. 그리고 소량의 청동기에도 당시의 글자가 새겨져 있으며, 가끔 도기나 골기(骨器)에 붓으로 쓴 글자들이 있습니다. 갑골문의 글자 수가 가장 많기 때문에 갑골문을 보통 상나라 문자라고 부릅니다.

상나라 갑골문의 중요성은 그것의 시기가 이르고 숫자가 많다는데 있습니다. 갑골에 새긴 조각편은 지금까지 약 15만 편 이상 발굴된 것으로 추정됩니다. 상나라 때 일반적으로 사용되던 한자는 대부분 상형문자와 회의문자로 형성문자가 아닌 글자들입니다. 그러나 상용자가 아닌 해독 가능한 개별 한자로 계산한다고 해도 형성자는 20%를 넘지 않습니다. 이 시기 자형의 구조를 보면 단순한 의미의 표현에 치중되어, 자형의 복잡함이나 간단함,

필획의 많고 적음, 구성성분의 배치 등과 같은 세세한 부분에 구애되지 않아 이체자가 매우 많습니다. 하지만 이 책에서는 편폭의 제한으로 대표적인 몇 글자만 선택하여 제시했습니다. 또 갑골 복사의 대부분이 칼로 새긴 것이기 때문에 필획들이 칼 놀림의 영향을 받아, 둥근 획은 사각형이나 다각형으로 새겨졌습니다. 그래서 청동기의 금문보다 그림 같은 특성이 많이 줄었습니다.

2. 금문(金文)

금문은 대략 기원전 11세기의 서주 왕조 초기 때부터 진시황이 중국을 통일한 기원전 3세기까지의 한자를 말하며, 상나라 때의 청동기 명문이 일부 포함됩니다. 이 시기의 글자들도 죽간에 써졌으나 죽간들이 땅 속에서 견디지 못하고 썩는 바람에 지금까지 보존되어온 한자 자료는 주로 주조된 청동기에 새겨진 명문으로, 금문이라 불리는 것들입니다. 이 시기의 한자들은 무기, 새인(도장), 화폐, 도기, 간독, 포백 등에도 나타나는데, 이들은 금속 이외의 자료들을 매체로 사용한 것들입니다. 최근 몇 년간 간독과 포백에 써진 자료들이 많이 발굴되었으며, 이로 인해 전국 시대의 한자 자료가 매우 풍성해졌습니다.

청동기는 의식을 거행하기 위해 제작되었으며, 거기에 기록된 내용은 영원히 전해지기를 바라는 영광스러운 사적이었기 때문에, 명문은 대부분 깔끔하게 기록되었고 필획도 아름답습니다. 청동기를 제외한 한자 자료들을 보면 글쓰기가 느슨하고 필획도 생략되고 심지어 잘못된 것도 있습니다. 그래서 한자의 창제의미를 논의하기에 적합하지 않으며, 자료도 방대하고 복잡하기 때문에 이 책에서는 가능한 이러한 유형의 자형에 대해서는 언급을 자제했습니다. 이 시기 한자의 자형 구조와 위치는 점차적으로 일관된 모습으로 조정되었습니다. 춘추시대 이후에 새로 만들어진 상형자와 상의(象意)자는 거의 없었습니다.

3. 소전(小篆)

소전은 주로 허신의 『설문해자』에 수록된 자형에서 가져왔습니다. 『설문해자』는 진(秦)나라 이후부터 내려온 한자를 정리한 결과물이지만 가끔 전국시대 후기 초반부의 전통을 보존한 것도 있습니다. 예컨대, 어떤 글자의 맨 윗부분이 가로획이라면 상나라 후기 이후로는 종종 그 위에 짧은 획을 하나 더 더했는데, 전국시대에 이르면 이러한 예는 더욱 많아집니다. 그러나 소전체에서는 짧은 획이 더해지지 않은 비교적 이른 시기의 자형을 선택하곤 했습니다. 소전체 이후로는 글자의 구조, 필획, 위치 등이 거의 고정되었습니다. 대체적으로 말해서, 한자는 그 이후로 필세(筆勢: 붓놀림의 기세)에서는 변화가 있었지만 기본 구조는 거의 변경되지 않았다 하겠습니다.

『설문해자』에 수록된 자형은 주로 소전체이며, 이체자가 있을 때에는 고문(古文)이나 주문(籀文)이라고 따로 밝혀 놓았습니다. 허신이 편찬의 근거로 삼았던 한자 자료는 대부분이 전국시대 초기를 넘지 않습니다. 소전체의 자형은 그 기본 구조가 고문과 주문과 별다른 차이가 없습니다. 차이가 있을 경우에 한해서는 이 역시 따로 밝혀 두었습니다. 그가 예시로 들었던 '고문(古文)'은 갑골문이나 금문에서 변해 온 정규적인 자형과는 달라, 아마도 지역성을 띠었거나 변화된 이후의 자형일 가능성이 큽니다. 근년에 출토된 초(楚)나라 문자를 보면 『설문해자』에서 말한 고문체와 극히 유사한 구조를 갖고 있는데, 이들이 그 근원이었을 수도 있습니다. '주문(籀文)'은 구조가 매우 복잡하지만 전통적인 한자 체계의 추세에 부합하며, 아마도 소전체와는 다른 근원을 가진 글자들로 추정됩니다.

『설문해자』에서는 표준 자형 이외에도 서로 다른 의미부나 소리부를 사용한 이체자들을 많이 수록했습니다. 예컨대, 정(阱)자의 경우 혈(穴)이 의미부이고 정(井)이 소리부로 된 자형, 수(峀)자의 경우 혈(穴)이 의미부이고 유(由)자가 소리부로 된 자형, 홍(虹)자의 경우 충(虫)이 의미부이고 신(申)이 소리부로 된 자형 등, 이러한 예는 매우 많습니다. 아마도 지역성을 반영한 이체자일 것입니다. 그래서 소전체는 진(秦)나라 때 진나라의 주문을 정리하고 나머지 각국의 문자 자형을 통일한 결과물이라 할 수 있습니다.

소전체는 이미 많은 변화를 겪은 자형이어서 소전체에 근거해 해당 글자의 어원을 찾기가 어렵습니다. 그러나 소전은 가장 완벽한 자료이며, 후대 한자의 근거가 되는 자형이며, 그전의 고대한자를 인식하는 매개체가 됩니다. 간독문자나 포백문자와 비교해 볼 때, 소전체는 비교적 오래된 자형을 보존하고 있습니다. 그래서 소전체는 고대한자를 연구하는 데 필수적인 지식입니다.

이 책의 사용 방법

1. 이 책에 수록된 상용자와 보충한 학문적 대표성을 띤 자형을 모두 합치면 총 1천6백23자입니다. 이에는 『유래를 품은 한자』(1~6책)에 수록된 6백11자가 포함되어 있으며, 새로 추가한 1천12자를 더해 총 1천6백23자가 되었습니다. 이들 글자는 각 권의 주제에 따라 분류했으며, 개개의 글자에 대해 일일이 그 글자의 창제의미에 대해 설명했습니다. 그리고 갑골문, 금문, 소전, 고문, 주문(籒文) 등과 같은 각종 자형을 첨부하여 갑골문과 고대한자의 연구에서 필자 고유의 한자학, 인류학, 사회학의 융합적 관점을 드러내고자 노력했습니다.

2. 이 자전에는 필획 수 색인과 한어병음 색인을 첨가하여 독자들이 찾아보고 사용하는데 편리하게 해 두었습니다.

3. 텍스트의 설명(다음 쪽 그림 참조)

● 텍스트의 설명 ●

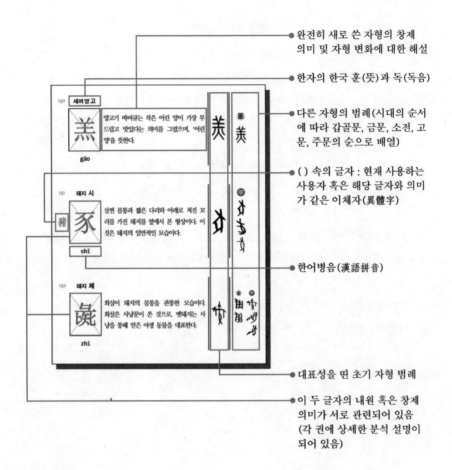

완전히 새로 쓴 자형의 창제
의미 및 자형 변화에 대한 해설

한자의 한국 훈(뜻)과 독(독음)

다른 자형의 범례(시대의 순서
에 따라 갑골문, 금문, 소전, 고
문, 주문의 순으로 배열)

( ) 속의 글자 : 현재 사용하는
사용자 혹은 해당 글자와 의미
가 같은 이체자(異體字)

한어병음(漢語拼音)

대표성을 띤 초기 자형 범례

이 두 글자의 내원 혹은 창제
의미가 서로 관련되어 있음
(각 권에 상세한 분석 설명이
되어 있음)

150 새끼양 고
羔
gāo
양고기 바비큐는 작은 어린 양이 가장 부
드럽고 맛있다는 의미를 그렸으며, '어린
양'을 뜻한다.

151 돼지 시
豕
shǐ
살찐 몸통과 짧은 다리와 아래로 처진 꼬
리를 가진 돼지를 옆에서 본 형상이다. 이
것은 돼지의 일반적인 모습이다.

152 돼지 체
彘
zhì
화살이 돼지의 몸통을 관통한 모습이다.
화살은 사냥꾼이 쏜 것으로, 멧돼지는 사
냥을 통해 얻은 야생 동물을 대표한다.

제**1**부

동물

001 **사슴 록**

lù

갑골문에는 록(鹿)자가 매우 많이 등장하는데, 머리에 한 쌍의 뿔이 있고 발굽이 달린 동물을 묘사하고 있음을 쉽게 알 수 있다. 측면에서 묘사했기 때문에, 네 발이 두 개로 그려졌으며, 이렇게 그리는 것은 다른 동물을 그릴 때에도 마찬가지였다.

甲

002 **고울 려**

lì

사슴 류 동물은 머리의 뿔이 확대된 모습으로 매우 세심하게 그려졌다. 아름다움의 개념은 추상적인 것인데, 쌍으로 된 사슴의 뿔을 묘사함으로써 '아름다움'과 '화려함'의 의미를 표현해 내었다.

金 甲

003 **암사슴 우**

麀

yōu

록(鹿)과 비(匕)를 결합하여, 암사슴을 표현해 냈다.

篆

004 **거칠 추**

粗 麤

cū

달리는 동안 사슴 무리가 서로 부딪쳐서 행동이 우아하지 않다는 것을 의미한다. 머리에 바깥쪽으로 구부러진 한 쌍의 뿔을 가진 포유류 동물의 모습이다.

甲

篆

005 **산양의 가는 뿔 환**

莧

huán

머리에 밖으로 향한 한 쌍의 뿔을 가진 포유동물의 형상이다.

金

篆

❶ 동물

❷ 전쟁과 형벌

❸ 일상생활①

❹ 일상생활②

❺ 기물제작

❻ 삶과 신앙

006 **티끌 진**

塵

chén

사슴이 떼 지어 달릴 때면 그 뒤로 많은 먼지가 날아오른다. 이후 모양이 단순해졌고 록(鹿)과 토(土) 하나씩만 남았다.

007 **돼지소리 사**

sì

동일한 글자를 중복 사용하는 것은 문자 창제에서 특별한 목적을 가지기 때문에 멧돼지 같은 야생 동물을 종종 쌍으로 나타내기도 했다. 금문에서 네모[囗]가 추가되기도 했는데, 이러한 동물을 포획하기 위한 구덩이임을 나타낸다.

008 **큰사슴 미**

麋

mí

이는 눈썹에 특별한 무늬를 가진 사슴의 모양이지만, 순수한 문양만으로 사슴의 종류가 다르다는 것을 구별하기 어렵기 때문에, 나중에 형성구조로 바뀌었다.

009 **큰사슴 포**

biāo

金

篆

불로 사슴 고기를 굽는 모습이다. 노루[麕]는 종종 사냥꾼들이 숲속에서 잡아서 그 자리에서 굽어 먹곤 하던 사슴의 일종이다.

---

010 **암 기린 린**

lín

甲

篆

무늬가 있는 사슴은 암컷 사슴의 특징인데, 나중에 록(鹿)이 의미부이고 린(吝)이 소리부인 형성구조(麐)로 바뀌었다.

---

011 **범 호**

hū

金

甲

날씬하고 긴 몸체, 입을 크게 벌리고 울부짖는 모습, 위로 세워진 두 귀를 가진 동물의 모습으로, 그것이 호랑이임을 쉽게 알아볼 수 있게 해준다.

012 **사나울 포**

暴

bào

013 **사나울 폭**

暴

bào/pù

낫처럼 생긴 창[戈] 하나가 호랑이를 마주하고 있는 모습이다. 무기를 사용하여 호랑이와 싸우는 모습으로, 이는 무식하고 거칠기 그지없는 행동이다. 멀리서 화살을 쏘거나 함정으로 사냥하는 것이 안전한 방법이다.

金 甲

014 **탄식할 희**

戲

xì

호랑이 머리, 낫 창[戈], 그리고 등걸의자 등 3개의 성분으로 구성되어 있으며, 한 사람이 낫 창을 들고 등걸의자에 높이 앉은 호랑이를 찔러 죽이는 놀이를 연출하고 있다. 군대의 사령관도 높은 누대에서 명령을 내렸으므로, 이런 곳을 '戲臺(xìtái, 연극무대)'라고 하게 되었다.

金

❶ 동물

❷ 전쟁과 형벌

❸ 일상생활①

❹ 일상생활②

❺ 기물제작

❻ 삶과 신앙

015

범 발톱
자국 **괵**

guó

상나라와 주나라 때는 무기로 호랑이와 싸우는 공연뿐만 아니라 맨손으로 호랑이와 싸우는 스릴 넘치는 쇼가 있었다. 두 손으로 한 마리의 호랑이를 때려잡는 모습을 표현했는데, 이는 의심할 여지없이 청중들에게 더욱 흥미롭고 매력적이며 영웅적인 면모를 보여주었을 것이다. 괵(虢)은 지명으로, 상나라 때 호랑이 쇼로 유명했던 곳이다.

金　甲

016

다 **개**

jiē

두 마리의 호랑이가 구덩이에 빠졌고 서로 버티며 양보하지 않다가 모두 구덩이 속에 빠져 죽어 백골로 변한 모습이다. 어떤 경우에는 호랑이가 한 마리만 남았거나, 부서진 뼈 두 조각만 구덩이 속에 남은 모습이다. 필획이 너무 복잡했던 탓이었을까, 금문에서는 두 사람이 구덩이에 빠진 모습을 그렸다.

金　甲

篆

017

무늬 **표**

biāo

호랑이 털의 무늬[彡]가 화려하고 아름다운 모습인데, 이로써 화려한 모습을 표현했다.

金

篆

018 **부를 호**

號 号

hào

원래는 '큰 소리로 울다'는 뜻인데, 이후 소리부 호(虎)를 더하여 호(號)가 되었다.

篆 붕

篆 붕

019 **사나울 학**

虐

nüè

호(虎)와 조(爪)와 인(人)으로 구성되어, 호랑이가 발톱으로 사람을 해치는 것을 표현했는데, 이것이 '잔학(殘虐)하다'는 의미이다.

篆

古

020 **뿔 범 사**

虒

sī

『설문해자』에서는 "뿔이 있는 호랑이를 말한다. 호(虎)가 의미부이고, 예(厂)가 소리부이다.(虎之有角者, 从虎厂聲.)"라고 풀이했다. 이것은 글자 형체만 보고 제멋대로 해석한 결과이다. 뿔이 달린 호랑이는 없기 때문이다. 이 글자의 정확한 의미를 알 수 없어, 창제의미가 어디서 왔는지는 추측하기 어렵다.

篆

❶ 동물

❷ 전쟁과 형벌

❸ 일상생활①

❹ 일상생활②

❺ 기물제작

❻ 삶과 신앙

021 **원숭이 거**

jù

자형은 '호(虍: 호랑이)'와 '시(豕: 멧돼지)'가 조합된 형태이다. 호랑이가 멧돼지를 잡았는데 서로 이길 때까지 싸우는 치열한 상황을 표현하였으며, 이로부터 '격렬(激烈)하다는 뜻이 나왔다.

022 **범 성낼 현**

yán

자형은 두 마리의 호랑이가 서로 등을 져 양립할 수 없다는 것을 보여주고, 만나면 서로 싸우고 분노하며 피곤하여 서로 헤어지는 모습을 그렸다. 소전체에서는 위치가 바뀌어, 더는 서로 등지고 마주 보지 않는 모습으로 변했다.

023 **코끼리 상**

xiàng

갑골문에서는 코끼리를 길고 구부러진 코를 가진 동물로 묘사하고 있다. 땅속에서 발굴된 자료에 의하면 코끼리 떼들이 중국의 여러 곳에서 오랫동안 살았음을 확인할 수 있다.

024 **할 위**

wéi/wèi

한 손으로 코끼리의 코를 잡고서 어떤 일을 시키는 모습을 그렸다. 그 창제의미는 아마도 나무나 돌과 같은 무거운 물건을 운반하도록 길들여진 코끼리에서 왔을 것이다.

025 **외뿔들소 시**

sì

머리에 큰 뿔이 있는 동물을 그렸다. 갑골문에 의하면 한번에 40마리의 코뿔소를 잡았다는 기록이 있는데, 이는 코뿔소가 상나라에 여전히 많이 존재했던 야생 동물이었음을 분명하게 보여준다.

026 **무소 서**

xī

코뿔소를 그린 상형자 시(兕)를 우(牛)가 의미부이고 미(尾)가 소리부인 형성구조로 바꾼 글자이다.

❶ 동물

❷ 전쟁과 형벌

❸ 일상생활①

❹ 일상생활②

❺ 기물제작

❻ 삶과 신앙

027 **해치 치**

zhì

한 쌍의 긴 뿔을 가진 짐승을 측면에서 그린 모습이다. 글자의 형체로 볼 때, '치(廌: 해치, 해태)'임에 분명하다. 해치(獬豸)는 고대 동물인데, 상나라 이후로 기온이 낮아져 남쪽으로 이동했고 결국 중국에서 사라졌다.

篆 甲

028 **천거할 천**

jiàn

해치 한 마리가 풀숲에 숨어 있는 모습이다. 이 동물은 꼭두서니 풀(자리를 짜는 풀)을 먹고 산다. 그래서 '풀로 짠 자리'라는 뜻이 생겼다.

金

029 **법 법**

法

fǎ

'치(廌: 해치)'와 '수(水: 물)(수평처럼 법이 공정함을 상징함)'와 '거(去: 가다)'로 구성되었다. 전설에 의하면, 해치는 뿔을 사용하여 죄가 있는 사람을 들이 받는다고 한다.

그래서 죄가 있다고 의심되는 사람에게 해치를 데려갔을 때, 해치가 뿔로 그 사람을 받아버린다면 그 사람은 죄가 있는 것으로 여겼다고 한다. 그리하여 해치가 법을 상징하게 되었다.

金

030 **경사 경**

qìng

치(廌)와 심(心)이 조합된 모습이다. 짐승의 심장은 약효를 가졌거나 맛있는 음식으로 간주되었다. 그래서 그것을 얻는다면 축하하기에 충분하다는 의미이다.

031 **굴레 기**

jì

해치의 두 뿔이 밧줄에 묶여 있는 모습을 그렸다. 그 창제의미는 역참에서 수레를 끌거나 탈 것으로 사용되던 관공서용 해치에서부터 왔을 것이다.
밧줄을 사용하여 두 뿔을 묶어 표시를 해두어야만 일반 사람들이 신화에 나오는 해치와 혼동하지 않았을 것이고, 또 관용 해치를 더욱 소중히 여겼을 것이다.

야생동물/사령(四靈)

032   **용 룡**

lóng

머리에는 왕관모양의 뿔이 달렸고, 긴 위턱과 짧고 아래로 굽은 아래쪽 턱, 크게 벌린 입과 드러난 이빨, 몸통은 말려 입과 다른 방향을 가진 동물의 모양이다.

033   **봉새 봉**

fèng

머리에는 깃털로 된 왕관이 있고, 꼬리에는 길디긴 깃털과 특별한 무늬가 있는 새를 그렸다. 공작이나 비슷한 모양의 다른 큰 새를 기반으로 그렸을 것이다. 이후 바람을 뜻하는 풍(風)으로 가차되었다.

❶ 동물

❷ 전쟁과 형벌

❸ 일상생활 ①

❹ 일상생활 ②

❺ 기물제작

❻ 삶과 신앙

034 바람 풍

fēng

상형자인 봉(鳳)이다 소리부 기능을 하는 범(凡)이나 형(兄)이 더해진 구조로, 바람(風)이라는 의미를 표현하는 형성자이다.

035 거북 귀/
나라이름 구/
틀 균

guī/qiū/
jūn

거북이의 측면 모습을 그렸다. 상나라에서 거북이의 가장 큰 용도는 점술의 재료였다. 멀리 5천여 년 전, 사람들은 대형 포유류 동물의 뼈를 태워, 뼈가 갈라지는 흔적에 근거해 일의 길흉에 대한 징조를 점쳤다. 굶주림에 강하고 갈증에도 잘 견디며 장수하는 등 특이한 거북의 재능 때문에 고대인들은 거북이 신성한 힘을 가지고 있고 신들과 의사소통 할 수 있다고 믿었다.

036 뱀 사

shé

갑골문에서 타(它)는 뱀에 발가락이 물린 모습이며, 금문에서 타(它)는 한 마리 뱀처럼 보인다. 이 뱀은 몸을 곧추세워 경계를 하며 공격하려는 모습이다. 타(它)가 보통 의성어로 많이 쓰이게 되자 벌레를 뜻하는 충(虫)을 원래 형태에 추가하여 뱀을 뜻하는 사(蛇)자가 되었다.

037 벌레 충/훼

虫

chóng/huǐ

땅에서 기어 다니는 뱀 모양이다. 크기도 하고 작기도 하며, 기어가거나 날아가기도 하고, 털이나 비늘이 있거나 없기도 한 다양한 모습으로 표현할 수 있다.

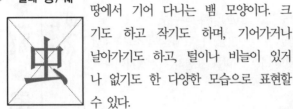

038 독 고

蠱

gǔ

몇 마리 벌레가 용기 속에 든 모습이다. 한자에서 삼(3)은 종종 많다는 뜻을 나타내는데, 위에 하나 아래에 둘이 배치되어 그릇[皿] 위에 벌레 세 마리가 놓인 모습을 하게 되었다. 고대에는 살충제가 없었기에 고대인들은 회충이 생기거나 설사나 치통 등과 같은 질병들이 실수로 벌레를 삼키면 발생한다고 생각했었다.

039 악어 타

鼉

tuó

파충류를 그렸는데, 머리 앞쪽에 긴 촉수가 달린 모습이다. 단(單)자의 윗부분도 촉수를 뜻하는데, 이후 촉수가 단(單)자처럼 잘못 변했다. 그 때문에 타(鼉)를 형성구조로 잘못 이해하게 되었다.

❶ 동물

❷ 전쟁과 형벌

❸ 일상생활①

❹ 일상생활②

❺ 기물제작

❻ 삶과 신앙

040 **땅이름 파**

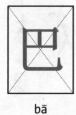

bā

이 글자는 소전 이전에는 등장하지 않는다. 『설문해자』에서는 벌레나 뱀을 그린 상형자라고 했다.

篆

041 **힘쓸 민/ 맹꽁이 맹**

mǐn/miǎn

땅에서 기어 다니는, 개구리의 모습과 비슷한 작은 동물을 그렸다.

金 甲
籀 篆

042 **파리 승**

yíng

민(黽)과 충(虫)이 결합한 구조인데, 거북이나 맹꽁이 같은 작은 동물을 그렸다.

篆

043 빌미 수

sùi

생활에 문제를 일으키는 (지네와 같은) 동물의 형상으로 추정된다. 이는 죽여야 하는 대상이었기에 여기에 '재앙(을 내리다)'과 '죽이다'는 두 가지 의미가 들게 되었다.

044 죽일 살

shā

가장 초기의 자형에서는 지네와 같이 발이 여럿 달린 곤충의 형상을 그린 것으로 추정된다. 이후에 자형에 커다란 변화가 일어나 많이 바뀌게 되었다.

045 털 긴 짐승 이

dì

고대 한자에서 살(殺), 수(祟), 이(希)는 모두 같은 모양이며, 모두 '재앙(을 내리다)'과 '죽이다'는 의미를 가진다.

046   **벌레 곤**

蚰

kūn

벌레가 많이 모여 있는 모습을 그렸다.

金 甲 篆

047   **나라이름 선**

先

xiān

갑골문에서 선(先)은 나라 이름으로 쓰였는데, 발이 많이 달린 파충류를 그렸다.

篆 甲 籀

048   **능할 능**

能

néng

곰의 측면 모습을 그렸다. 능(能)은 곰[熊]을 그린 상형자인데, 곰은 강력하고 힘이 있기 때문에 유능한 사람을 나타내는 말로 쓰이게 되었다. 그러자 웅(熊)을 만들어 원래의 곰이라는 동물을 표현했다.

金

049 **곰 웅**

xióng

능(能)과 화(火)가 결합한 글자인데, 능(能)은 대형 포유동물인 곰을 그린 상형자로, 웅(熊)의 본래 글자로 추정된다. 화(火)는 사람들이 불을 질러 곰을 잡으러 뒤쫓는다는 의미를 반영했을 것으로 추정된다.

篆

050 **쥐 서**

shǔ

소전체에서는 앉아있는 쥐의 형상을 명확하게 그렸다. 가장 윗부분은 이빨인데, 이는 쥐가 설치류임을 나타내 준다. 전국시대 때의 금문에서는 쥐가 숫자 '1'과 결합한 모습이 보이는데, 이는 12띠 중에서 쥐가 첫 번째임을 상징한 것으로 보인다.

金

篆

051 **숨을 찬**

cuàn

서(鼠)와 혈(穴)이 결합한 구조인데, 쥐가 굴속으로 급하게 도망쳐 숨는 상황을 표현했다.

篆

❶ 동물

❷ 전쟁과 형벌

❸ 일상생활 ①

❹ 일상생활 ②

❺ 기물제작

❻ 삶과 신앙

052

발 없는 벌레 치

zhì

甲

金

篆

갑골문에서는 입을 크게 벌린 야수의 형상을 그려, 강한 이빨을 가진 큰 포유류임을 강조했다.

053

삵 리

lí

篆

갑골문에서 매(霾)자는 우(雨)와 어떤 동물의 형상이 결합한 모습인데, 그 짐승이 여우의 모습임이 분명하다. 그러나 '견(犬: 개)', '시(豕: 멧돼지)', '치(豸: 여우)' 등과 같은 동물을 나타내는 다른 글자들과 구별하기가 어렵다. 그래서 치(豸)가 의미부이고 리(里)가 소리부인 형성구조로 바뀌었을 것이다.

054

원숭이 후

hóu

甲

篆

앉을 수도 설 수도 있는 원숭이의 형상을 그렸다. 갑골 복사에서는 신령의 이름으로 쓰였으며, 이후 견(犬)이 의미부이고 후(矦=侯)가 소리부인 형성구조로 대체되었다.

055 **원숭이 노**

náo

앞을 수도 설 수도 있는 동물의 이미지를 그렸는데, 원숭이처럼 보인다. 갑골 복사에서는 먼 윗대의 조상신의 이름으로 쓰였다.

056 **토끼 토**

tù

토끼를 그렸는데, 자형의 초점이 위로 치켜 올라간 토끼의 작은 꼬리에 놓였다.

057 **원통할 원**

yuān

어떤 동물이 그물에 갇혀 벗어나지 못하는 모습을 그렸다. 갑골문에서는 그물에 갇힌 동물이 토끼와 원숭이 등 다른 동물 모양이 들었지만, 이후 토끼만 대표적으로 남았다.

058

달아날 일

yì

길에서 토끼를 쫓아가는 모습이다. 토끼는 작고 민첩하며 빠르게 뛰어가 잘 도망치기에, 사냥개를 동원하여 사냥해야한다.

篆 金

059

토끼 참

chán

토끼는 천성적으로 의심이 많은데, 자형에서는 여러 마리의 교활한 토끼들이 주변의 움직임에 귀를 기울이며 위험에 처해 있는지를 정탐하는 모습을 보여주고 있다.

篆

❶ 동물

❷ 전쟁과 형벌

❸ 일상생활①

❹ 일상생활②

❺ 기물제작

❻ 삶과 신앙

060 **말릴 한**

hàn

가뭄이 들어 비를 기원하는 상나라 때의 의식을 말하는데, 매우 다양한 모습으로 표현되었다. 원래는 제사장이 정면에 서서 손을 엇갈리게 잡고 입을 크게 벌려 기도하는 모습이다. 𡗛은 비를 기원하는 제사장의 자태이다. 혹자는 이 자형이 두 손으로 굶주린 배를 잡고 하늘에 이를 가련하게 여겨 비를 내려 사람들의 어려움을 덜어달라고 요청하는 의식을 그린 것으로 보기도 한다. 이후 불로 제사장을 태우는 방식인 𤎩로 변했는데, 하늘에게 제사장의 고통을 가련하게 여기어 비를 내려 달라고 비는 모습이다. 이후의 자형에서는 사람의 모습이 간단하게 변해 𤏷처럼 되었다. 그러다 소전체에서는 다시 화(火)가 추가되어 𤑣으로 변했다.

061 **노란 진흙**
근

堇

jǐn

한(𤑣)과 같은 모양인데, 불(火)로 제사장을 태워 비를 기원하는 의식을 그렸다. 이후 화(火)가 잘못 변화해 토(土)가 되어 근(堇)자가 되었다.

24 갑골문 고급 자전

062 **우거질 무**

wǔ

본래는 도구를 가지고 춤을 추는 사람의 형상을 그렸는데, 금문에서는 '유무(有無: 있음과 없음)'의 의미로 사용되었으며, 그래서 '망(亡: 없다)'이 소리부로 더해졌다. 『설문해자』에서는 원래의 무(舞)자를 "대(大)와 십(卌: 四十)으로 구성되었으며, 풍부하다는 의미가 있다."라고 잘못 풀이했다.

063 **춤출 무**

wǔ

한 사람이 두 손에 소꼬리 모양의 소품을 가지고 춤을 추는 모습이다. 자형은 정면으로 선 큰 사람의 모습과 두 손에 춤추는 도구를 든 모습으로 분리될 수 있다. 이는 상나라에서 비를 기원하던 의식이다.

일반동물/새 물고기 기타

064 새 조

鳥

niǎo

065 새 추

佳

zhuī

갑골문에는 새를 나타내는 글자로 조(鳥)와 추(佳)의 두 가지 상형문자가 있다. 이 둘은 모두 새의 측면 모습을 그렸다. 이 두 글자를 비교해 보면, 조(鳥)가 더 세밀하게 그려지고 깃털이 더 많이 그려졌다. 이들은 모두 조류를 나타내는 의미부로 사용된다.

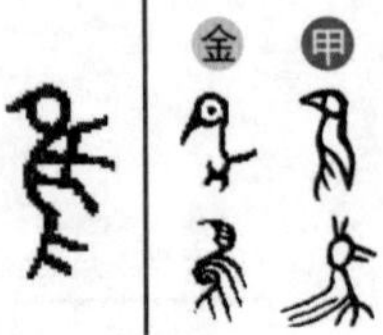

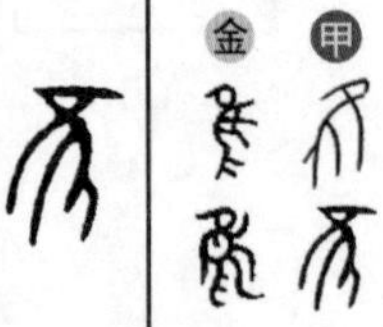

❶ 동물

❷ 전쟁과 형벌

❸ 일상생활①

❹ 일상생활②

❺ 기물제작

❻ 삶과 신앙

066 까마귀 오

烏

wū

까마귀의 측면 모습을 그렸다. 초기 자형에서는 모두 입이 위로 향했는데, 울음의 특징을 나타냈다. 까마귀의 울음은 귀에 거슬려 불쾌하므로 일부 사람들은 까마귀의 울음이 음험하고 위험함을 나타낸다고 한다. 까마귀는 깃털 전체가 어둡고 검은색으로 되었기에, 어두움과 암흑의 의미를 표현하는 데에도 사용된다.

067 매 응

鷹

yīng

갑골문에서는 한 마리의 새와 구부러진 발톱으로 구성되어, 날카로운 갈고리와 발톱을 가진 '매'의 특성을 표현했다. 매는 수백 미터 높이에서 공중을 선회하다가 먹이를 찾으면 재빠르게 내려와 발톱 걸이를 사용하여 먹이를 낚아챈다.

068 물 억새 환

雈

huán

이 글자는 머리에 뿔과 같이 생긴 털을 가진 올빼미의 독특한 특징을 묘사했다. 올빼미라는 의미 외에 갑골문에서는 '신구(新舊: 새것과 헌것)'라고 할 때의 구(舊)로 가차되었다. 이후 이들 의미를 구분하기 위해 추(萑)자에다 독음 부호인 구(臼)를 더해 구(舊)가 되었다.

069 **황새 관**

灌

guàn

이것은 종종 지저귀는 황새인데, 우는 소리가 크고 낭랑하여 시끌벅적한데, 여러 개의 크게 벌린 입이 마치 새가 옆에서 울고 있는 듯하다. 이후에 관(雚)자에다 의미부인 견(見)자를 더하여 관(觀)이 되었다. 또 관(雚)자에다 새를 뜻하는 조(鳥)를 더하면 관(鸛, 황새)자가 된다.

070 **참새 작**

雀

què

소(小)와 추(隹)가 조합된 모습으로, 지붕 위에서 자주 볼 수 있는 '작은 새'인 참새를 말한다.

071 **꿩 치**

雉

zhì

시(矢)와 추(隹)가 조합된 모습이다. 여기서의 화살은 줄로 묶은 화살을 말하는데, 사냥감을 적중시켰을 때 줄을 당겨 사냥감을 끌어 올 수 있도록 고안된 것이다. 만약 적중시키지 못하더라도 실을 끌어오면 귀중한 화살을 잃지 않게 된다. 이러한 화살은 실의 길이에 제한이 있어, 높이 날지 않는 새를 쏠 때만 사용할 수 있다.

❶ 동물

❷ 전쟁과 형벌

❸ 일상생활 ①

❹ 일상생활 ②

❺ 기물제작

❻ 삶과 신앙

072 제비 연

燕

yàn

날개를 펴고 날아다니는 제비의 형상을 그렸다. 제비는 철새로, 계절을 알려주는 기능을 가지고 있어 사람들이 봄철 이후의 삶을 준비하는 데 매우 도움이 된다.

073 신 석

舄

xì

이 글자의 특징은 새의 머리에 까치 새를 나타내는 여러 개의 높이 솟은 볏이 있다는 점이다. 그러나 금문(명문)에서 석(舄)은 새를 의미하지 않고 임금이 고위 공무원에게 의식을 행할 때 쓰도록 하사한 신발을 말한다.

074 새 한 마리 척

隻

zhī

손으로 새를 쥐고 있는 모습인데, 사물을 잡았다는 것에 초점이 놓여 있어, '획득하다', '수확하다' 등의 뜻이 나왔다.

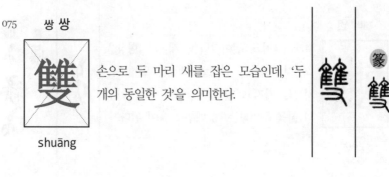

075 쌍 쌍

雙

손으로 두 마리 새를 잡은 모습인데, '두 개의 동일한 것'을 의미한다.

shuāng

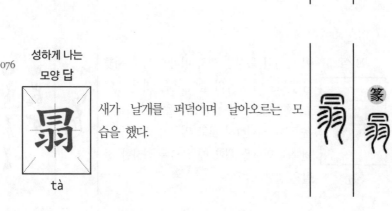

076 성하게 나는 모양 답

冐

새가 날개를 퍼덕이며 날아오르는 모습을 했다.

tà

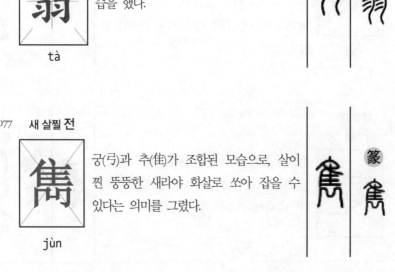

077 새 살찔 전

雋

궁(弓)과 추(隹)가 조합된 모습으로, 살이 찐 뚱뚱한 새라야 화살로 쏘아 잡을 수 있다는 의미를 그렸다.

jùn

078 **흩어질 산**

손에 막대기를 잡고 새들이 농작물을 쪼아 먹지 못하게 몰아내는 모습이다. 나중에 산(㪔)(즉 散)과 합병되어 산(㪔)이 되었다.

sàn

079 **울 명**

自형은 입을 크게 벌린 새와 사람의 입 모양을 강조하여, 입을 벌리고 지저귀는 창제의미를 표현했다.

míng

080 **나아갈 진**

갑골문은 새 한 마리와 발자국 하나로 조합되어, 새는 앞으로만 움직이지 뒤로는 가지는 못한다는 창제의미를 표현했다. 금문에 들면서 길을 나타내는 부호가 더해졌다. 발은 걷기 위해 생겨난 것이고, 길은 걷기 위해 만들어진 것이기에, 고대 한자에서는 이 둘이 서로 호환되었다.

jìn

❶ 동물
❷ 전쟁과 형벌
❸ 일상생활 ①
❹ 일상생활 ②
❺ 기물제작
❻ 삶과 신앙

081 익힐 습

xí

자형에서 보이는 깃털은 새의 날개를 나타낸다. 새의 끊임없는 날갯짓은 '퍼덕 퍼덕거리는' 소리를 내는데, 고대인들은 이 장면을 빌려서 '반복'이라는 의미를 만들어 냈다. 공부는 반복적인 연습과 복습이 필요하므로 여기서 '학습'이라는 뜻이 나왔다.

082 모일 집

jí

원래 의미는 새가 나무에 앉아 쉬다는 뜻인데, 금문에서는 나무에 세 마리의 새가 앉은 모양이다. 세 마리의 새가 나무에 앉은 모습으로 많은 것들이 한데 모여 있다는 의미를 표현해 냈다.

083 깃 우

yǔ

새 날개의 형상이며, 이후 깃털과 새라는 의미로 확장되었다. 금문에서는 이를 둘로 나누어 한 쌍의 날개처럼 표현했다.

084　새매 준

새매를 말한다. 팔뚝 위에 앉을 수 있으며, 이를 데리고 가 사냥을 할 수 있는 맹금류에 속하는 새이다.

zhún

篆

085　울 소

나무 위에 세 개의 구(口)가 있는 모습인데, 구(口)는 새의 입을 나타낸다. 서로 다른 새들, 서로 다른 음색들이 나뭇가지 사이에서 울며 시끄럽게 하여 성가시게 하는 모습이다.

sào

金

篆

086　그을릴 초

새 한 마리가 불 위에 놓인 모습이다. 즉, 새를 구워먹는 모습인데, 약간 눋게 익혀야만 맛이 있다. 이를 위해 마음이 조급한 모습을 표현하게 되었다.

jiāo

金

篆

❶ 동물

❷ 전쟁과 형벌

❸ 일상생활①

❹ 일상생활②

❺ 기물제작

❻ 삶과 신앙

제1부 동물　**33**

087 떼놓을 리

離

lí

새 한 마리가 새를 잡는 그물에 걸린 모습이다. 어떤 그물은 고정된 장소에 설치되어 새가 스스로 와서 그물에 걸리기를 조용히 기다린다. 산채로 잡은 새는 새장 속에 넣어두고 감상할 수도 있다. 새에 달린 깃털도 비교적 완전한 상태여서 그것을 떼어내 옷을 장식하는 데 사용할 수도 있다.

088 빼앗을 탈

奪

duó

구성성분이 상당히 복잡한데, 의(衣)와 수(手)와 추(隹)를 비롯해 옷 속에 든 3개의 작은 점으로 구성되었다. 새를 유인하여 쌀알을 쪼아 먹도록 하는 모습을 표현했다. 자형에서는 옷으로 함정을 만들었고, 새는 이미 옷으로 만든 그물망에 뒤덮여 사람의 손에 잡히고 말았으며, 새가 손아귀에서 벗어나려 발버둥치는 모습을 묘사했다.

089 떨칠 분

奮

fèn

새가 들판에 설치된 옷으로 만든 함정에 갇혀 있고 거기서 벗어나기 위해 날개를 퍼덕이는 모습을 그렸다. 아니면 새가 들판에서 막대기에 의해 쫓겨 날개를 퍼덕거리며 날아가는 모습을 그렸다.

❶ 동물

❷ 전쟁과 형벌

❸ 일상생활①

❹ 일상생활②

❺ 기물제작

❻ 삶과 신앙

090　올라갈 혹

hè

새의 머리에 특수한 형상이 있는데, 학의 머리임을 말해준다. 학은 목이 길고 머리의 위치는 보통 새의 머리보다 높으므로 '높다'는 의미를 갖게 되었다.

篆

091　약할 약

ruò

새의 두 날개가 아래쪽으로 처져 있는데, 너무 피로에 지쳐 날갯짓을 하여 높이 날아갈 수 없는 모양을 말한다.

篆

092　덮어쓸 몽

méng

덮개에 덮여 새장 속에서 키워지는 새를 그렸다. 새들의 시계가 가로막혀 있기에 '덮이다'는 의미가 나왔다. 갑골문에서는 시계가 분명하지 않음을 말했고, '흐린 날씨'도 나타냈다.

篆　甲

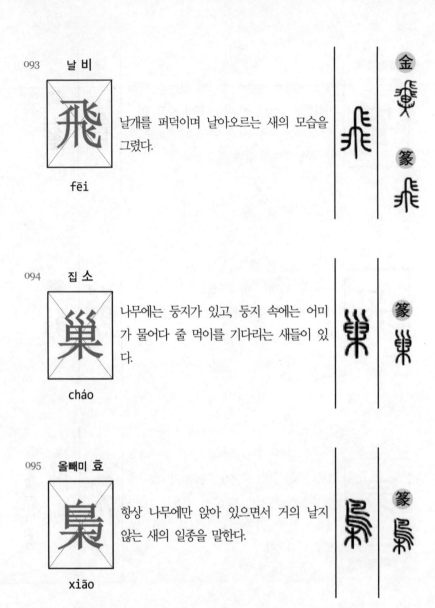

093 **날 비**

飛

날개를 퍼덕이며 날아오르는 새의 모습을 그렸다.

fēi

金
篆

094 **집 소**

巢

나무에는 둥지가 있고, 둥지 속에는 어미가 물어다 줄 먹이를 기다리는 새들이 있다.

cháo

篆

095 **올빼미 효**

梟

항상 나무에만 앉아 있으면서 거의 날지 않는 새의 일종을 말한다.

xiāo

篆

096

**새 덮치기
조**

wǎng

그물로 새를 잡아 날아가지 못하게 하는 모습을 그렸다.

篆

甲

097

꿩 적

dí

두 날개를 높이 쳐들고 날아오르려는 새의 모습이다.

金

篆

098

**새 날개 펼쳐
떨칠 순**

xùn

대(大)와 추(隹)의 조합으로, 큰 새가 강력한 날갯짓을 하는 바람에 진동하면서 소리를 내는 모습을 그렸다.

篆

❶ 동물

❷ 전쟁과 형벌

❸ 일상생활①

❹ 일상생활②

❺ 기물제작

❻ 삶과 신앙

놀래 소리

099 지르는 소리

훤

叩

xuān

관(雚)자에서 분화한 글자이다. 관(雚)은 황새[雚爵鳥]를 말하는데, 구부러진 눈썹이 강조된 외에도 구(口)가 둘 더해졌다. 이는 시끄럽게 지저귀어대는 새의 울음소리를 말한다.

가죽나무

100 고치 수

讐 雔

chóu

두 마리의 새가 멈추지 않고 끊임없이 울어대는 모습이다. 서로에게 욕을 해대며 양보하지 않기 때문에 '원수'라는 의미를 갖게 되었다.

101 볼 구

瞿

qú/jù

예리하고 밝은 두 눈을 가진 조류(송골매나 새매)를 말했는데, 이후 이와 같은 눈을 가진 사람을 표현하는데도 사용되었다.

102 **새 이름 휴**

xī

금문의 자형으로 볼 때, 이는 볏과 긴 꼬리털을 가진 새이지, 눌(內)이 소리부인 형성구조가 아니다.

金

篆

---

103 **두리번거릴 확**

jué

날카로운 두 눈을 가진 새(송골매나 새매)가 사람의 손위에 머무르는 모습을 그렸는데, 휴(巂)자의 완전한 필사법일 가능성이 크다. 송골매는 멀리까지 볼 수 있는 시력과 예리함을 가져 사냥에 도움을 주는 좋은 도우미가 되어왔다.

篆

---

104 **풀이름 왁**

huò

사냥꾼의 팔에 습관적으로 앉곤 하는 송골매나 새매 같은 맹금류는 날카로운 눈을 가지고 있고 먹이를 찾기 위해 높이까지 날아오를 수 있기 때문에 사냥꾼들은 종종 사냥을 위해 매를 데리고 다닌다.

篆 金

❶ 동물

❷ 전쟁과 형벌

❸ 일상생활①

❹ 일상생활②

❺ 기물제작

❻ 삶과 신앙

105 들창그물
무

羅

wǔ

갑골문의 원래 자형을 보면, 한 사람이 두 손을 들어 그물을 설치하여 새를 포획한 모습이다. 그러나 나중에 실수로 윗부분은 그물이, 아래 부분은 무(舞)자로 변해 형성구조인 것으로 해석되었다.

106 빗속을 새
나는 소리 확

huò

비가 내릴 때, 새들은 떼를 지어 날개를 퍼덕이며 피할 곳을 찾는데 깃털을 펄럭여서 소리가 시끄러운 정황을 묘사했다. 이후 세 개의 추(隹)가 두 개나 한 개로 줄었다.

107 어찌 언

yān

까마귀의 머리와 마찬가지로 깃털 모양의 특수한 볏을 가진 모양이다. 이후 어조사로 가차되었다.

❶ 동물

❷ 전쟁과 형벌

❸ 일상생활①

❹ 일상생활②

❺ 기물제작

❻ 삶과 신앙

108 **제비 을**

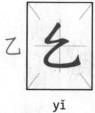

乙

yǐ

하늘에서 자주 날아다니지만 그 모양은 불분명한 새를 묘사했다.

篆

109 **새 깃 짧을 수**

鳬

shū

几자는 부(鳬: 오리)자에서 분화된 글자이다. 부(鳬)는 물오리가 헤엄을 칠 때 갈퀴로 물을 헤치는 모습을 그렸는데, 几가 조(鳥) 아래에 놓여 물갈퀴임을 나타냈다.

篆 金

110 **고기 어**

魚

yú

물고기의 모양인데, 비늘과 지느러미 및 물고기의 다른 특성들이 모두 잘 표현되었다.

金 甲

111 고기 잡을 어

yú

갑골문에는 낚시 방법을 반영하는 다른 여러 가지 자형들이 등장한다. 손에 낚싯줄을 잡고 물고기를 낚는 모습도 있고, 손으로 그물을 던져 고기를 잡는 모습도 있다.

112 노둔할 로

lǔ

접시에 생선이 한 마리가 놓인 모습인데, 이는 맛있는 음식이었기에 '아름답다'는 뜻이 생겼다.

113 물고기 이름 곤

gǔn

고기를 낚는 낚싯줄을 그렸는데, 재료가 일반 낚싯줄과는 다르게 표현되었다.

114 **환어 환**

guān

눈물을 흘리는 눈과 물고기로 구성되었다. 원래는 큰 물고기라는 뜻이었지만 그 창제의미가 무엇인지는 아직 확인되지 않고 있다. 그러나 답(罟)으로 구성된 형성자임은 분명하다. 이후 아내를 잃었지만 다시 결혼하지 않은 홀아비를 지칭하게 되었다.

115 **생선 요리할 결**

jì

칼로 물고기를 죽이는 모습을 그렸다.

116 **허물 죄**

zuì

낚시를 위한 세밀한 그물을 그렸다. '죄를 지은 사람들을 잡는 것도 그물로 물고기를 잡는 것과 같다는 의미이다.

117 긁어모을 소

sū

금문에서는 어(魚)와 목(木)이 결합한 모습으로, 성을 나타내는 소(蘇)자로 쓰였다. 그러나 본래 뜻은 따로 있었다. 혹자는 '소생(蘇生)하다'는 뜻이라고도 한다.

118 생선 선

xiān

어(魚)가 세 개 중첩된 모양인데, 생선이 많아 비린내가 심한 모습을 표현했다.

119 너 이

eř

아마도 이(爾)자에서 가차되었고 또 형태가 줄어서 된 글자일 것이다. 금문에서 이(爾)자의 형상은 대나무로 짠 고기 잡는 도구로, 통발처럼 물고기나 새우가 한번 들어오면 나갈 수 없도록 고안된 장치이다.

❶ 동물

❷ 전쟁과 형벌

❸ 일상생활 ①

❹ 일상생활 ②

❺ 기물제작

❻ 삶과 신앙

120 **대껍질 미**

niè

이(爾)자와 운모가 다르기 때문에 형성자로 볼 수 없다. 댓조각을 엮어 만든 통발 같은 것을 지칭하는 회의자로 추정된다.

121 **바꿀 역**
쉬울 이

yì

이것은 딱딱한 껍질을 가진 수생 연체동물의 형상이라 추측되며, 세 개의 비스듬한 점은 그것이 사는 환경이나 기어 간 후 남은 흔적을 나타낸다고 보인다. 금문에서부터 자형이 잘못 변하기 시작해, 머리의 형상이 등장했다. 그래서 『설문해자』에서는 도마뱀과 같은 파충류라고 풀이했다.

122 **바다거북 조**

cháo

특수한 형상의 머리를 가진 곤충을 그렸는데, 자형이 잘못 변했다.

거미 주

蛛

zhū

갑골문의 자형을 보면 거미를 그렸다. 금문에서는 소리부인 주(朱)가 더해졌고, 또 의미부인 민(黽)이 충(虫)으로 대체되기도 했다.

124　**나라이름 촉**

蜀

shǔ

큰 머리와 굽어진 가는 몸체를 가진 곤충을 그렸다. 촉(蜀) 지역에서 나는 특수한 곤충이었을 것이고, 그래서 촉(蜀) 땅을 지칭하는데 사용되었다.

125　**밝을 견**

蠲

juān

그릇에 담긴 물에 음식이 부패하여 생긴 작은 곤충이 떠올라 넘치는 모습이다. 더 이상 먹을 수 없고 버려야 한다는 뜻에서 '견제(蠲除: 면제하다)'와 같이 '없애다'는 뜻이 나왔다.

126

장구벌레

연

yuān

모기의 유충을 그렸는데, 몸을 웅크리고 물 표면에 떠다니는 것처럼 보인다. 갑골문에서는 '견제(蠲除)' 즉 없애다는 뜻으로 쓰였는데, 모기의 유충은 이 단계에 서라야 쉽게 없앨 수 있기 때문이다. 금문에 이르면 머리 부분이 구(口)로 잘못 변했고, 몸통도 육(肉)으로 변해 지금의 자형처럼 되었다.

❶ 동물

❷ 전쟁과 형벌

❸ 일상생활①

❹ 일상생활②

❺ 기물제작

❻ 삶과 신앙

가축/오축(五畜)과 기타

127 **기를 환**

huàn

새끼를 밴 어미 돼지를 두 손으로 잡는 모습인데, 어미 돼지가 의외의 사고를 당할까 염려되어 돌보다는 의미를 담았다.

128 **공손할 공**

gōng

두 손으로 한 마리의 용을 싸잡은 모습이다. 이 글자는 공왕(龔王)이라는 이름으로 쓰인 이외에도 공손하고 소박하다는 의미를 나타냈는데, 이후의 고전에서는 종종 '공(龔: 공손하다)'이나 '공(恭: 공경하다)'자로 대체되어 사용되었다.

129　클 방

páng

130　괼 총

chǒng

면(宀)과 엄(广)은 모두 건축물을 나타내는 의미부인데, 이 두 글자가 용(龍)과 결합하여 건축물의 의미를 표현해 냈다. 하나는 회의구조이고, 다른 하나는 형성구조이다. 방(龐)은 높은 집이라는 의미인데, 용(龍)을 키우려면 넓고 큰 공간이 필요하기 때문이다. 총(寵)은 용(龍)이 독음을 표시하는 부호로 쓰였는데, 귀족의 집을 표현하는 데 쓰였다.

131　쌓을 축

chù

동물의 위와 붙어 있는 장의 형상을 그렸다. 고대사회에서 도자기가 보편화하기 전에 사람들은 물이나 술이나 음식을 저장하기 위한 용기로 동물의 위를 사용했는데 여행 때 가지고 다니기도 편리했다. 그래서 '수용하다', '보존하다' 등의 뜻이 있게 되었다.

❶ 동물
❷ 전쟁과 형벌
❸ 일상생활①
❹ 일상생활②
❺ 기물제작
❻ 삶과 신앙

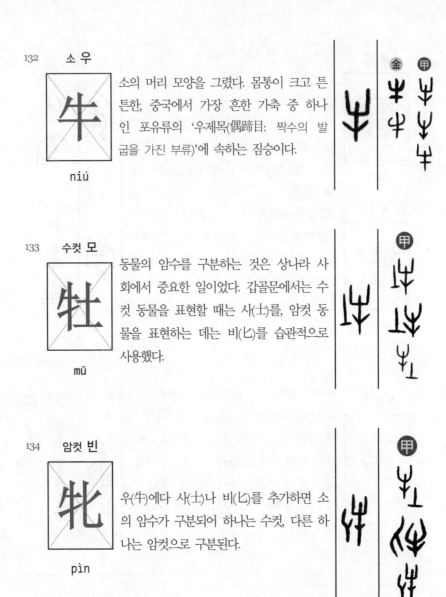

132 소 우

牛

niú

소의 머리 모양을 그렸다. 몸통이 크고 튼튼한, 중국에서 가장 흔한 가축 중 하나인 포유류의 '우제목(偶蹄目: 짝수의 발굽을 가진 부류)'에 속하는 짐승이다.

133 수컷 모

牡

mǔ

동물의 암수를 구분하는 것은 상나라 사회에서 중요한 일이었다. 갑골문에서는 수컷 동물을 표현할 때는 사(士)를, 암컷 동물을 표현하는 데는 비(匕)를 습관적으로 사용했다.

134 암컷 빈

牝

pìn

우(牛)에다 사(士)나 비(匕)를 추가하면 소의 암수가 구분되어 하나는 수컷, 다른 하나는 암컷으로 구분된다.

135 **선비 사**

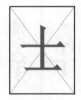

shì

갑골문에서 이 부호는 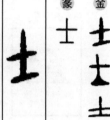 등과 같이 동물의 수컷을 나타내는데 쓰였다. 이후 필획이 증가하여 복잡하게 변했고 실제 이미지를 알아볼 수 없게 되었다.

136 **우리 뢰**

láo

입구가 좁은 우리에 갇힌 소나 양의 모습이다. 특별히 선택된 소나 양을 특수한 우리에서 사육하며, 그들에게는 조금이라도 청결하지 않는 사료는 먹이지 않았다. 이들은 제사에 사용될 특별한 희생으로 사용하기 위한 것이었고, 그렇게 한 것은 신에 대한 존중과 신중함의 표시였다.

137 **반 반**

bàn

소의 몸을 좌우 절반으로 분해하다는 뜻이다. 이는 제사에 사용할 희생을 처리하는 방법 중의 하나였다.

138

소 우는
소리 모

móu

우(牛)자의 윗부분에 표기부호가 더해졌는데, 이는 소의 울음소리를 나타내기 위한 것으로, 지사자에 속한다.

139

얼룩소 리

lí

농경지에서 흙을 갈아엎는 쟁기를 그렸는데, 우(牛)자와 조합되어 있다. 두 개의 작은 점이나 세 개의 작은 점은 뒤집힌 흙덩이를 상징한다. '리우(犁牛: 쟁기질용 소)'라는 말은 소가 하는 기능에 의해 붙여진 이름임을 알 수 있다.

140

침노할 침

qīn

빗자루와 물을 사용하여 소의 몸을 청소하는 모습인데, 가끔 '손'을 추가하여 청소하는 동작을 강조했다. 갑골문에서는 '다른 나라가 침입해오다'는 뜻으로 사용되었다.

❶ 동물

❷ 전쟁과 형벌

❸ 일상생활①

❹ 일상생활②

❺ 기물제작

❻ 삶과 신앙

141 **진칠 둔**

tún

갑골복사에서는 소의 견갑골 두 개를 한 데 묶어 놓은, 갑골의 숫자를 계산하기 위 한 단위로 쓰였다. 초기의 자형에서 아래 로 내려다 본 모습인 의 경우, 가운데에 두 개의 구부러진 골구(骨臼)가 싸여진 모 습이다. 이후 시기의 자형인 ↓의 경우, 자형의 초점이 하나는 모아서 한데 싸다 는 것에, 다른 하나는 차단하여 이탈되지 않도록 한다는데 있다.

142 **칠 목**

mù

한 손으로는 양치기 막대기를 잡고 소나 양을 몰아가는 모습인데, 짐승을 키우는 일을 하다는 뜻이다.

143 **꼴 추**

chú

소와 말 등 가축에게 먹이를 주기 위해 한 손으로 두 줌의 풀을 뽑아 올리는 모 습이다. 소전체에서는 자형을 두 개의 동 일한 구조로 분해했다.

144 양 양

羊

yáng

동물의 머리에 한 쌍의 굽은 뿔이 달린 모습이다. 가장 위쪽에서 두 개의 곡선으로 두 뿔을, 비스듬한 선으로 두 눈을 나타냈으며, 중앙의 직선은 콧등을 그렸다.

145 도타울 돈

敦

dūn

향(享: 누리다)과 양(羊)의 조합으로 되었다. 향(享)은 기단이 있는 건물로, 많은 노동력을 들여 신의 영혼을 즐겁게 해주기 위해 건축되었다. 양(羊)은 고대 사회에서 신의 영혼에게 바쳐진 중요한 희생물이었다. 이 단어의 창제의미는 바로 신의 영혼 앞에 바치는 양고기는 오랫동안 삶아 질기지 않고 연해야 한다는 데서 나왔다.

146 양 울 미

𦍋

miē

양(羊)자 위에 지사 부호가 더해졌는데, 양의 울음소리를 상징한다.

147 바칠 수

羞

xiū

자형의 구조는 손으로 양을 잡아 바치는 모습이다. 손으로 양을 잡아 삶을 준비를 하다는 의미를 표현했다.

---

148 고울 선

鮮

xiān

어(魚)와 양(羊)이 결합한 모습인데, 생선 요리는 모두 비린내가 나지만 '맛있다'는 의미를 표현했다.

---

149 양 노린내 전

羴

shān

양떼 속으로 들어간 듯 노린내가 나는 의미를 그렸다.

❶ 동물

❷ 전쟁과 형벌

❸ 일상생활①

❹ 일상생활②

❺ 기물제작

❻ 삶과 신앙

150   새끼 양 고

羔

gāo

양고기 바비큐는 작은 어린 양이 가장 부드럽고 맛있다는 의미를 그렸으며, '어린 양'을 뜻한다.

篆 羔

---

151   돼지 시

豬

shǐ

살찐 몸통과 짧은 다리와 아래로 처진 꼬리를 가진 돼지를 옆에서 본 형상이다. 이것은 돼지의 일반적인 모습이다.

甲

---

152   돼지 체

彘

zhì

화살이 돼지의 몸통을 관통한 모습이다. 화살은 사냥꾼이 쏜 것으로, 멧돼지는 사냥을 통해 얻은 야생 동물을 대표한다.

金 甲

---

❶ 동물

❷ 전쟁과 형벌

❸ 일상생활 ①

❹ 일상생활 ②

❺ 기물제작

❻ 삶과 신앙

153 **발 얽은 돼지걸음 축**

chù

거세된 돼지를 말한다. 성기가 거세되어 신체와 분리되어 있는 모습이다. 신체 외부의 작은 획은 생식기를 상징한다.

甲

154 **높은 무덤 총**

篆

金

zhǒng

버려진 돼지 뼈와 폐기물이 무덤의 봉분처럼 높게 쌓인 모습이다.

155 **집 가**

金

甲

jiā

집안에서 한 마리 혹은 여러 마리의 돼지를 키우는 모습인데, 이것이 돼지를 키우는 일반적인 평민들의 가옥이었다. 금문부터 소전체에 이르기까지 자형은 기본적으로 바뀌지 않았다.

156 **돼지 돈**

tún

돼지 한 마리와 고기 한 조각이 그려진 모습이다. 돈(豚)은 새끼 돼지를 말하는데, 새끼 돼지의 고기가 가장 부드럽고 맛이 있다. 그러나 크게 자라서 고기가 가장 많고 가장 경제적인 시점이 되어서야 도축된다. 평소에 새끼 돼지를 먹기 위해 죽이지는 않았다.

金 亥豕
甲 豚豕豚

157 **고슴도치 머리 계**

彑

jì

돼지 머리를 말한다. 돼지 머리는 종종 제사에 쓰이는 희생으로, 돼지로써 전체 희생물을 대신 표현하기도 했다.

篆 彑

158 **돼지 시**

彖

shǐ

멧돼지를 말한다. 자형에서는 멧돼지의 코가 특히 강인하게 표현되었다.

篆 彖彖

159

돼지
달아날 단

tuàn

글자가 시(豕)로 구성된 것으로부터 멧돼지가 머리를 아래로 내리깔고 분노해 달려드는 모습으로 추측된다. 멧돼지는 머리가 차지하는 비율이 높은데, 자형에서는 멧돼지의 머리를 중심으로 그렸다.

篆 𧰧

160   **돼지 하**

xiá

'시(豕: 멧돼지)'의 이체자이다. 멧돼지의 머리가 특히 크게 그려져, 머리(彑)를 강조했으며, 하반부는 신체 부분이다.

篆 彖

161   **수퇘지 가**

jiā

갑골문에서는 의식적으로 수컷 돼지의 성기를 묘사하여 수컷 돼지를 상징했다. 이후 시(豕)가 의미부이고 가(叚)가 소리부인 형성구조로 바뀌었다.

甲 豭 豭

篆 豭

❶ 동물

❷ 전쟁과 형벌

❸ 일상생활①

❹ 일상생활②

❺ 기물제작

❻ 삶과 신앙

162 드디어 수

sui

금문에서 볼 수 있듯이 원래는 돼지가 화살을 맞았고 화살로 다친 멧돼지가 급히 도망가는 모습을 그렸다. 이후에는 돼지의 머리가 위쪽으로 이동하여 좌우 두 개의 비스듬한 획으로 분리되었다.

篆 金

163 부리 훼

huì

'구(口: 입)'와 짐승이 합쳐진 모습으로, 짐승의 입을 의미한다.

篆 甲

164 돼지 성나 털
일어날 의

yì

신(辛)과 시(豕)의 조합이다. 성난 멧돼지의 모습을 표현했다. 신(辛)은 범죄자에게 문신을 새기던 형벌 도구인데, 멧돼지를 길들이기 위해 손에 이러한 도구를 들고서 거세를 했을 것이다.

篆

❶ 동물

❷ 전쟁과 형벌

❸ 일상생활①

❹ 일상생활②

❺ 기물제작

❻ 삶과 신앙

165 **말 마**

馬

mǎ

긴 얼굴, 흩날리는 긴 갈기털, 키 큰 몸을 가진 동물인 말을 그렸다.

金

甲

166 **마구간 구**

廐

jiù

말이 좁은 출입구가 있는 우리에 갇힌 모습을 그렸다. 원래는 소나 말과 같은 큰 동물들을 키우는 장소를 통칭했으나, 이후 말을 키우는 곳으로 한정하여 불렀다.

篆

甲

古

167 **맬 칩**

馽

zhí

말의 발이 줄에 묶인 모습인데, 발정이 난 말에 대한 대응 조치였을 것이다.

篆

168 발 흰말 주

馬
丼

zhù

말의 발을 묶어 말이 제멋대로 행동하지 못하도록 한 모습이다. 발정이 난 말이 소동을 일으키지 못하게 한 조치였을 것으로 생각된다.

篆

말이 문을
169 나오는 모양
틈

闖

chuǎng

말 한 마리가 문 틈 사이로 급히 지나가는 모습을 그렸다.

篆

말 몰려
170 달아날 표

馬
驫馬

piāo

많은 말들이 한데 모여 먼지를 일으키며 웅장한 기세를 뽐내며 경주하는 모습이다. 금문에서는 말이 위에 두 개, 아래에 한 개로 배열된 구조였으나, 소전체에서는 위에 한 개, 아래에 두 개인 구조로 바뀌었다.

金

篆

171 　몰 구

毆

驅

qū

막대기를 손에 쥐고 사슴을 뒤쫓아 몰아
가는 모습이다. 금문에서는 소리부인 구
(區)를 더하였고 대신 동물의 형상이 생략
되어, 복(攴)이 의미부이고 구(區)가 소리
부인 형성구조가 되었다.

金
甲
古

172 　개 견

犬

quǎn

개의 측면 모습을 그렸는데, 야윈 체형과
위로 쳐든 꼬리로 표현되었다.

金
甲

173 　짐승 수

獸

shòu

사냥용 그물과 개를 그렸는데, 둘 다 사
냥에 필요한 도구이다. 이로부터 '사냥'
의 의미를 표현했다. 이후 '야수(野獸:
길들여지지 않은 사나운 짐승)'에서처럼
그 의미가 포획한 대상에게까지 확장되
었다.

金
甲

❶ 동물

❷ 전쟁과 형벌

❸ 일상생활①

❹ 일상생활②

❺ 기물제작

❻ 삶과 신앙

제1부 동물 **63**

174 **짐승 수**

xiù

수(獸)자를 구성하는 성분이다. 갑골문에서는 야생 짐승을 잡는데 쓰는 사냥용 그물을 그렸으며, 야생 짐승의 형상과는 아무런 관련이 없었다. 금문에서는 '아름다움'을 형용하는 단어나 '적의 우두머리'를 지칭하는 말로 가차되어 쓰였다.

篆 金

175 **냄새 취**

chòu

'견(犬: 개)'과 '자(自: 코)'의 조합이다. 후각에 뛰어난 개는 사냥꾼의 조수로서 사냥감의 은신처를 추적한다. 이후 '나쁜 냄새'라는 뜻으로 가차되어 쓰였다. 후각이라는 냄새의 의미로 쓸 때에는 구(口)를 더한 '후(嗅: 냄새 맡다)'로 구분하여 사용했다.

篆 甲

176 **그릇 기**

qì

한 마리의 개(犬)와 네 개의 구(口)로 구성되었다. 개는 멀리서 낯선 사람이 오는 냄새를 맡으면, 연속적으로 짖어서 이를 주인에게 알린다. 네 개의 구(口)는 개가 연속해서 짖는 소리를 상징한다.

金

177 엎드릴 복

fú

주인의 발아래에 누워있는 강아지의 모습을 그렸다.

篆 金

178 짖을 폐

fèi

견(犬)과 구(口)의 조합으로 이루어져, 개가 짖는 소리를 표현했다.

篆

179 이리 패

béi

자형은 견(犬)이 의미부이고 패(貝)가 소리부인 형성구조이다. 갑골문과 금문의 자형을 보면 원래는 개의 꼬리 부분에 두꺼운 덤불을 이룬 털을 가진 개였으나, 이후에 꼬리 부분이 패(貝)로 변해 지금의 자형이 되었다.

金 甲

❶ 동물

❷ 전쟁과 형벌

❸ 일상생활①

❹ 일상생활②

❺ 기물제작

❻ 삶과 신앙

180 개 달리는
모양 표

biāo

개들이 떼를 지어 서로 앞을 다투어 사냥감을 쫓는 모습이다.

篆

181 달릴 발

bá

비스듬하게 그려진 획은 강아지의 발에 입은 부상을 나타내며, 이 때문에 절뚝거리며 안정되지 않은 모습으로 걸어가는 정황을 표현했다.

篆

182 옥 옥

yù

마치 소송에서 양측이 상대를 향해 논쟁을 벌이는 것처럼, 두 마리의 개가 서로 짖어대며 싸움을 그치지 않는 모습이다.

金

篆

183 **갑자기 돌**

突

tū

개가 벽에 있는 구멍을 통해 들어오고 나가는 상황을 표현했다. 자형은 개가 구멍에서 갑자기 튀어나와 집 밖으로 나가는 장면인데, 작은 점들은 그때 일어나는 먼지를 상징한다. 소전체에서는 구멍의 입구가 혈(穴)로 변했다.

184 **어그러질 려**

戾

lì

개가 문 아래로 난 틈을 통해 몸을 구부리고 나오는 모습을 그렸다.

185 **오랑캐 적**

狄

dí

갑골문에서는 견(犬)과 대(大)로 구성되어, 커다란 개를 지칭했다. 그러나 금문에서는 대(大)가 화(火)로 변했으며, 이후 '적적(赤狄)'이나 '백적(白狄)'처럼 옛날의 민족 이름으로 쓰였다.

❶ 동물

❷ 전쟁과 형벌

❸ 일상생활①

❹ 일상생활②

❺ 기물제작

❻ 삶과 신앙

186 날개 펼 격

jú

강아지의 눈을 말하는데, 개가 사물의 표정과 자태를 살피는 모습이다.

篆

187 삽살개 방

máng

긴 털로 뒤덮인 개의 모습을 그렸다.

甲

篆

188 개고기 연

rán

견(犬)과 육(肉)의 조합으로 이루어졌는데, '개고기[狗肉]'를 뜻한다. 추측컨대 고대 사회에서 개고기는 불에 구워 먹는 방식이 주를 이루었을 것이다. 그래서 불에 태우다는 뜻의 연(然)(=燃)자가 만들어졌다.

篆 金

古

189 **물릴 염**

yàn

금문을 보면 견(犬), 구(口), 육(肉)의 세 부분으로 구성되었음이 분명하다. 입[口]으로 고깃덩어리[肉]를 먹는 모습인데, 여기에 견(犬)을 더하여, 개고기를 배불리 풍족하게 먹었음을 표현했다.

篆 金

❶ 동물

❷ 전쟁과 형벌

❸ 일상생활①

❹ 일상생활②

❺ 기물제작

❻ 삶과 신앙

수렵방식

190 **이제 금**

jin

추상적인 삼각형에다 가로획 하나가 더해진 모습인데, '지금'을 나타내는 시간사로 가차되어 쓰인다.

191 **날짐승 금**

qín

야수를 잡는 데 쓰는 긴 자루를 가진 수렵용 그물을 그렸다. 그래서 '사로잡다'와 '포획하다' 등의 뜻을 가진다. 금문에서 소리부인 금(今)이 더해졌다. 이후 사로잡는 대상물까지 지칭하게 되었다.

192 **다 실**

心(心)과 변(釆)의 조합으로 이루어졌다. 변(釆)은 새나 짐승의 발자국을 말한다. 지혜로움은 서로 다른 새나 짐승의 발자국을 분별할 수 있으며, 사냥꾼이 반드시 갖추어야 할 기능임을 표현했다.

xī

篆 古

193 **분별할 변**

동물의 발자국이 바닥에 찍혀져 있으므로 자세히 살피기만 하면 구별할 수 있다. 그래서 '구분하다'는 뜻이 나왔다.

biàn

篆 古

194 **갈마들 번**

동물의 발자국을 그렸는데, 앞발에는 여러 개의 발가락이 있고 뒤쪽은 발뒤꿈치이다. 이후 외국에서 들어온 물건을 뜻하는 의미로 가차하여 사용했다.

fān

篆 古

❶ 동물

❷ 전쟁과 형벌

❸ 일상생활①

❹ 일상생활②

❺ 기물제작

❻ 삶과 신앙

195 　**녹봉 채**

審 　寀

shěn　cǎi

집안에 야생 동물의 발자국이 찍힌 모습이다. 찍힌 발자국은 어떤 동물이 집에 들어 왔는지를 판단하게 해 준다. 그래서 '심사(審査)하다'의 뜻이 생겼다.

篆

196 　**마칠 필**

bì

전(田)과 사냥용 그물이 합쳐진 모습이다. 사냥에 사용하던 긴 자루를 가진 그물을 말한다.

篆　金

197 　**키 필**

bān

금문의 필(畢)과 분(糞)자에서 분리해 낸 글자이다. 필(畢)자는 사냥에 쓰거나 짐승을 사로잡을 수 있도록 고안된 자루가 달린 그물을 그렸다. 분(糞)자는 긴 자루가 달린 청소용 도구를 말한다.

篆

---

❶ 동물

❷ 전쟁과 형벌

❸ 일상생활①

❹ 일상생활②

❺ 기물제작

❻ 삶과 신앙

198 홑 단

dān

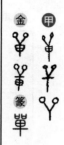

그물이 달린 사냥 도구를 그렸는데, 정면의 끝부분에 달린 무딘 포크 모양의 도구는 야생 동물을 산채로 잡는데 사용되었을 것이다. 아름다운 털을 손상시키지 않아야 했거나, 혹은 산채로 잡아와 키우려 했기 때문일 것이다. 이후 '단수(單數)'라는 의미를 표현하는데 사용되었다.

199 쫓을 축

zhú

사냥할 동물을 뒤에서 따라 잡는 모습이며, 따라가는 발을 그렸다. 축(逐)은 상나라에서 중요한 사냥 방법이었다.

200 그물 망

網

wǎng

각종 새와 짐승을 잡기 위한 그물이다. 금문에서 크게 생략되고 단순화되었으며, 소전체에서는 다시 그물의 모양이 복원되었다. 또 소리부인 망(亡)을 더하기도, 의미부인 멱(糸)을 첨가하기도 했다.

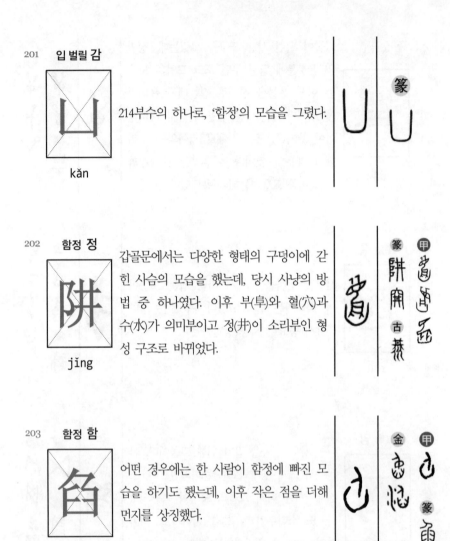

201 **입 벌릴 감**

凵

kǎn

214부수의 하나로, '함정'의 모습을 그렸다.

202 **함정 정**

阱

jǐng

갑골문에서는 다양한 형태의 구덩이에 갇힌 사슴의 모습을 했는데, 당시 사냥의 방법 중 하나였다. 이후 부(阜)와 혈(穴)과 수(水)가 의미부이고 정(井)이 소리부인 형성 구조로 바뀌었다.

203 **함정 함**

臽

xiàn

어떤 경우에는 한 사람이 함정에 빠진 모습을 하기도 했는데, 이후 작은 점을 더해 먼지를 상징했다.

204　야화 선

돼지 빈

豩

여러 마리의 짐승들을 불을 질러 둥지를 떠나게 하는 사냥 방법으로, 옛날의 사냥 방식의 하나였다. 빈(豩)은 선(燹)에서 분리해낸 글자이다.

bīn　　xiǎn

金
篆

205　이에 원

한 손으로 똑바로 막대기를 잡고 다른 손을 뻗어 사람들을 구해주는 모습을 그렸다.

yuán

金　甲

篆

206 　도울 승

chéng

갑골문에는 두 가지 자형이 존재한다. 하나는 두 손으로 깊은 구덩이에 갇힌 사람을 끌어 올리는 모습이고, 다른 하나는 두 손이 한 사람을 아래에서 위로 밀고 있는 모습이다. 갑골문 자형으로 볼 때 승(丞)의 중심 의미는 '구하다'는 뜻이고, 이후 '보좌하다'는 뜻이 나왔다. 소전체에 이르러 모양이 변경되었는데, 무릎을 꿇은 사람과 아랫부분이 산(山)자와 비슷한 모습이 되었다. 그래서 『설문해자』에서는 승(丞)을 두고 '산처럼 높이 받들다.'는 뜻이라고 풀이했던 것이다.

207 　받들 승

chéng

소전체의 자형에 의하면, 무릎을 꿇고 있는 사람 아래에 손이 하나 더 있는데, 많은 사람들이 힘을 모아 위쪽으로 밀어 올리는 것을 강조했다. 승(丞)자의 복잡한 형태일 것이다.

208 **입 막을 괄**

guā

금문의 자형으로 볼 때, 궐(氒=厥)과는 관련이 없는 것으로 보인다. 초기 한자에서 구(口)는 종종 입이나 용기 및 구덩이를 표현하기도 한다. 『설문해자』에서는 '구멍을 틀어막다'는 뜻이라고 했는데, 짐승을 잡을 때 사용되던 구덩이와 관련이 있어 보인다.

篆
金
古

❶ 동물

❷ 전쟁과 형벌

❸ 일상생활 ①

❹ 일상생활 ②

❺ 기물제작

❻ 삶과 신앙

제**2**부

전쟁 형벌 정부

❶ 동물

❷ 전쟁과 형벌

❸ 일상생활①

❹ 일상생활②

❺ 기물제작

❻ 삶과 신앙

2.1

원시 무기

209　**아비 부**

fù

손에 돌도끼를 든 모습이다. 돌도끼는 고대 사회에서 남자들이 사용했던 주요 도구로, 나무를 베거나 괭이질 등과 같은 중요한 작업에 사용했다.

金　甲

210　**도끼 근**

jīn

나무 손잡이에 돌이나 구리, 혹은 철을 줄로 동여매어 만든 벌목 도구이다. 두 손으로 잡고 나무를 자를 수도, 또 구덩이를 파거나 경작지를 뒤집는 등의 일을 하는데 사용되었다.

金　甲

군사 병

兵

bīng

두 손으로 나무 손잡이가 달린 돌도끼[斤]를 들고 있는 모습이다. 고대에는 도구가 종종 무기로 사용되었다.

金 甲

전투용 무기

❶ 동물

❷ 전쟁과 형벌

❸ 일상생활 ①

❹ 일상생활 ②

❺ 기물제작

❻ 삶과 신앙

212 **창 과**

gē

나무 손잡이에 날카롭고 긴 칼날이 달린 무기로, 농기구의 낫처럼 생겼다. 청동으로 만든 낫 창은 인간의 약점을 보완하기 위해 만들어진 새로운 무기로, 전쟁의 확대와 국가 흥기의 상징이 되었다.

213 **쌍일 전**

jiān

두 개의 낫 창[戈]이 서로 마주한 모습이다. 서로를 죽이는 것이 목적이므로 '상해를 입히다'는 뜻이 나왔다. 문자의 규격화를 위해 이후 두 낫 창의 방향이 같은 쪽으로 향하게 함으로써 원래의 창제의미는 사라졌다.

214 **창 극**

jǐ

이것은 전국 시대의 무기로, 낫 창[戈]에 갈래가 난 고리가 표현되었다.

215 **칠 벌**

fá

낫 창[戈]으로 사람의 목을 베는 모습이다.

金 甲

216 **지킬 수**

shù

인(人)과 과(戈)가 조합된 모습이다. 사람이 어깨에 무기를 메고 가는 모습으로, 영토를 지키는 모습을 형상화 했다. 이로부터 '변방을 지키다'는 뜻이 나왔다.

甲

217 **경계할 계**

jiè

두 손으로 낫 창[戈]을 단단히 쥐고 있는 모습으로, 전쟁을 준비하며 경계하는 모습이다. 이로부터 '경계하다'는 뜻이 나왔다.

甲

218 **찰진 흙 시**

識

戠

zhí

과(戈)와 삼각형이 결합한 모습인데, 이는 낫 창[戈]으로 어떤 개체를 자른 후 삼각형 표시를 남겨 식별의 표지로 삼은 것이다. 이로부터 '식별하다', '구분하다' 등의 뜻이 나왔다.

219 **벨 괵**

聝

guó

낫 창[戈]과 밧줄에 매달려있는 눈의 조합으로 이루어졌다. 고대 한자에서 눈은 보통 머리를 나타냈는데, 이는 적의 두개골이 낫 창에 매달린 모습으로써 적을 죽였다는 정과를 내보인 것이다.

220 **취할 취**

取

qǔ

귀를 손에 쥐고 있는 모습이다. 병사들이 적을 죽인 후 보상을 받기 위해 적의 왼쪽 귀를 끊던 습속이 있었다.

221 **가장 최**

zuì

모(冃)와 취(取)로 조합되어, 모자 아래의 귀를 손으로 들어 올리는 모습이다. 이는 적을 죽인 증거로 보상을 받기 위한 것인데, 그것이 전쟁에 참여한 병사들의 최종 목적이었다.

222 **창 알**

jiá

적을 죽인 결과를 내세우기 위해 머리를 창끝에 매단 모습으로 보인다.

223 **끊을 절**

jié

작(雀)과 과(戈)로 조합되어, 낫 창으로 참새를 '절단하다'는 뜻을 담았다.

224

창 수

shū

갑골문을 보면 한 손에 뭉툭한 머리를 가진 도구 또는 무기를 든 모습이다. 이는 여러 글자의 구성성분으로 등장하는데 각종 도구를 대표한다. 일부는 악기를 치는 채(🎵, 🎵), 일부는 의료 기기(🎵, 🎵, 🎵), 때로는 음식을 떠먹는 긴 손잡이가 달린 기기(🎵, 🎵, 🎵)를 나타낸다.

225

혹 혹

huò

갑골문의 구조는 과(戈)와 구(口)로 조합되었는데, 혹(或)의 원래 의미는 국(國)과 동일하다. 글자의 창제의미는 깊은 구덩이를 파둔 무력을 갖추어 방어하는 곳이라는 데서 왔을 것이다. 금문에서는 구(口)가 위(囗=圍)로 바뀌었고, 그 주위로 짧은 선 하나가 더해져, 무기로써 지킬 수 있는 일정한 범위의 성읍을 말하게 되었다.

226

착할 장

zāng

세로로 그려진 눈 하나가 창에 찔린 모습이다. 범죄자의 눈을 하나 찔러 못쓰게 하면 주인의 의지에 더 순종하게 된다. 이 글자에는 '종'과 '착하다'는 두 가지 뜻이 있다.

① 동물
② 전쟁과 형벌
③ 일상생활 ①
④ 일상생활 ②
⑤ 기물제작
⑥ 삶과 신앙

金
甲
篆

篆
金
甲

甲

| 227 | 창 모 | 갑골문에는 모(矛)자가 등장하지 않는데, 이 글자는 무(柀)자의 중간부분에 든 모(矛)에서 왔을 것이다. 나무 손잡이가 세로로 똑바른 모습인데, 앞쪽 끝은 사람을 찌를 수 있는 뾰족한 물체이며, 손잡이 옆의 원은 던질 수 있도록 밧줄로 묶어 놓은 모습이다. | |

máo

| 228 | 송곳질할 율 | 뾰족 창의 전체적인 모습을 그렸다. 창의 뾰족한 부분이 가장 상단에 있고 이어서 줄로 묶을 수 있는 원이 그려졌고, 그 아래로 흙속에 꽂을 수 있는 창고달[鐓]이다. 자형에서 구(口)는 별 다른 의미가 없는, 빈 공간을 채우기 위한 장식 기호이다. | |

yù/jué

| 229 | 활 궁 | 갑골문 자형을 보면 활을 그렸는데, 간혹 시위가 올려져 있기도 하고 아직 올리지 않은 모습도 보인다. 활과 화살의 발명은 짐승에게 가까이 접근하지 않고서도 짐승에게 상처를 줄 수 있어, 가까이 접근함으로써 생길 수 있는 위험을 피하게 만들어 주었다. | |

gōng

230　**궁술 사**

射

shè

갑골문에서는 화살 하나가 활에 얹혀 막 쏘려는 모습을 그렸다.

231　**넓을 홍**

弘

hóng

활을 걸고 발사력을 강화할 수 있는 활 아래에 설치된 갈고리모양의 장치를 말하며, 이로써 성대하고 웅대하다는 추상적 의미를 설명하는 데 사용된다.

232　**끌 인**

引

yǐn

궁(弓)자와 구분하기 위해 특별히 활과 활시위를 분리함으로써 활을 활에서 당기는 동작을 표현했다.

jiàng

두 개의 중복된 활을 그림으로써 활의 반발력을 증가시키고 치사율을 높일 수 있음을 표현했다. 갑골문자에서는 부정을 나타내는 부사로도 사용되었다.

mǐ

뿔로 만든 활의 장식으로, 사람의 귀처럼 활의 양쪽에 걸려 있다.

xīng

우(牛)와 양(羊)의 조합으로 되었다. 고대에는 이 두 동물의 뿔을 녹여서 접착제로 쓸 수 있고 활 몸체에 칠해 활의 반동력을 강화했다. 소전체에서는 각(角)자가 더해졌는데, 뿔[角]의 기능을 더 명확하게 하고자 형성자로 변화시켰다.

236 **굳셀 강**

qiáng

갑골문에서 볼 수 있는 것처럼 활줄이 구(口)자처럼 휘어져야만 활이 튼튼하고 힘이 있는 활임을 표현했다. 구(口)자는 이후 빨리 쓰기 위해 사(厶)로 변했다. 그러나 사(私)자와 혼동될까를 걱정하여 충(虫)자를 더해 형성구조인 강(强)이 되었다.

237 **탄알 탄**

dàn

작은 돌이 활에 장전되어 활시위에서 발사되기를 기다리는 모습이다.

238 **알 환**

wán

자형에서는 둥근 공 모양을 찾아보기는 어렵지만, 소전체으로부터 추측할 수 있는 원천 글자는 탄(彈)일 것으로 보인다. 활시위에 얹혀 쏘기를 기다리는 둥근 모양의 탄환이다.

① 동물

② 전쟁과 형벌

③ 일상생활①

④ 일상생활②

⑤ 기물제작

⑥ 삶과 신앙

239   **활집 도**

발(왼쪽 전서)

활을 잡아당길 때 끼는 반지를 말하는데, 이를 끼면 손가락이 화살에서 미끄러지지 않는다. 도(발)는 손에 끼우는 반지 모양이다.

tāo

篆

240   **터놓을 쾌**

한 손의 엄지손가락에 활시위를 잡아당기는 데 도움이 되는 반지를 낀 모습이다.

guài

篆

241   **화살 시**

矢

화살의 형상이다. 화살의 앞쪽 끝은 목표물을 죽일 수 있도록 날카롭게 설계되었고, 끝은 깃털로 둘러싸 안정되게 날아갈 수 있도록 했다.

shǐ

金 甲

92 갑골문 고급 자전

❶ 동물

❷ 전쟁과 형벌

❸ 일상생활①

❹ 일상생활②

❺ 기물제작

❻ 삶과 신앙

242 **짧을 단**

duǎn

시(矢)와 두(豆)의 조합으로 되었는데, 화살의 길이가 용기 두(豆)의 높이 정도에 불과하다는 것을 나타냈다. 석궁에 사용되는 화살은 일반 화살보다 길이가 훨씬 짧았는데, 이로써 '짧다'는 추상적인 개념을 표현하는 데 사용되었다.

243 **이를 지**

zhì

글꼴을 90도 돌리면 화살이 목표물에 도달한 모습이 된다. 그래서 '도달하다'는 의미를 갖는다.

244 **가지런할 제**

qí

여러 개의 화살이 함께 있는 모습이다. 각각의 화살은 화살촉, 화살대 및 깃털의 세 부분으로 구성되며, 이 세 부분의 길이와 무게가 동일하여야만 동일한 궤도를 따라 날아갈 수 있다. 그래서 나중에 '가지런하다'는 뜻이 나왔다.

245 | 갖출 비

備 葡
bèi

하나 혹은 두 개의 화살이 개방식의 통에 놓인 모습이다. 이렇게 넣어 놓으면 화살을 즉시 뽑아서 쏠 수 있는데, 이는 언제든지 '전쟁이 준비되었음'을 의미하므로 '예비(豫備)'나 '준비(準備)'의 비(備)자로 쓰였다.

246 | 함 함

函 马
hán

함(函)자에서 분해되어 나온 글자인데, 함(函)은 닫을 수 있는 뚜껑이 있는 가죽 화살 통을 그린 글자이다. 화살 통 바깥에 있는 원은 가죽 벨트를 통과하여 허리를 묶을 수 있고, 그렇게 되면 모든 화살이 그 속에 다 포함되게 된다. 그래서 '포함하다'와 '편지'라는 의미를 갖게 되었다. 『설문해자』에서는 함(函)을 혀로, 함(马)을 피지 않은 꽃봉오리의 모양이라고 설명했는데, 이는 잘못된 설명이다.

247 | 과녁 후

侯
hóu

갑골문 자형을 옆으로 보면 화살이 과녁에 꽂힌 모습처럼 보인다. 과녁과 후작은 이중적 의미를 가지는데, 왕에게 경의를 표하기 위해 조정에 오지 않으면 과녁처럼 세워져 사격의 대상이 되었다.

248 방패 벌

戲

fā

한 사람이 한 손으로는 방패를, 다른 한 손으로는 전투 장비인 짧은 창을 든 모습이다. 사람의 모습은 이후 발(友)로 잘못 변했고, 그리하여 순(盾)이 의미부이고 발(友)이 소리부인 형성구조로 오인하게 되었다.

249 투구 두

兜

dōu

한 사람의 머리에 보호용 헬멧 즉 투구를 쓴 모습이다.

250 법 헌

憲

xiàn

자형에 표현된 눈은 머리를 나타내는데, 머리에 높고 귀한 투구를 쓴 모습을 그렸다. 투구는 귀족이나 고급 무사에게만 주어지는 복장인데, 그들은 당시 사회에서 지도자이자 법을 제정하던 사람이었다. 그래서 '명헌(明憲: 엄격한 법도)'이나 '헌법(憲法)' 등의 뜻이 있게 되었다.

① 동물
② 전쟁과 형벌
③ 일상생활①
④ 일상생활②
⑤ 기물제작
⑥ 삶과 신앙

2.3
의장용 무기

251 **도끼 월**

yuè

손잡이와 둥근 모양의 넓은 날을 가진 무거운 무기를 그렸다. 무거운 무게로써 타격하는데 초점이 맞추어진 무기로, 주로 처형하는데 사용되었으며, 이로부터 점차 권위의 상징으로 발전했다.

252 **겨레 척**

qī

좁고 긴 평평한 날을 가진 손잡이가 달린 무기를 그렸다. 날 부분의 이중으로 된 고리에 3개의 돌출된 톱니가 나란히 배열된 장식 세트가 달렸는데, 주된 기능이 춤을 출 때 쓰던 소품으로 보인다.

253 **다섯째 천간**
무

wù

직선형 손잡이에 수평으로 된 물체가 묶여 있는 모양이다. 하지만 날 부분에 짧은 획이 하나 그려졌는데 이는 앞쪽의 날이 날카롭지 않다는 것을 나타낸다. 무(戊)의 공격 방향은 직접적인 타격만 가능해서 전투용 무기로는 적합하지 않고, 주로 의식에 사용되었다.

254 **개 술**

戌

xū

직선형 손잡이를 가진 무기인데, 날 부분이 상당히 넓어 직접 내리쳐 자르는 데 사용되며, 공격 표면이 넓기 때문에 무거운 재료로 만들어야 했다. 주로 형벌을 집행하기 위한 무기로도 사용되었으며 사법권의 상징이기도 했다.

金 甲

255 **나 아**

我

wǒ

직선형 손잡이를 가진 무기인데, 앞쪽 끝이 세 개로 갈라진 모습을 했다. 이러한 무기는 살상 효과가 더 나빠서 의장용으로만 사용되었다.

金 甲

256 **옳을 의**

義

yì

의장용 무기인 아(我)의 손잡이 끝에 깃털과 같은 것으로 장식된 실용적인 무기가 아닌 의장용 도구이다. 금문에서는 장식물이 점차 양(羊)자로 변했다. 그리하여 의족(義足)에서처럼 '인공적'이라는 의미도 생겼다.

金 甲

257 **다 함**

咸

xián

술(戌)과 구(口)의 조합으로 이루어진 표의자인데, 글자 창제의미는 의장대의 잘 훈련된 구성원이 함께 통일되게 외치는 소리에서 왔을 것이며, 이로부터 '모두', '전체'라는 추상적 의미가 나왔다.

258 **이룰 성**

成

chéng

갑골 복사에서 사용된 의미는 상나라를 세웠던 초대 임금인 성탕(成湯)의 이름으로 사용되었다. 함(咸)자의 자형과 비슷하다. 이후 정(丁)이 의미부이고 술(戌)이 소리부인 형성자로 바뀌었다.

259 **해 세**

歲

suì

술(戌)이나 무(戊)와 비슷하게 생긴 무기의 모습이다. 그러나 날 부분의 중간에 점이 두 개 더해졌는데, 이는 날 부분을 더욱 구부려 의장용 무기가 되었음을 말한다. 나중에 보(步)가 더해져 지금의 세(歲)가 되었다. 고대에서는 목성(Jupiter)을 세성(歲星)이라 했는데, 군사 행동의 징조를 나타내주는 별로 간주되었다.

260   **위엄 위**

威

wēi

자형을 보면 술(戌)과 여(女)자의 결합으로 이루어졌다. 술(戌)처럼 생긴 무기는 대부분 의장용 무기로 사용되었기에, 여성이 의장용 무기를 들고 있는 모습이라 할 수 있다. 이는 권위를 가진 권력의 장악자를 상징한다.

篆　金

261   **글 장**

章

zhāng

금문의 자형으로 볼 때, 최초의 자형은 의장대에서 앞을 선도하는 의장의 모습을 형상했다. 의장은 어떤 특정 지도자의 정체성을 대표하는 것이기에 '드러내다'는 의미를 갖는다.

篆　金

262   **북 칠 감**

戇

kǎn

장(章)자와 서로 다른 세 방향을 향한 발의 조합으로 구성되었다. 장(章)은 의장대의 의장의 형상인데, 여러 사람들이 의장 도구를 들고 음악에 맞추어 춤을 추다는 의미를 담았다.

篆

① 동물 ❷ 전쟁과 형벌 ❸ 일상생활① ❹ 일상생활② ❺ 기물제작 ❻ 삶과 신앙

방호 장비

263 **방패 간**

gān

맨 끝부분이 적을 공격하고 죽이는 갈라진 모양의 뾰족한 창이고, 중간의 회(回)자 모양은 방패를 상징하며, 아랫부분은 긴 손잡이를 말한다. 이는 방어 장비였는데, 이후 '공격하다'는 의미를 갖게 되었다.

264 **방패 한**

gān

갑골문 자형을 보면 어떤 무기에 방패가 부착된 모습이다. 이는 방어를 위한 방패이지만 전면에 낫 창[戈]이 부착되어 있어 공격용 무기 기능도 겸하고 있다. 소전체에서 한(䢔)으로 구성되었는데, 이는 방패가 잘못 변한 형상일 것이다.

265 **투구 주**

zhòu

상대방이 머리를 공격하지 못하도록 보호하는 투구를 주(冑)라고 한다. 금문의 자형을 보면, 아래쪽에 머리를 상징하는 눈이 있고, 그 위로 투구와 깃털을 꽂을 수 있는 관이 하나 있다. 부하들이 쉽게 볼 수 있어서 명령을 내려 지휘하기가 편하다.

266 **군사 졸**

zú

수많은 작은 조각으로 옷을 꿰맨 모습이다. 서주 왕조 이전에, 졸(卒)은 갑옷을 입은 고위 장교를 말했다. 그러나 갑옷이 일반 사병들의 보편적 장비가 된 이후로 졸(卒)은 일반 군인을 지칭하는 데 사용되었다. 그 이후로 지위는 더욱 낮아져 범죄자를 뜻하게 되었다.

267 **끼일 개**

jiè

수많은 작은 조각편을 꿰매어 만든 신체를 보호하는 장비인 갑옷을 말한다. 갑옷을 입으면 몸 전체를 감싸므로 개(介)자에 '개갑(介甲: 단단한 겉껍데기)'이라는 뜻이 있고, 또 '섬개(纖介: 매우 작다)'에서처럼 작은 물체를 의미한다.

① 동물

② 전쟁과 형벌

③ 일상생활①

④ 일상생활②

⑤ 기물제작

⑥ 삶과 신앙

268 　되 융

rŏng

과(戈)와 갑(甲)이 조합된 모습이다. 과(戈)는 적을 공격하는 무기이고, 갑(甲)은 몸에 입는 보호 장구인 갑옷이다. 이 둘이 합쳐져 군사라는 의미를 표현했다.

군사력의 양성

269 **배울 학**

xué

갑골문 자형을 보면 여러 가지 요소로 구성되어 있다. 두 손으로 물건을 받는 모습, 집의 모습, 어린이의 형상, 그리고 효(爻)자처럼 생긴 자형 등이다. 효(爻)는 다중으로 매듭지어진 결승을 말하는데, 대자연에서 살던 고대사회에서의 가장 기본 생활 기술의 하나이다.

270 **울 번**

樊

fán

두 손을 사용하여 나무 막대 하나하나를 밧줄로 묶어 울타리를 만드는 모습이다. 여기에 등장하는 효(爻)는 매듭처럼 묶은 여러 겹이 교차되게 짠 밧줄의 모습이다.

271 **본받을 교**

jiāo

효(爻)와 복(攴)의 조합으로 이루어졌고, 여기에다 자(子)가 더해졌다. 강압적으로 남자아이를 가르치는 모습을 표현했는데, 매듭을 묶는 기술을 배우는 것을 의미한다.

272 **어지러울 패**

bèi

방패가 하나는 정면의 모습이고 다른 하나는 반대의 모습을 하였다. 이러한 무기는 방어도 가능하지만 공격도 가능하다. 만약 방패가 서로 마주 보는 모습이라면 서로에 피해를 입힐 수 있다. 부대가 혼란하고 당황한 상태에서 서로 충돌하여 자기편을 다치게 한다는 뜻에서 '위배하다는 의미로 확장되었다.

273 **설 립**

lì

땅위에 서있는 성인의 모습으로(아래쪽에 있는 가로획은 주로 지면을 나타낸다), '서 있다', '똑바로 서다', '세우다' 등의 의미를 갖는다.

274 **아우를 병**

bìng

두 개의 입(立)자가 나란히 있는 모양으로, 두 명의 성인이 서로 옆에서 같은 바닥에 서 있는 모습이다. 그리하여 '나란히 서다'는 뜻이 나왔다.

金 甲

---

275 **쇠퇴할 체**

tì

갑골문 자형에서는 한 사람의 서있는 위치가 다른 사람이 서있는 위치보다 약간 낮은 모습을 했다. 마치 줄이 가지런하지 않아 대오가 흐트러진 듯한 모습을 하였다. 이로부터 '폐지하다'는 뜻이 나왔다. 금문에서는 두 사람이 함께 함정에 빠져 입을 벌리고 구해 달라 소리치는 모습을 했다.

金 甲

---

276 **말뚝 얼**

niè

코가 나무에 매달린 모습으로, 활쏘기 연습을 하는 과녁이라는 뜻인데, 범죄자의 코를 사격의 대상으로 사용했던 때문으로 보인다.

甲

篆

① 동물
② 전쟁과 형벌
③ 일상생활①
④ 일상생활②
⑤ 기물제작
⑥ 삶과 신앙

277 **정성 건**

qián

똑바로 서 있는 사람의 모습인데, 호랑이로 장식한 모자를 썼다. 이는 위풍당당한 무사를 상징한다. 건(虔)은 사실 문(文)으로 구성된 것이 아니라 대(大)가 잘못 변한 것으로 보인다.

篆 虔

278 **싸울 투**

dòu

두 사람이 맨손으로 서로 싸우는 모습이다. 싸움은 효과적인 신체 훈련이며 레슬링과 같은 오락 스포츠로 발전하기도 쉽다.

甲

279 **말이 잴 병**

píng

바구니를 짊어지고 있는 사람의 모습이다. 금문에 들면서 바구니가 두 개로 늘어났다. 힘이 센 사람은 짊어지는 방식으로 무거운 물건을 운반했는데, 이로써 유능한 사람을 표현했다. 『설문해자』에서는 "돈을 제멋대로 쓰는 협객을 말한다."라고 했다.

金 甲 篆

이백 벽

奭

奭

shì   bì

석(奭)자에서 분해되어 나온 글자이다. 석(奭)은 힘이 세고 강한 사람을 표현 했는데, 두 개의 물통을 두 손에 들만 큼 힘이 세다는 뜻이다. 마치 요(堯)자 가 많은 흙을 옮길 수 있는 강력한 사람을 표현한 것처럼 말이다.

古   篆

군사 행동

281 **바를 정**

zhèng

갑골문에서 정(正)자에는 두 가지 의미가 있다. 하나는 '올바르고 적절하다'는 것이고, 다른 하나는 '다른 나라를 정벌하다'는 뜻이다. 자형은 발 하나가 성을 정벌하러 가는 모습이다.

金 甲

古 篆

282 **가난할 핍**

fá

정(正)자의 맨 윗부분 획을 기울게 씀으로써 정(正)과 반대되는 의미 즉 '부족함'을 나타냈다.

篆 金

283

다툴 쟁

zhēng

두 손(또는 두 사람)이 한 가지 물건을 서로 빼앗으려는 모습이다. 손을 뻗어 서로 물건을 빼앗는 바람에 물건이 구부러진 모습이다. 이로부터 '서로 다투'다는 의미를 그려냈다.

284

옛 고

古

gǔ

'옛날에'라는 의미는 추상적인 의미이므로, 분명 다른 글자에서 빌려와 의미를 표현했을 것이다. 갑골문의 자형을 보면, 하나는 구(口)자 위에 세로 선이 하나 더해졌고, 다른 하나는 구(口)자 위에 테를 두른 원형이 더해진 모습이다. 글자 창제의미는 고(故)자와 관련이 있을 수 있는데, 사고가 있을 때는 모든 사람에게 기물을 두드려 사실을 알려야했음을 표현했다. 고문체에서는 석(石)이 들어갔는데, 경고를 알리는 도구인 석경을 두드려 알렸음을 말해주는 방증이 된다.

285 **스승 사**

shī

퇴(𠂤)와 잡(帀)의 조합으로 이루어졌다. 퇴(𠂤)는 흙더미의 형상이고, 잡(帀)은 지상에 세워놓은 군대의 깃발이다. 산언덕을 골라 주둔하는 것은 그것이 지세가 높아 정찰에 유리하기 때문인데, 이로써 수많은 군사를 지칭했다.

286 **두를 잡**

zā

사(師)는 이 퇴(𠂤)를 구성성분으로 하고 있다. 자형을 보면 매달린 깃발의 모습인데, 이로써 군대가 야영을 할 때 내거는 깃발임을 나타낸다.

287 **작은 산 퇴**

duī

이 글자가 들어간 견(遣)자의 어원으로 볼 때, 퇴(𠂤)는 겹쳐진 두 개의 흙더미를 그렸다.

288 **가운데 중**

中

zhōng/
zhòng

어떤 일정 범위의 중앙에 깃대가 세워진 모습이다. 취락의 우두머리가 마을 주민들에게 무언가를 선포할 일이 있을 때, 색깔과 형상과 개수가 다른 깃발을 내걸어 먼 데 있는 주민들도 그 내용을 이해할 수 있게 했다.

289 **겨레 족**

族

zú

바람에 휘날리는 깃대 아래에 한두 개의 화살이 있는 모습이다. 화살은 군대에서 적을 죽이는 데 반드시 갖추어야 할 장비이다. 족(族)은 같은 깃발 아래에 모일 수 있는 작은 단위의 전투 조직을 말한다.

290 **군사 려**

旅

lǚ

두 사람(여러 명을 나타냄)이 같은 휘장이 그려진 깃발 아래에 모인 모습이다. 소규모 전투 조직을 말하는 족(族)과 대응하여 여(旅)는 1만 명이 모인 대규모 조직을 말한다.

❶ 동물

❷ 전쟁과 형벌

❸ 일상생활①

❹ 일상생활②

❺ 기물제작

❻ 삶과 신앙

291 **헤엄칠 유**

yóu

갑골문에서는 어린이와 깃발 하나의 조합으로 되었는데, 어린이들이 장난감 깃발을 갖고 노는 모습을 그렸다. 이후 유(斿)는 깃대 위의 깃발이라는 의미로 가차되었다. 바람에 휘날리는 모습이 물결처럼 보이므로 수(水)를 더한 유(游)를 만들었다.

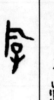

292 **깃발 나부끼는 모양 언**

yǎn

물결처럼 휘날리는 유(游)는 군대의 깃발을 나타내는데, 나중에 여러 가지 다양한 유형의 깃발이 등장했다. 언(㫃)은 이러한 깃발을 나타내는 대표자가 되었고, 여기에다 여러 가지 소리부를 더하여 다양한 글자를 만들어 냈다.

293 **돌 선**

xuán

깃발과 발걸음[止], 또는 깃발과 정벌을 뜻하는 정(正=征)의 조합으로, 군대가 깃발을 앞세우고 어떤 특정 장소를 정복하러 가는 모습을 나타냈다. 이로부터 '주선(周旋: 주위를 맴돌다)'이라는 뜻이 나왔다.

① 동물

② 전쟁과 형벌

③ 일상생활 ①

④ 일상생활 ②

⑤ 기물제작

⑥ 삶과 신앙

294 **빨리 날 신**

세게 부는 바람에 휘날리는 깃대 끝에서 깃발[游]이 끝없이 흔들리는 모습이다.

xùn

295 **지킬 위**

사거리에 발 하나와 쟁기가 그려진 모습인데, '보위(保衛)하다', '지키다'는 뜻이며, 모두 전쟁과 관련이 있다.

wèi

296 **도울 찬**

두 명의 관리[枕]가 서로 마주보며 예의로 선물[貝]을 서로 주고받는 모습이다.

zàn

297 줄 부

付

fù

구부러진 손가락으로 한 사람을 등 뒤에서 잡아 꼬집는 모습으로써, '앞으로 나아가다는 행동을 표현했다.

篆 金

298 미칠 급

及

jí

한 손으로 사람의 하체를 뒤쪽에서 잡은 모습으로, 이로부터 '뒤쫓다'는 의미를 표현했다.

金 甲

古 篆

299 멸망할 멸

滅 威

miè

군대가 이동하는 과정에서 음식을 요리할 때, 불을 끌 필요가 있다. 자형에서는 청동 창으로 불을 끄는 모습을 그렸는데, 손도 데이지 않고 안전한 방법이다. 나중에 수(水)가 추가되었는데, 일반 사람들이 물로 불을 끄는 방법을 반영했다.

篆

말 유창할 답

tà

언(言)은 긴 관을 가진 악기의 형상으로, 여러 개의 나팔을 동시에 울려 구원을 요청하고 긴급한 사태가 발생했음을 알렸다.

301 버금 아

yà

갑골문에서 아(亞)는 총사령관으로 임명할 때의 직함으로 사용되었다. 혹자는 왕의 무덤 속의 길 모양이라고 하기도 하고, 또 어떤 사람은 건물 기초의 모양이라 하기도 한다.

302 위협할 겁

jié

강제하다[力]는 뜻이 들어가, '가서 힘으로 강제하다'는 의미를 나타냈다.

① 동물

② 전쟁과 형벌

③ 일상생활①

④ 일상생활②

⑤ 기물제작

⑥ 삶과 신앙

303

보이지
않을 면

가변

邊

biān

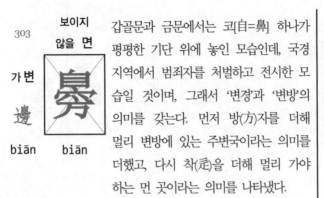

臱

biān

갑골문과 금문에서는 코[自=鼻] 하나가 평평한 기단 위에 놓인 모습인데, 국경 지역에서 범죄자를 처벌하고 전시한 모습일 것이며, 그래서 '변경'과 '변방'의 의미를 갖는다. 먼저 방(方)자를 더해 멀리 변방에 있는 주변국이라는 의미를 더했고, 다시 착(辵)을 더해 멀리 가야 하는 먼 곳이라는 의미를 나타냈다.

304

봉할 봉

封

fēng

이는 봉(丰)자에서 파생된 글자인데, 손으로 변경에서 나무를 심고 있는 모습이다. 나무를 심을 준비를 하는 모습으로 경계의 위치를 확정하다는 뜻을 표현했다.

305

나라 방

邦

bāng

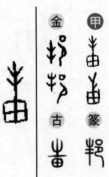

토지 위에 경계를 나타내는 나무를 심어둔 모습이며, 이로부터 그곳이 사람이 사는 곳임을 나타냈다. 고문자 자형과 대조해 볼 때, 이후에 읍(邑)이 의미부이고 봉(丰)이 소리부인 형성구조로 변했음을 알 수 있다.

306 **예쁠 봉**

fēng

봉(封)이라는 글자에서부터 알 수 있듯, 봉(丰)은 변방의 경계선을 나타내는 나무를 심는 모양이다. 흙으로 덮여 있는데 뿌리가 보이지 않는 것으로 보아 아직 흙속에 심기 전의 모습이다.

金
甲
篆

307 **종족 이름 강**

qiāng

갑골문에서 강(羌)은 자주 상나라와 적대 관계에 놓였던 북서부에 있던 유목민족인데, 양 뿔과 같은 특수 모자의 형태로 해당 민족을 표현했다. 이들은 상 왕조의 제사에서 희생으로 바쳐지던 인간 제물의 주요 공급원이었다. 이후 자형에 끈을 덮어씌움으로써 이들이 '포로'임을 더욱 명확하게 했다. 금문에 이르러 머리 부분의 장식이 양(羊)자로 변했다.

金
甲
古
篆

❶ 동물
❷ 전쟁과 형벌
❸ 일상생활①
❹ 일상생활②
❺ 기물제작
❻ 삶과 신앙

약탈

308 **미쁠 부**

孚

fú

한 손으로 아이의 머리를 잡은 모습으로, 아이를 잡아와 노예로 삼는다는 것을 의미한다. 아이들은 쉽게 세뇌되고 주인에게 충성할 가능성이 더 높다. 그래서 부(孚)에 '성실하다', '신용이 있다' 등의 뜻이 생겼다.

金 甲

309 **온당할 타**

妥

tuǒ

한 손으로 한 여성을 누르는 모습이며, 이로써 '강제로 누르다'는 의미를 표현했다.

金 甲

310 **어찌 해**

奚

xī

한 성인의 머리가 밧줄로 묶여 있고 손아귀에 잡힌 모습이다. 밧줄을 단단하게 묶으면 범죄자는 숨쉬기가 힘들어지고 저항하기도 어려워진다.

金 甲

311 **대답할 대**

duì

끝에 많은 못이 달린 선반을 한 손으로 들고 있는 모습이다. 못은 적의 귀를 내거는 데 사용될 수 있다. 그래서 대(對)는 포로로 잡아 목을 자른 숫자를 상관에게 보고해 올리는 의미를 담았고, 이로부터 '응대하다', '대답하다'는 뜻이 생겼다.

金 甲 篆

312 **업 업**

yè

다양한 물건을 내걸 수 있는 갈고리가 여럿 달린 나무 선반이다. 종종 적의 귀를 내거는 데 사용되었다.

篆 金 古

313 **풀 성할 착**

zhuó

업(業), 대(對), 총(叢)자 등으로 볼 때, 이는 죽인 사람의 귀를 내거는 나무 선반으로, 위에다 귀와 머리를 가득 내걸어 적을 죽인 전공을 보여주었다.

篆

❶ 동물

❷ 전쟁과 형벌

❸ 일상생활 ①

❹ 일상생활 ②

❺ 기물제작

❻ 삶과 신앙

모일 총

cóng

적군에서 잘라낸 귀를 선반에 매달아 내걸어 놓은 모습을 그렸다. 이로부터 '무더기로 모여 있음'을 표현했다.

篆

도장 인

yìn

손으로 다른 사람을 억압하는 모습인데, 나중의 억(抑)자이다. 사람을 억압하는 것은 도장을 눌러 찍는 것과 동일하기 때문에 '인장(印章)'의 의미로 확장되었다.

篆

누를 억

yì

『설문해자』에서는 인(印)을 반대방향으로 돌린 글자라고 했다. 고문자에서는 정반의 모습이 반드시 고정된 것은 아니었다. 이는 인(印)자가 확장되어 변화한 이후의 글자이다.

金　甲

篆

---

317 **잡을 집**

zhí

범죄자의 두 손이 형구로 채워진 모습이다. 때로는 머리와 손도 형구에 의해 서로 묶인 모습을 하기도 했다. 금문에서는 이미 머리가 형구에 채워진 모습은 없으며, 두 손도 형구에서 벗어난 모습이다.

金 甲

318 **놀랠 녑**

niè

손을 채우는 형구 수갑은 범죄자를 처벌하고 경고하는 데 사용되었다.

金 甲

篆

319 **다행 행**

xìng

자형으로 볼 때, 형구가 변화한 것이라 보아야 할 것이다. 이는 범죄자가 형벌 도구에 채워졌지만, 다행히도 죽음을 면했다는 의미를 담았다.

篆

❶ 동물

❷ 전쟁과 형벌

❸ 일상생활①

❹ 일상생활②

❺ 기물제작

❻ 삶과 신앙

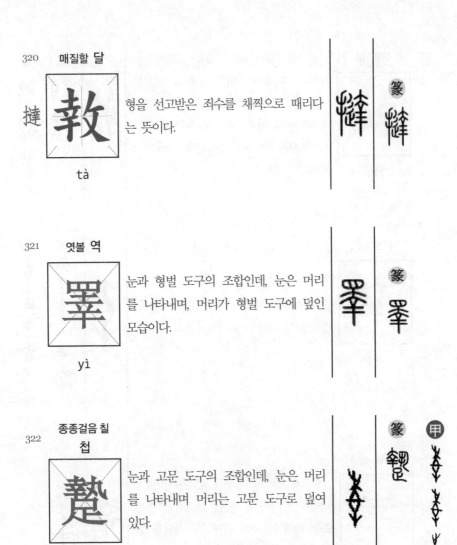

320 　매질할 달

撻 敎

tà

형을 선고받은 죄수를 채찍으로 때리다
는 뜻이다.

321 　엿볼 역

罜

yì

눈과 형벌 도구의 조합인데, 눈은 머리
를 나타내며, 머리가 형벌 도구에 덮인
모습이다.

322 　종종걸음 칠
첩

蹵

dié

눈과 고문 도구의 조합인데, 눈은 머리
를 나타내며 머리는 고문 도구로 덮여
있다.

323 잡을 지

zhì

한 손으로 형구를 찬 범죄자를 잡고 있는 모습이다.

篆 甲

---

324 마부 어

yǔ

양손이 형벌 도구로 얽힌 죄수를 그렸다. 아니면 옥에 이런 형벌 도구가 있는 모습일 수도 있다.

金 甲

---

325 빠를 극

jí

한 사람이 서 있는데 머리가 맨 위에까지 닿은 모습이다. 옥이나 구덩이에서 고도로 통제를 받는 상황을 말했을 것이다. 이는 포로에 대한 징벌이다. 그래서 심문하다는 뜻의 구(口)와 매로 때리다는 뜻의 복(攴)이 더해졌다. 자형이 표현하고자 한 초점은 '제한하다', '제약하다' 등의 의미이다.

篆 金 甲

326 **가둘 수**

qiú

이후에 만들어진 표의자로, 사람이 옥에 간힌 모습을 했다.

篆

327 **갚을 보**

bào

한 손으로 무릎을 꿇고 앉은 사람이 범죄자를 억누르는 모습인데, 두 손이 형벌 도구에 채워졌다. 범죄자를 이미 체포했다는 사실을 상부에 보고하다는 뜻이다.

金 甲

328 **칠 주**

zhōu

3개의 구성 요소로 조합되었는데, 왼쪽 상단은 형벌 도구이고, 오른쪽 윗부분은 한 손에 들린 몽둥이[攴]이며, 아랫부분은 그릇이다. 몽둥이로 피가 나도록 범인을 때리고 그 피를 그릇에 받아 담는다는 뜻을 표현했다. 이렇게 받은 피는 신에게 제사를 드리는데 사용했을 것이다.

金

329 **물을 신**

xùn

두 손이 몸 뒤로 묶여 있고 입을 벌리고 심문을 받는 모습의 사람을 그렸다. 이로부터 '심문하다'는 뜻이 나왔다.

甲 金

330 **공경할 경**

jìng

몽둥이로 몸 뒤에서 치는 모습이고, 입으로 범죄자를 심문하는 모습이다. 원래는 귀족 중에서 죄를 지은 자에 대해 행하던 경고의 일종이었으나, 이후 '존중하다', '예우하다' 등의 의미로 가차되었다.

金

형벌과 법제

331   **신하 신**

chén

세로로 선 눈의 모습을 볼 때, 등급이 낮은 관리를 나타냈다. 이들은 머리를 들어야만 높은데 앉아 있는 관리자를 쳐다 볼 수 있다는 의미에서 범죄자나 낮은 수준의 관리를 지칭하는데 사용했다.

332   **어질 현**

xián

간(臤)은 현(賢)의 원래 글자이다. 노예를 장악할 수 있는 재능이 있으면 대량의 인력을 조직하고 통제하여 어떤 일을 할 수 있다는 의미를 담았다.

333 벼슬 환

huàn

한 사람의 눈이 지붕이 있는 옥에 갇힌 모습이다. 범죄를 지은 자가 관리 지위에 있는 사람과 협력하여 다른 범죄자를 감시하는 데 도움을 줄 때는 그를 뽑아 말단 관리로 쓸 수 있음을 반영했다.

334 어리석을 은

yín

신(臣)자 주위로 5개의 원이 배치된 모습이다. 아랫사람들은 종종 소란을 일으켜 대우가 충분치 않다고 불만하고 불평한다. 4개의 입이 시끄러운 소리를 내어 주인을 성가시게 만드는 것과 같다는 뜻에서 '멍청하다', '싸우길 좋아하다'는 의미를 갖는다.

335 들렐 효

xiāo

혈(頁)자 주위로 4개의 구(口)가 분포한 모습이다. 고문자에서 혈(頁)은 귀족의 형상이다. 귀족이 부하를 부를 때에는 종종 어조가 높고 급한 것이 마치 여러 사람들이 떠드는 것과 같다 하여 '떠들어대다', '시끄럽다'의 뜻을 표현했다.

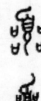

① 동물
② 전쟁과 형벌
③ 일상생활①
④ 일상생활②
⑤ 기물제작
⑥ 삶과 신앙

336 **첩 첩**

妾

qiè

무릎을 꿇고 앉은 여성인데 머리에 삼각형으로 된 부호가 있다. 머리모양을 표현한 것으로 보이는데, 이로써 지위가 낮은 여성을 나타냈을 것이다.

337 **종 노**

奴

nú

한 여성의 옆에 손 하나가 있는 모습인데, 다른 사람의 통제를 받는 여성을 말한다.

338 **죄 벌**

罰

fá

그물, 칼, 긴 튜브를 가진 나팔의 형상으로 구성되었다. 나팔은 '말'을 뜻하는 기호이고, 칼[刀]은 사람을 해치는 무기이며, 그물은 야생 동물을 잡는 도구이다. 이로써 칼이나 말로 사람을 해치는 것은 모두 잡아 처벌해야 하는 대상임을 반영했다.

339 백성 민

民

mín

한쪽 눈이 날카로운 바늘에 찔린 모습이다. 바늘에 찔리면 물체를 명확하게 볼 수 없게 되는데, 이것은 범죄자들에 대한 처벌을 말한다. 민(民)은 원래 범죄자들을 지칭했으나 나중에 통제 받는 일반 대중을 지칭하게 되었다.

金 甲

340 아이 동

童

tóng

눈이 뾰족한 바늘에 찔려 상해를 입은 자형에다 독음을 나타내는 동(東)자가 더해진 모습이다. 눈을 찌른 대상은 남성 노예였기 때문에 '남자'라는 의미가 생겼다. 이후 의미부 인(人)을 더해 형성구조인 동(僮)을 만들어 아동(兒童)이라는 뜻의 동(童)과 구분했다.

篆 金

341 소경 완 / 원망할 원

睊

怨

yuàn   yuān

눈 하나와 눈을 파내는 도구로 구성되어, 눈을 하나 파내는 형벌을 의미한다. 한 사람이 형벌을 받고 나면 그의 마음에 원한이 생기는 것은 필연적이다. 그래서 '원망'이라는 뜻이 생겼다.

甲

① 동물
② 전쟁과 형벌
③ 일상생활①
④ 일상생활②
⑤ 기물제작
⑥ 삶과 신앙

342   검을 흑

黑

hēi

사람의 머리나 얼굴에 글자를 새겨 넣은 모습이다. 바늘 침을 사용해 얼굴에 무늬를 새겨 넣고 거기에다 검은 물감을 칠하여 범죄자라는 낙인을 영원히 남도록 하였는데, 이것이 소위 묵형(墨刑)이라는 것이다.

343   재상 재

宰

zǎi

집안에 문신을 새기는 도구가 있는 모습이다. 이는 집안의 누군가가 다른 사람을 처벌할 권한이 있다는 것을 의미하므로, '도살하다', '통괄하다' 등의 뜻이 나왔다.

344   탈 승

乘   椉

chéng

한 사람이 나무 위에 높이 서 있기 때문에, '윗자리에 있다'는 의미를 가진다. 금문에 이르러서는 두 발의 발가락 형상을 추가로 보충했다.

345 　　해 걸

jié

두 발이 나무에 거꾸로 매달려있는 모습인데, 거칠고 제멋대로인 사람의 마지막 결말 즉 말로이다.

篆

346　살로 귀 꿰는
　　형벌 철

chè

시(矢)와 이(耳)의 조합으로, 이는 화살로 귀를 관통하는 형벌을 말한다.

篆

347　광대뼈 규

kuí

목이 잘린 머리가 높이 거꾸로 달린 모습이다. 중심 도로는 사람들이 많이 다니는 곳이기에 머리를 거꾸로 내걸어 사람들에게 경고하기에 이상적인 장소였다. 이 때문에 '큰 갈'이라는 뜻이 생겼다.

篆

① 동물

❷ 전쟁과 형벌

❸ 일상생활 ①

❹ 일상생활 ②

❺ 기물제작

❻ 삶과 신앙

348 **애통해할 혁**

xì

금문의 구조를 보면 '율(聿: 붓을 손에 쥔 모습)'과 '자(自: 코)'와 '명(皿: 그릇)'의 조합으로 되었다. 침을 가지고 코에 문신을 하는 형벌을 집행하려는 모습으로 추정된다. 이 때문에 '비통함'의 의미가 나왔다.

349 **허물 죄**

罪

zuì

문신 새기는 도구와 코로 구성되어, 코 위쪽의 이마에 문신을 새기다는 뜻을 나타낸다. 이러한 형벌은 죄를 지은 사람만이 받는 형벌이었다.

350 **종 복**

pú

범죄자가 입는 옷을 입고 머리에는 죄인을 상징하는 문신이 새겨졌고, 대나무 바구니를 두 손에 들고 쓰레기를 버리는 모습이다. 비천한 일은 원래 범죄자들이 하던 일이었는데, 나중에 점차 가난한 사람들의 일로 발전했다.

351 **번거로울 복**

pú

복(僕)자에서 분리된 글자로, 복(僕)은 노복(하인, 종)이 쓰레기를 버리는 등 비천한 일에 종사하고 있음을 표현했다. 복(業)은 두 손에 청소 도구를 들고 작업하는 모습이다.

金 甲 古 篆

352 **낮을 비**

bēi

손에 의장 행렬을 이끄는 팻말을 든 모습인데, 이는 지위가 낮은 사람들의 일이었다.

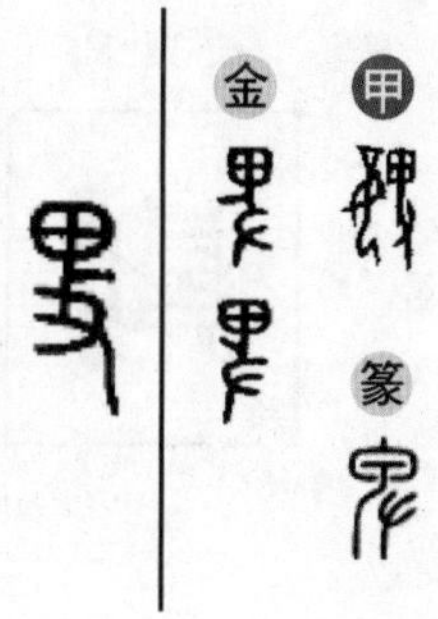

金 甲 篆

353 **이 사**

sī

기(其)와 근(斤)의 조합으로 이루어졌는데, 쓰레받기와 도끼는 노동자가 사용하는 도구이다. '시(厮: 하인)'의 원래 글자일 것으로 보인다.

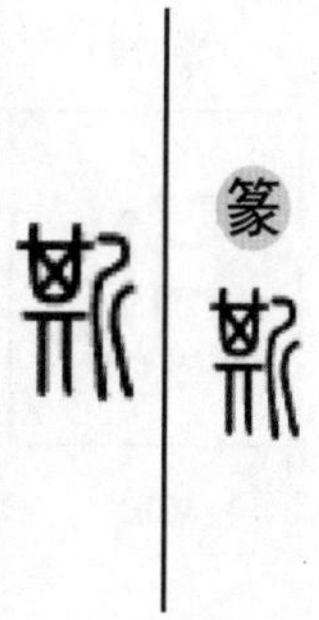

篆

① 동물
② 전쟁과 형벌
③ 일상생활①
④ 일상생활②
⑤ 기물제작
⑥ 삶과 신앙

354 꼬리 미

尾

wěi

사람의 엉덩이에 꼬리가 달린 모습이다. 사람은 꼬리가 없는 존재이기에, 하인이 입던 특수한 복장이거나 동물의 꼬리를 표현하기 위한 복장일 것으로 추정된다.

355 코 벨 의

劓

yì

칼과 이미 잘린 코가 결합된 모양이다. 금문 자형에 의하면 코 아래쪽에 '목(木: 나무)'이 추가되어 잘린 코가 나무에 매달렸다는 사실을 나타냈으며 이로써 사람들에게 법령을 위반하지 않도록 경고했다.

356 벨 월

刖

yuè

한 손에 톱과 같은 도구를 들고 사람의 다리 하나를 자르는 모습이다.

357 절름발이 왕

wāng

월(刖)자의 자형(🧍, 🧍)으로부터 알 수 있듯, 이 사람은 다리를 잘리는 형벌을 받았을 것이며, 그래서 다리의 길이가 다른 모습으로 표현되었다.

金

篆

358 발을 자를 월

跀

yuè

올(兀)자와 월(刖)자의 자형으로부터 분리해낸 글자인데, 다리가 잘리는 형벌을 받아 다리의 길이가 다른 모습으로 표현되었다(🧍). 이후 인식하기 쉽지 않아 족(足)자를 더해 의미를 강화하고 구조도 형성자로 변했다.

篆

359 매달 현

xiàn

사람의 머리를 밧줄로 묶어 나무에다 '매달아' 놓은 모습으로, 지금의 현(懸)자이다. 성문은 사람들이 가장 많이 오가는 곳이었기에, 거기에다 사람의 머리를 매달면 효수의 효과가 최고였다. 이것이 현(縣)자가 사법적 판결의 가장 작은 단위인 '현'이라는 뜻을 갖게 된 이유일 수도 있다.

金

❶ 동물

❷ 전쟁과 형벌

❸ 일상생활①

❹ 일상생활②

❺ 기물제작

❻ 삶과 신앙

360 거꾸로 매달

교

jiāo

이는 현(縣)자에서 분해되어 나온 글자이다. 몸이 거꾸로 걸려서 머리칼이 아래로 향한 모습으로, 고대 형벌 중의 하나이다.

361 귀 벨 이

èr

소전체에서는 도(刀)와 이(耳)가 조합된 모습인데, 적의 귀를 칼로 벴다는 증거가 되는 글자이다.

362 묵형할 경

黥

qíng

소전체에서는 흑(黑)과 도(刀)를 결합함으로써 문신용 칼로 얼굴에 형벌을 새기는 것을 표현했다. 경(黥)은 이후에 만들어진 글자로 흑(黑)이 의미부이고 경(京)이 소리부인 형성구조로 되었다.

363 **벨 단**

tuán

단(斷)과 수(首)가 조합된 모습인데, '머리를 자르는 형벌'이라는 의미를 표현했다. 필획이 너무 많아서 도(刀)가 의미부이고 단(斷)이 소리부인 형성구조로 변했다.

篆

---

364 **편할 편**

biàn

금문의 자형에 의하면 손에 채찍을 들고 다른 사람의 등을 내리치는 모습이며, 이로부터 '편하다'는 뜻이 생겼다. 채찍질 형벌에 순종하면 더 가혹한 형벌에 대한 책임을 완화시킬 수 있어 '편하다'는 의미가 나왔을 것으로 추정된다.

篆 金

---

365 **용서할 사**

shè

한 손에 채찍을 든 사람이 다른 사람을 피가 나도록(대(大)자의 옆에 그려진 작은 점들) 때려 죄를 대신 면제받는 행위로 삼았다.

金

① 동물

② 전쟁과 형벌

③ 일상생활①

④ 일상생활②

⑤ 기물제작

⑥ 삶과 신앙

366　　**놀 오**

áo

출(出)과 방(放)의 조합으로 되었는데, 먼 지방으로의 여행이 아니라 먼 바깥으로 추방하는 처벌을 말한다.

篆 嫯 嫯

367　　**바 유**

攸

yōu

한 손에 몽둥이를 잡고 누군가의 등을 쳐서 징벌을 표시했다. 이후 핏자국을 나타내기 위해 세 개의 작은 점을 추가했으며, 다시 나중에 세 개의 작은 점이 선으로 연결되어 원래의 창제의미를 알 수 없게 되었다.

정부 관료

368 **임금 왕**

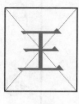

wáng

높고 위가 좁은 삼각형에 짧은 가로 획이 있는 모습인데, 그 다음에 다시 짧은 가로획을 위쪽에 추가했고 아래쪽의 삼각형이 직선으로 변했다. 이 삼각형은 모자의 형상을 나타낸다. 전장에서 아랫사람들에게 쉽게 보일 수 있도록 왕은 높은 모자를 쓰고 전쟁을 지휘했다.

369 **임금 황**

huáng

원래의 의미는 깃털로 장식된 아름다운 물품인데, 이후 위대함, 숭고함, 휘황찬란함 등을 설명하는 데 사용된다. 위쪽의 원형은 삼지창이 두드러지게 그려진 왕관이고 깃털로 장식된 모자의 모습이다. 아래 부분의 구조는 삼각형으로 모자의 몸통이다.

370 **고깔 변**

bià

이 글자는 황(皇)자와 관련이 있는데, 사람이 머리에 깃털이 달린 왕관을 쓰고 있는 모습이다.

371 **하여금 령**

lìng

무릎을 꿇고 앉은 사람이 삼각형의 모자를 머리에 쓰고 있는 모습이다. 모자를 쓴 사람은 명령을 내릴 수 있는 사람이다. 전투의 편의를 위한 것일 수 있는데, 명령을 내리는 사람이 모자를 쓰고 있으면 군중들 속에서 드러내 쉽게 식별할 수 있다.

372 **아름다울 미**

měi

사람의 머리에 높게 솟은 곡선의 깃털 또는 이와 유사한 장식물이 달린 모습으로 '아름답다', '좋다' 등의 의미를 표현한다. 머리 장식은 고대 사회 또는 씨족 부족 사회에서 사회적 지위의 중요한 상징이었다.

① 동물

② 전쟁과 형벌

③ 일상생활 ①

④ 일상생활 ②

⑤ 기물제작

⑥ 삶과 신앙

373 **임금 벽**

bì

무릎을 꿇어앉은 사람과 범죄자에게 문양을 새겨 넣는 칼의 결합으로 되었다. 갑골문에서 대부분의 의미는 관직 명칭으로 쓰였다. 형벌을 통제할 수 있는 사람을 뜻하며, 원은 빈칸을 채우는 의미 없는 기호이다.

金

甲

篆

374 **사랑할 폐**

bì

제사에 희생으로 바쳐지는 남녀 노예를 말한다.

篆

甲

375 **따질 변**

biàn

이는 변(辯)이나 변(辨)자에서 분리된 글자인데, 변(辯)자는 어느 측이 죄가 있는지를 말로 판단하고, 변(辨)자는 어느 측이 죄가 있는지를 칼(형벌도구)로 판단한다는 뜻인데, 모두 소송과 관련된 글자이다.

篆

金

376 **다스릴 윤**

한 손에 붓을 든 모습으로, 왕이 자신을 대신하여 관리들을 관리하도록 임명한 관리를 말한다.

yǐn

377 **붓 율**

필(筆)의 초기 형태로, 한 손에 털이 많이 달린 붓을 잡은 모습이다. 이로써 글쓰기와 관련된 일들을 표현했고, 이러한 행위를 부각시키기 위해 붓 봉을 갈라진 모습으로 표현했다.

yù

378 **쓸 서**

먹을 담은 그릇 위로 한 손에 털이 많은 붓대를 잡은 모습이다. 붓으로 먹을 적신 후 글씨를 쓸 수 있다는 의미를 반영했다. 서(書)자의 원래 의미는 '필사하다'는 뜻이었는데, 이후 '서책'으로 의미가 확장되었다.

shū

379 　깎을 산

shān

책(冊)과 도(刀)의 조합으로, 정확한 글자로 다시 쓰기 위해 죽간에 잘못 쓴 글자를 서도(書刀)로 깎아내는 모습이다. 이로부터 '삭제하다'는 뜻이 나왔다.

380 　임금 군

jūn

털이 많은 붓대를 한 손으로 잡은 모습인데, 붓 봉이 하나로 뭉쳐진 모습을 했다. 붓을 들고 글을 쓰는 사람이 명령을 내릴 수 있는 지도자임을 나타냈다.

381 역사 사

shǐ

382 벼슬아치 리

lì

383 일 사

事

shì

사(史)의 직무는 여러 줄로 되어 있는 글씨 쓰는 나무판[木牘]을 사용해 현장을 기록하는 일이다. 리(吏)와 사(事)는 사(史)에서 분화되어 나온 글자인데, 한 손으로 글씨 쓰는 나무판을 갖다 놓는 모습이다.

金 甲

384 책 책

cè

끈으로 여러 가닥의 글씨를 쓸 수 있는 대나무 조각편을 묶어 '책'으로 만든 모습이다. 갑골문에 자주 보이는 '작책(作冊)'이라는 관직은 상으로 내릴 내용을 대나무 조각편[竹簡]에다 기록하는 일을 맡았다. 내용을 다 기록한 후 끈으로 엮어 두루마리로 한 권으로 만든 다음 상을 받은 사람들이 그것을 들고 자리에서 퇴장할 수 있도록 했다.

金 甲

① 동물

② 전쟁과 형벌

③ 일상생활①

④ 일상생활②

⑤ 기물제작

⑥ 삶과 신앙

385 **나루 진**

津

jīn

붓을 손에 든 모습인데, 붓끝에 먹이 많이 머금은 모습을 했다.

篆

386 **저 이**

yī

손으로 붓대의 상단을 든 모습인데, 붓을 든 사람이 바로 사람들을 기록하고 다스리는 관리임을 표현했다.

金 甲

古 篆

387 **법 전**

diǎn

두 손으로 얇은 끈으로 묶어 만든 책(冊)을 바쳐 든 모습이다. 전(典)자는 중요한 책을 지칭하는데, 상대적으로 무거워 두 손으로 받쳐 들고 읽어야 했다.

金 甲

388 미칠 이

lì

손으로 붓을 든 모습인데, 먹을 너무 많이 찍는 바람에 먹이 계속해서 방울지어 떨어지는 모습이다. 이로부터 '연속된' 모습을 표현했다.

篆

389 임 시끄러울 섬

xiān

책(冊)과 심(心)으로 구성되어, '입담이 대단히 좋다'는 뜻이다. 책의 내용을 마음속에 잘 담아야만 이렇게 웅변력이 있을 수 있다는 의미를 담았을 것이다.

篆

390 엮을 편

biān

책(冊)과 끈의 조합으로 이루어졌는데, 끈으로 여러 쪽으로 된 글씨 쓰는 댓조각을 엮어 한 권의 책으로 만들다는 뜻이다.

篆

391 **무당 무**

wū

두 개의 I자형이 교차한 어떤 기구의 모습인데, 이는 대나무로 만들어졌으며 길이는 약 6치[寸]로 된 산가지이다. 대로 된 이 산가지를 배열하고 이에 따라 길흉을 점쳤다. 이후 이런 점을 치는 '무당'을 지칭하게 되었다.

392 **박수 격**

xí

篆

견(見)과 혈(頁)은 모두 귀족이나 마법사의 형상이다. 무(巫)와 견(見)의 조합으로 이루어진 격(覡)은 지위가 매우 높은 주술사를 말했다. '남자 무당'이라는 뜻으로, 이는 고대사회에서 남성의 지위가 높았음을 말해준다.

393 **빌 축**

zhù

金 甲

한 사람이 선조의 신위를 뜻하는 시(示) 앞에 무릎을 꿇은 모습이다. 기도를 위해 입을 벌리거나 두 손을 들어 기도를 하는 모습으로 보인다. 갑골문에서는 '축도(祝禱)'의 의미로 쓰였다. 이후 주술사(무당)와 비슷한 직무를 가진 사람을 지칭하게 되었고, 무(巫)와 결합한 무축(巫祝)이라는 복합어를 만들게 되었다.

① 동물
② 전쟁과 형벌
③ 일상생활(1)
④ 일상생활(2)
⑤ 기물제작
⑥ 삶과 신앙

394 **장인 공**

工

gōng

공(工)은 매달려있는 악기이다. 고대에는 음악이 주술의 힘을 가진 것으로 여겨졌으며, 악사는 제전에 참여할 수 있는 소수의 사람에 속해 다른 장인들보다 지위가 높았다. 음악이 점차 오락으로 발전하면서 악사의 지위는 떨어지게 되었고, '백관(百官: 일반 벼슬아치)'과 같은 부류에 속하게 되었다. 그래서 '백공(百工: 온갖 장인)'이라는 말이 나왔다.

395 **칠 공**

攻

gōng

채를 사용하여 매달아 놓은 '석경(石磬: 돌로 만든 경쇠)'을 치는 모습이다. 그런 다음 석경을 긁어내고 갈아 돌조각이 떨어져 나오게 하는 방식으로 음을 조절했다. 음을 교정하고 조율하는 것은 더 나은 음질을 위한 것이므로, 공(攻)자에 '개선하다', '기대하다' 등의 확장된 의미가 생기게 되었다.

396 **말 사**

辭

cí

실패에 감긴 실을 한 손에 들고 다른 한 손에는 뜨개질 고리를 잡고 어지럽게 엉킨 실을 정리하는 모습인데, 이로써 '다스리다'는 의미를 갖게 되었다.

397 **맡을 사**

sī

갑골문의 사(辭)를 간단하게 줄여 쓴 글자로 보인다. 뜨개질 고리와 용기의 조합으로 이루어졌는데, 엉킨 실을 다 정리한 후 다시 쓸 수 있도록 광주리에 담는다는 의미를 담았다.

398 **임금 후**

hòu

사(司)자로부터 분화된 글자이다. 뜨개질 고리와 실을 담은 광주리는 모두 베를 짜는 도구이다. 이후 '통치'와 관련된 의미로 확장되었다.

399 **나눌 반**

bān

칼[刀]로 옥(玉)을 절반으로 나누다는 뜻이다. 이는 고대사회에서 국왕과 책봉을 받은 신하가 옥을 절반씩 나누어 각각 가지고서 이를 신표의 증거로 삼았음을 보여 준다. 그러나 옥의 경도가 높아 칼로 자르기가 어려워 가로로 획을 새긴 나무나 댓조각을 사용했을 가능성이 더 높다.

400 진실로 **구**

苟

gǒu

이 글자의 자형은 금문의 자형이 원래 형태와 가장 비슷하다. 한 사람이 우뚝 솟은 왕관을 쓰고 있음을 보여준다. 중요한 행사를 위한 의상일 것이며, 이때에는 행동도 신중하게 해야 하고 말도 조심해야 했다. 이후 의미를 더 부각시키기 위해 구(口)를 더했다.

金

古

甲

篆

401 나 **앙**

卬

áng

서 있는 사람과 무릎을 꿇고 앉은 사람의 조합으로 이루어졌다. 무릎을 꿇은 사람이 서 있는 사람을 위로 올려다보는 모습에서 '앙망(仰望: 우러러 바라보다)'의 의미를 갖게 되었다.

篆

---

402 나아갈 **도**

못 **고**

皋

gāo   tāo

소전체에서 도(卒)는 고(皋)자에서 분해되어 나온 글자일 수 있다. 고(皋)자는 머리(성인을 나타냄) 하나가 높은 시렁위에 놓인 모습인데, 높은 위치에 앉아 축원하는 글을 읽음을 나타냈다. 이로부터 '축원(祝願)하다'는 뜻이 나왔다.

篆

---

403 놓을 호

오만할
오
奡

ào   gǎo

오(奡)자에서 분해되어 나온 글자일 수 있다. 오(奡)는 머리(성인을 나타냄) 하나가 높은 시렁 위에 놓인 모습이다. 높은 자리에 앉아 아래를 굽어보는 모습으로 지위가 높은 사람의 오만한 모습을 나타낸다.

篆

404 광택 고

gǎo

고(皋)와 오(奡) 등에서부터 분해되어 나온 글자일 수 있다. 서 있는 한 사람의 머리 부분을 특별히 강조했다.

篆

405 머리 숙일 부

fǔ

머리를 숙여 눈살을 찌푸리고 번뇌하는 표정을 표현한 것으로 볼 수 있다. 조(兆)는 눈살을 찌푸려 주름이 진 모양이며, 혈(頁)은 대인을 상징한다. 이로써 지도자는 번뇌가 많음을 표현했다.

篆

406 **근심할 우**

yōu

심(心)과 혈(頁)의 조합으로 이루어졌는데, 혈(頁)은 귀족의 형상으로, 사무의 관리를 위해 고민하고 걱정하는 모습을 그렸다.

金

篆

407 **나타날 효**

xiǎo

백(白)자 세 개가 중첩된 글자로, 대단히 희고 결백함을 나타냈다.

篆

408 **비를 피할
희**

xī

우(雨)자 아래에 두 명의 어른이 서 있는 모습으로, 비가 오는데 몸을 피할 곳이 없어 당황해 하는 모습을 그렸다.

篆

409 **장대할 비**

머리와 얼굴이 그려진 여러 성인들이 한데 모인 모습으로, 수행하고 따르는 사람들이 많아 그 모습이 대단히 성대함을 표현했다.

bèi

篆

410 **괴로워할 번**

마치 불[火]에 타는 것처럼 얼굴[頁]에 열이 올라, 매우 조급해 하는 모습을 그렸다.

fán

篆

411 **괘 이름 손**

성인들이 한데 만날 때 앉을 좌석에 순서가 있다는 의미를 그렸다.

xùn

篆

412   적을 과

guǎ

눈을 부각시킨 것은 귀족의 형상을 그
린 것이며, 집에서 지위가 높은 사람이
있는 모습은 숫자가 '적다'는 것을 나타
냈다.

413   노래할 교

jiǎo/yuè

백(白)과 방(放)의 조합으로 이루어졌는
데, 어떤 형상이 '움직이다'는 의미를 담
은 것으로 추정된다. 또 다른 가능성은
귀족에게 경고를 주고자 손에 몽둥이를
들고 때리는 모습이며, 이 때문에 귀족
이 신분을 드러내는 것이라 볼 수도 있
다.

414   빠를 뢰

lèi

귀족이 해야 할 일이 많음을 표현했는
데, 시력을 과도하게 사용하여 시력이
흐려진 모습을 반영했다.

제3부

일상생활 ❶
음식과 의복

음식/오곡과 잡곡

❶ 동물

❷ 전쟁과 형벌

❸ 일상생활①

❹ 일상생활②

❺ 기물제작

❻ 삶과 신앙

415

밥 식

shí

| 金 | 甲 |

음식 그릇을 그렸는데, 김이 무럭무럭 나는 음식과 뚜껑이 달린 모습이다. 어떤 자형에서는 수증기가 식은 후에 물방울로 변해 떨어지는 모습이 그려지기도 했다.

416

벼 화

hé

| 金 | 甲 |

똑바른 줄기, 곧은 잎, 그리고 이삭을 늘어뜨린 곡식류 식물을 그렸다. 화(禾)는 곡물의 총칭인데, 중국인들은 주로 북부 지역에서 활동을 하였고, 그들이 심었던 주요 곡물이 조였다. 그래서 화(禾)는 조와 같은 곡물류 농작물을 그린 것임에 틀림없다.

lì

두 개의 화(禾)가 나란히 배열되었는데, 그들 간의 거리가 성글게 처리된 모습이다.

418 지낼 력

lì

력(秝)과 지(止)가 조합된 모습인데, 발[止]이 두 줄로 된 곡식[秝] 사이로 난 작은 길을 걸어가는 모습이다.

419 기장 서

shǔ

곧추선 줄기를 가진 식물의 모습인데, '화(禾: 조)'와 다른 점은 '서(黍: 기장)'는 잎이 위쪽으로 뻗어 있고 끝 부분에서 아래로 처진다는 것이다. 이 글자에는 종종 '수(水: 물)'가 더해진 형상을 하곤 하는데, 그것이 술을 담는 데 사용되었음을 표현해 준다.

420 기장 직

jì

자형의 왼쪽 부분은 화(禾)이고 오른쪽 부분은 형(兄)이다. 형(兄)은 꿇어앉은 사람이 두 손을 앞으로 내밀고서 축도를 올리는 모습이다. 직(稷)은 고대사회에서 농업을 관장하는 관리를 지칭하는 말로 쓰였다.

421 보습
날카로울 측

cè

篆

이는 갑골문의 직(稷)자에서 분리해낸 글자이다. 갑골문에서 직(稷)은 어떤 관리가 농작물 앞에서 기도를 드리는 모습이며, 측(畟)은 농사에 온 힘을 다하다는 뜻이다.

422 화목할 목

mù

金

화(禾)의 이삭이 이미 다 자라 속이 가득 차 무게를 이기지 못하고 아래로 처진 모습이며, 이삭 끝에도 까끄라기가 가늘게 자라난 모습이다.

❶ 동물
❷ 전쟁과 형벌
❸ 일상생활 ①
❹ 일상생활 ②
❺ 기물제작
❻ 삶과 신앙

423 　벼 도

稲

dào

쌀알이 입이 좁고 바닥이 뾰족한 토기의 위에 놓인 모습이다. 쌀은 중국의 남부에서 생산되는데, 이 글자는 거기서 생산된 쌀을 토기에 담아 북방으로 운송하였음을 나타낸다.

424 　올 래

來

lái

식물의 곧추선 줄기와 대칭을 이룬 늘어진 잎이 그려졌다. 래(來)는 '서(黍: 기장)'나 '도(稻: 벼)'와 구분되어 '보리' 품종을 말했을 것으로 보인다. 이 품종은 외래 작물이었기에 '오다'는 뜻이 생겼다.

425 　보리 맥

麥

mài

래(來)와 식물의 수염뿌리를 뜻하는 치(夂)(止의 거꾸로 된 모습)로 구성되었다. 보리는 수염뿌리가 매우 길게 자라 땅속에서 물을 흡수할 수 있어 상대적으로 건조한 지역에서도 잘 자랄 수 있다. 보리는 상나라 때에 매우 드물어 당시의 일상 작물은 아니었던 것으로 보인다.

426 　콩 숙

한 손으로 콩의 꼬투리를 따고 있는 모습이다. 콩(萩)은 다섯 가지 주요 곡물 중의 하나이다.

shū

427 　콩 숙

篆

한 손으로 콩의 꼬투리를 따는 모습을 그린 숙(萩)자에서 분리해 낸 글자이다. 콩의 꼬투리를 뜻한다.

shū

428 　삼 줄기 껍질
빈

篆

『설문해자』에서는 '마(麻: 대마, 삼)'자에서 분리된 글자로, 대마의 겉껍질을 속 줄기와 분리해 낸 모습이라고 했다.

pìn

429 차조 출

shú/zhú

이삭 부분이 다소 특별한 모습을 한 차조 비슷한 곡물이다.

430 삼 마

má

집(혹은 덮개) 안에 이미 겉껍질이 분리된 삼이 두 개 있는 모습이다. 삼의 가공은 불로 삶아야 하는 공정이 필요한데 대부분 집에서 처리되었다. 그래서 이 글자는 삼이 집안에 자주 등장한다는 특성을 강조하였다.

431

갈라서 떼어
놓을 산

sàn

한 손에 막대기를 들고 이미 표피가 분리된 두 그루의 삼을 두드리고 있는 모습이다. 삼의 표피는 칼로 해도 쉽게 벗겨지지 않으므로 표피를 두드리는 방식으로 해야만 속 줄기와 표피가 잘 분리된다.

432 **흩을 산**

sàn

금문에는 이 글자와 동일한 발음과 의미를 가진 산(散)자가 있는데, 손으로 몽둥이를 가지고 대나무 잎의 살점을 두드려 다진 고기처럼 부스러지게 만드는 모습이다.

433 **이삭 수**

sui

수(采)는 한 손이 곡식[禾] 위에 놓인 모습인데, 다 자란 이삭을 손으로 따던 가장 원시적인 수확 방법을 반영하였으며, 이로부터 '이삭[穗]'의 의미를 갖게 되었다. 수(采)가 채(采)와 모양이 서로 비슷해 혼동되기 쉬웠으므로, 새로운 형성자인 수(穗)를 만들어 대체했다.

篆

434 **날카로울 리**

lì

한 손으로 곡물을 잡고, 칼을 사용하여 뿌리에서부터 두 부분으로 절단하는 모습이다. 칼로 자를 때에는 칼이 '날카로워야만' 수확의 속도를 높여 '이익'을 만들 수 있다는 이중적 의미를 담았다.

金 甲

435 **어긋날 차**

chà/chāi

손으로 곡물을 통째로 수확하는 모습을 그렸다. 곡물 수확의 가장 원시적인 방법이 손으로 하는 것이다. 신석기 시대에는 조개껍질을 수확하는 데 사용했으며, 나중에는 돌칼을 사용하여 곡물의 이삭을 채취했다. 손으로 하는 것이 가장 비효율적이었으므로 이에 '좋지 않다'는 뜻이 생겼다.

篆 金

436 **다스릴 리**

lí

갑골문에서의 자형은 한 손에 나무 막대기를 들고서 볏단을 두드리는 모습이다. 이는 볏단에서 낱알을 분리하기 위한 것이고, 이것이 농작물 수확의 상징이 되었다. 금문에서는 패(貝)자가 더해졌는데, 농작물의 수확이 국가 재정의 중요한 원천이었음을 말해주고, 이로부터 '다스리다'는 의미가 담겼다.

437 **해 년**

nián

갑골문의 자형에서는 성인 남자와 그의 머리 위로 다발이 묶인 곡식이 있는 모습인데, 곡식을 운반하는 모습이다. 이로부터 곡식의 수확을 상징했고, 또 1년이 지났음을 상징했다. 금문에서는 '인(人: 사람)'과 '화(禾: 곡식)'가 점차 분리되기 시작했으며, 이후에는 인(人)자에 짧은 가로획이 더해졌다.

438 **빼어날 수**

xiù

소전에서 그 구조가 년(年)자와 동일하여, 사람의 머리 위에 다발로 묶인 곡식이 놓인 모습이다. 벼가 이미 다 자라 수확하여 집으로 옮기는 모습을 그렸다.

439 대머리 독

禿

tū

자형의 구조가 년(年)이나 수(秀)와 비슷한데, 모두 인(人)과 화(禾)의 결합으로 이루어져 있다. 머리카락이 벼를 심어 놓은 만큼 듬성듬성하게 허공으로 날리는 모습을 그린 것으로 보인다.

篆

440 맡길 위

委

wěi/wēi

한 여성이 머리에 묶은 볏단을 이고 있는 모습인데, 이는 여성조차도 수확한 볏단을 옮기는데 동원되었음을 표상한다. 여성이 볏단을 옮기는 이런 힘든 일에 동원되면 힘이 부치기 마련이고, 그래서 '위임(委任: 남에게 맡기다)', '작고 세세하다' 등의 의미가 나왔다.

篆

441 끝 계

季

jì

한 어린아이의 머리에 묶음으로 된 볏단이 놓인 모습이다. 어린아이는 마지막으로 사용할 인적 자원이다. 그래서 '계세(季歲: 한 해의 마지막)'나 '계춘(季春: 봄의 마지막 달)' 등과 같이 계(季)를 가지고서 계절의 마지막을 표현하였다.

金 甲

442 찧을 용

舂

chōng

절구통의 윗부분에 두 손으로 절굿공이를 잡은 모습이다. 절굿공이로 절구통에 담긴 곡식을 찧어 껍질을 벗기는 작업을 그렸으며, 작은 점들은 곡식의 낟알을 나타낸다.

443 벼 이름 진

秦

qín

자형을 보면, 두 손으로 절굿공이를 잡고 먹을 수 있는 쌀을 만들기 위해 두 개의 곡식 묶음을 찧고 있는 모습이다. 이는 제사를 지내는 의식의 하나였는데, 신령에게 새로 수확한 쌀을 제공하기 전에 신의 보살핌에 감사드리며 풍성한 수확의 모습을 연출한 수확 춤이었을 것이다.

444 쌀 미

米

mǐ

6개의 곡식 낟알은 여러 개를 상징하고, 가로로 된 획으로 이들을 분리한 모습이다. 상나라 때 미(米)라고 하면 껍질을 벗긴 어떤 곡물을 통칭했지 어떤 특정한 곡물을 제한하여 불렀던 것은 아니다.

조 속

sù

'화(禾: 조)'처럼 생긴 곡물과 덩이진 알갱이의 모습으로 되었는데, 이미 껍질이 벗겨진 알맹이라는 사실을 강조했다. 옛날에는 속(粟)과 미(米)는 특정 곡물이 아니라 껍질을 벗긴 모든 곡물의 알맹이를 지칭할 수 있었다.

기장 량

liáng

미(米)를 의미부로 삼는 글자들은 모두 이미 껍질이 벗겨진 알갱이를 말한다. 량(粱)은 미(米) 외에도 창(刅), 수(水), 정(井) 등으로 구성되었는데, 창(刅)이 소리부로 쓰인 형성구조일 것이다. 량(粱)은 상나라와 왕조의 귀족들이 제사를 지내고 손님을 접대하는 잔치를 벌일 때 쓰던 고급 기장이었다.

447 쓿을 훼

huǐ

절굿공이를 한 손으로 잡고 높게 놓인 절구통에서 거친 쌀을 찧어 쌀로 가공하는 모습이다.

448 움켜 뜰 국

jū

지금의 자형은 이미 잘못 변했는데, 원래는 나락 이삭을 손으로 '따는' 동작을 표현했다.

❸ 일상생활①

❶ 동물
❷ 전쟁과 형벌
❹ 일상생활②
❺ 기물제작
❻ 삶과 신앙

3.3
음식 / 요리방법과 요리기구

449 고기 구울
자

炙

zhì

고기 한 덩어리를 불 위에 놓고 직접 굽는 모습이며, 이로부터 '직접 접촉하다'는 뜻이 생겼다.

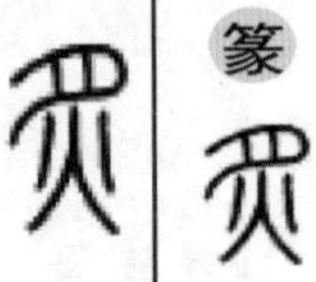

篆 ﹙전서﹚

450 고기 육

肉

ròu

분리된 고깃덩어리의 모습이다. 사냥에서 잡은 짐승이나 집에서 키우는 가축은 몸집이 워낙 커서 분리해 덩어리로 나누어야만 옮겨와 요리하기가 쉬웠다.

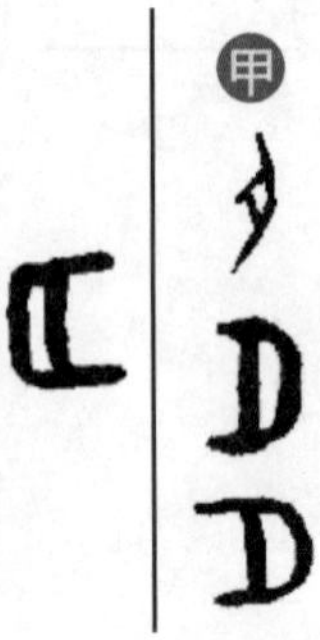

甲 ﹙갑﹚

451 **많을 다**

duō

두 개의 고기 덩어리를 나타낸 모습인데, 이로부터 '많다'는 추상적인 개념을 표현하였다.

452 **좀 두**

tán

갑골문에서는 말린 고기를 의미한다. 고기를 절여서 말리는 과정에서 벌레가 생길 수 있다. 그래서 '두충(蠹蟲: 구더기)'으로 말린 고기를 나타내는 데 사용하기도 했다. 자형의 아래쪽은 두충의 모양이며 위쪽은 소리부로 쓰인 속(束)자여서, 이미 형성구조로 변했음을 알 수 있다. 소전에서는 소리부가 탁(橐)인 구조로 변경되었다.

453 **전대 탁**

tuó

갑골문에서는 원래 앞뒤 양끝을 묶을 수 있는 바람을 불어넣는 데 쓰는 포대를 그렸는데, 용광로의 연소 온도를 올릴 수 있는 장치였다. 이후 여러 가지 모양과 재질로 된 포대가 만들어졌고, 포대 중간에도 다양한 기호가 추가되었다. 금문에서는 부(缶)가 소리부로 쓰였고, 소전에서는 석(石)이 소리부인 구조로 바뀌었다.

454 옳이 여길 긍

肯

kěn

글자의 의미로 볼 때, 뼈와 고기가 단단히 붙어 있음을 보여준다.

455 여러 서

shù

석(石)과 화(火)의 조합으로 되었는데, 불로 돌을 달구어 굽는 것을 의미한다. 고대인들은 사냥을 했을 때 조리 기구를 가지고 다니지 않았으므로 돌을 달구어 고기를 굽는 조리법을 사용했다. 돌을 달구어 조리하는 방법은 많은 자갈을 사용해야하기 때문에 서(庶)에 '많다'와 '대단히 많은 사람'이라는 의미가 생겼다.

① 동물

② 전쟁과 형벌

❸ 일상생활①

④ 일상생활②

⑤ 기물제작

⑥ 삶과 신앙

456 **불 화**

huǒ

타오르는 불꽃의 모양이지만 자형이 비슷한 산(山)과 구별하기 위해 화(火)에다 불꽃을 상징하는 두 개의 작은 점을 추가했다.

457 **불탈 염**

yán

불꽃을 중첩시켰는데, 여러 층을 지어 타오르는 불꽃의 모양을 표현했다.

458 **붉을 적**

chì

대(大)와 화(火)를 조합하여, 짙은 붉은 색을 표상했다.

459 **놈 자**

zhě

460 **삶을 자**

zhǔ

용기에 채소와 뜨거운 물이 담긴 모습이다. 자(者)는 자(煮)의 근원이 되는 글자이다. 조사로 쓰인 자(者)와 구별하기 위해 아래쪽에다 화(火)를 더했고, 불을 이용해 삶는다는 의미를 더욱 명확하게 표현했다.

461 **향기 향**

xiāng

토기 위에 보리나 기장 등과 같은 곡식이 그려졌다. 곡식의 알갱이를 불에 익히면 식욕을 끌어당기는 향을 낸다는 뜻이다.

金 甲

甲

462　누구 숙

shú

높다랗게 만든 기단을 가진 건물 앞에서 두 손을 든 사람을 그렸는데, 요리한 음식을 제단에 바치다는 뜻이며, 이로부터 '음식을 익히다(요리하다)'는 뜻이 나왔다. 이후 '누구'라는 의문사로 쓰이게 되자 화(火)를 더한 숙(熟)자를 만들어 차이를 구분했다.

463　불꽃 섭

xiè

한 손에 가늘고 긴 대나무 통을 들고 불 위에서 굽는 모습이다. 이 방법으로 밥을 지으려면 대나무 통이 거의 다 탈 때까지 구워야 한다. 그래서 '푹 익히다'는 뜻이 나왔다.

464　부엌 조

zào

동굴 또는 집과 벌레가 그려진 모습이다. 음식을 조리하는 곳에는 필연적으로 벌레가 나타난다. '부뚜막은 동굴과 같은 구조를 가졌는데, 나중에 조(竈)의 필획이 너무 많아 복잡하다 생각되어 화(火)와 토(土)로 구성된 조(灶)를 만들었다.

삼갈 신

愼

shèn

삼갈 신

shèn

식품의 용기와 관련이 있다. 도구를 사용해야 용기를 조심스럽게 들어 올릴 수 있고, 뜨거운 용기에 손이 데이지 않는다. 그래서 '신중(愼重)하다'는 뜻이 생겼다.

篆 金 古

참 진

zhēn

정(鼎)과 비(匕)의 조합으로 이루어졌다. 숟가락[匕]으로 솥[鼎]에서 뜨거운 음식을 조심스럽게 가져와야하며, 그렇지 않으면 불에 데인다는 뜻을 담았다. 나중에 자기수련의 감각이 좋은 '진인(眞人: 진리를 깨달은 사람)'이라는 단어가 나왔고, '신선(神仙)'이라는 의미로 해석되었다.

篆 金

편안할 녕

盦
寧

níng

받침대에 물을 데울 수 있는 용기가 놓인 모습이다. 뜨거운 용기는 받침대에 얹어 옮겨야만 안전하기 때문에, '안녕(安寧: 아무 탈 없이 편안하다)'이라는 뜻이 나왔다. 어떤 자형에서는 일부 뜨거운 물이 용기에서 쏟아져 나온 모습을 하기도 하였다. 그러면 놀라 소리를 낼 것이다. '큰 소리로 부르짖다'는 뜻의 호(乎)가 이로부터 만들어졌을 것이다.

어조사 호

hū

받침대 위에 작은 점이 세 개 있는 모습이다. 녕(寧)자에서 변화해 온 글자일 것이다. 뜨거운 수프를 옮기다가 용기 밖으로 튀어 나오면 소리를 지르기 마련이라, '부르짖다'는 의미와 연결된다.

재 회

huī

불[火]이 손[又]에 놓인 모습인데, 피운 불이 이미 '재'가 되어야만 가능한 일이다.

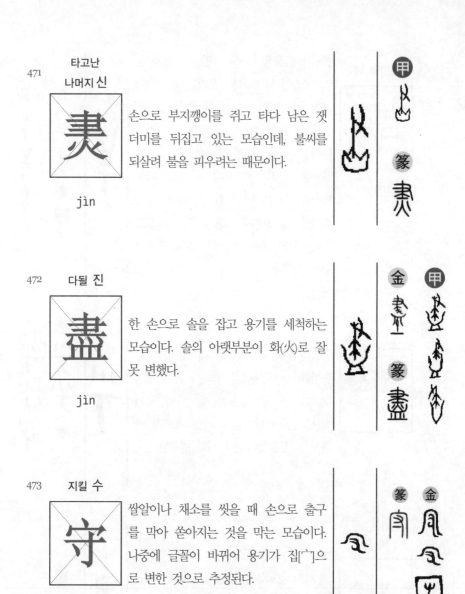

471 타고난
나머지 신

畫

jìn

손으로 부지깽이를 쥐고 타다 남은 잿 더미를 뒤집고 있는 모습인데, 불씨를 되살려 불을 피우려는 때문이다.

472 다될 진

盡

jìn

한 손으로 솔을 잡고 용기를 세척하는 모습이다. 솔의 아랫부분이 화(火)로 잘 못 변했다.

473 지킬 수

守

shǒu

쌀알이나 채소를 씻을 때 손으로 출구 를 막아 쏟아지는 것을 막는 모습이다. 나중에 글꼴이 바뀌어 용기가 집[宀]으 로 변한 것으로 추정된다.

474 속 오

ào

집안에서 두 손으로 장작을 들고 있는 모습이다. 고대사회에서 나무 장작으로 집을 따뜻하게 하던 곳을 서남쪽에 두었는데, 이 때문에 '서남쪽'이라는 뜻을 나타내게 되었다.

475 밥 뭉칠 권

juàn

『설문해자』에 의하면, 권(栚)자의 의미는 '밥을 둥글게 뭉치다(摶飯)'는 뜻이라 했는데, 권(叕)에서 유래한 것으로 추정된다. 권(叕)은 두(豆)와 같은 용기를 두 손으로 잡고 있으며, 용기 아래위로 쌀이나 곡물이 표현되었다. 용기는 생략될 수 있어, 생략하면 권(栚)이 될 수 있다. 권(栚)은 또 말린 후 연료로 사용할 수 있도록 소똥 같은 것을 두 손으로 둥글게 뭉치는 모습을 그렸을 수도 있다. 그래서 권(栚)에 어떤 물체를 둥글게 뭉쳐 덩어리로 만든다는 뜻이 있게 되었다.

476 똥 분

fèn

자형은 대변을 치우면서 긴 손잡이 달린 쓰레받기를 두 손으로 잡은 모습을 보여준다.

477 **갖출 구**

具

jù

두 손으로 세발솥[鼎]을 잡거나 세발솥을 위로 들어 올리는 모습을 했다. 토기로 만든 세발 달린 솥은 집집마다 갖추고 있던 필수 조리 기구였으므로, 이에 '갖추다', '준비하다' 등의 의미가 들었다.

478 **수효 원**

員

yuán

세발솥[鼎] 하나와 원형 하나를 그렸다. 토기로 만든 세발 달린 솥은 대다수가 둥근 모양이었고, 그래서 글자를 만드는 사람들이 이를 갖고 와서 추상적인 '원'의 의미를 표현했다.

479 **솥 정**

鼎

dǐng

가장 윗부분 기물의 입에 두 개의 귀가 표현되었고, 아랫부분은 서로 다른 형식의 지지대가 표현되었다. 가장 자주 보이는 형태는 둥그스름한 배에 발이 세 개 달린 형태인데, 이후 쓰기 편하게 하고자 두 개의 다리만 그렸다.

480 소댕 멱

mì

뚜껑이 있는 세발솥을 그렸다.

481 나눌 현

xuàn

금문의 구조를 보면 두 개의 호(虎)와 한 개의 정(鼎)으로 되어 있는데, 세발 솥의 몸통에 표현된 한 쌍의 호랑이 장식물, 즉 도철무늬[饕餮紋]라는 것을 표현했다.

❶ 동물

❷ 전쟁과 형벌

❸ 일상생활①

❹ 일상생활②

❺ 기물제작

❻ 삶과 신앙

482 솥 권

獻

yàn

갑골문에서는 원래 찔 수 있는 용기를 그렸다. 이후 호(虎)가 더해져 호랑이 무늬가 들어간 청동기물이라는 의미를 담았으며, 제사를 지낼 때 사용하던 최고급의 시루였다. 나중에 다시 견(犬)자가 추가되었는데 일반 귀족들이 찐 개고기를 제사에 바쳤던 때문으로 추정된다.

483 막을 격/
솥 력

鬲

gé/lì

정(鼎)에서 분화해 나온 기물이다. 력(鬲)은 지탱하는 발의 속이 비어 곡물을 삶는데 적합했다.

484 죽 죽

粥

yù/zhōu

쌀[米]이 솥[鬲] 속에 있고, 증기가 양쪽으로 피어오르는 모습을 그렸다. 글자의 형태가 지나치게 복잡해 나중에 생략되어 죽(粥)자가 만들어졌다.

485 **통할 철**

chè

력(鬲)과 축(丑)이 조합된 모습이다. 축(丑)은 어떤 물건을 단단히 잡는 동작이다. 굽은 손가락을 뻗어 솥[鬲] 속의 속이 빈 발까지 넣어야만 깨끗하게 청소할 수가 있는데, 이로부터 '철저(徹底)하다'는 뜻이 생겼다.

486 **밥그릇 로**

爐

lú

화로가 받침대 위에 놓인 모습이다. 금문에서는 작은 용기의 이름으로 사용될 경우에는 명(皿)이 더해졌으며, 만약 청동으로 만든 작은 연소 기구를 지칭할 때에는 금(金)을 더해 사용했다.

487 **모일 회**

huì/kuài

여러 층으로 된 시루를 그렸다. 상단에는 뚜껑이 있고 하단에는 냄비가 있어 둘을 합쳐서 사용할 수 있도록 고안되었다.

① 동물

② 전쟁과 형벌

❸ 일상생활①

④ 일상생활②

⑤ 기물제작

⑥ 삶과 신앙

488 **일찍 증**

曾

zēng/céng

원래의 의미는 '증(甑: 시루)'이나 '층 (層: 포개진 시루)'으로, 여러 층으로 된 시루에 김이 뿜어져 나오는 모습이다. 갑골문에서는 부뚜막[竈]까지 그려졌고, 금문에서는 시루 아래에 물을 끓이는 용기가 그려졌다.

金 甲

篆

489 **합할 합**

合

hé

뚜껑이 있는 용기를 그렸는데, 뚜껑이 몸통과 같은 크기로 되었다.

金 甲

篆

490 **덮을 엄**

弇

yǎn

두 손으로 뚜껑을 덮는 동작을 그렸다. 고대 한자의 자형을 보면 갑골문의 '명(冥: 두 손으로 아기를 자궁에서 꺼내는 모습)'자와 매우 유사하다. 그래서 명(冥)자를 엄(弇)자로 잘못 인식한 결과가 아닐까 생각한다.

 古 篆

491 　불 땔 찬

cuàn

자형의 구조가 복잡한데, 냄비를 두 손으로 부뚜막 위에 놓고 동시에 손을 부뚜막 속에 장작을 지피는 모습인데, 이로써 '요리하다'는 뜻을 표현해 냈다.

篆 爨
籀
爨 爨
爨

❶ 동물

❷ 전쟁과 형벌

❸ 일상생활 ①

❹ 일상생활 ②

❺ 기물제작

❻ 삶과 신앙

음식/음식예절과 식기

492 벼슬 경

qīng

493 잔치 향

xiǎng

494 향할 향

響

xiàng

두 사람이 음식 앞에서 무릎을 꿇고 있는 모습으로, 중간에는 대부분 용기[皀]가 놓여 있는데, 윗부분은 음식으로 가득 찬 모습이다. '경사(卿士: 고관대작)', '향연(饗宴: 잔치)', '상향(相嚮: 서로 마주하다)'는 세 가지 의미를 가지는데, 모두 귀족의 식사 예절과 관련이 있다.

金 甲

495   곧 즉

jí

막 음식을 먹으려 자리하는 사람의 동작을 그렸다. 즉(即)은 일종의 시간 부사로 '곧'이라는 추상적인 의미로 쓰이는데, 막 음식을 먹으려 하는 동작을 빌려와 '곧 일어날' 상황을 표현했다.

496   이미 기

jì

무릎을 꿇고 식사하는 한 사람이 음식 앞에서 입을 벌리고 몸을 뒤돌린 모습이다. 이로써 어떤 일이나 어떤 동작이 '이미' 끝났음을 표현했다.

497   아침밥 옹

yōng

두 손에 풍성한 음식을 들고 신령에게 바치는 모습이다. 이후 '등(登: 제물을 올리다)'과의 혼동을 피하기 위해 식(食)이 의미부이고 옹(雝)이 소리부인 형성구조로 대체되었다.

① 동물

② 전쟁과 형벌

③ 일상생활 ①

④ 일상생활 ②

⑤ 기물제작

⑥ 삶과 신앙

498   버금 차

次

cì

음식을 먹을 때 음식이 입 밖으로 튀어 나오는 예의 없는 행동을 그렸으며, 이로부터 '낮다', '열등하다' 등의 뜻이 나왔다.

---

499   손괘 손

巽 巴

xùn

두 사람이 같은 방향으로 무릎을 꿇고 앉은 모습인데, 연회에서 모든 사람이 순서대로 앉았다는 것을 보여 주고 있다. 나중에 손(巽)이라는 글자로 파생되었는데, 개인의 식사 테이블을 뜻하는 궤(几)가 더해진 모습이다.

---

500   침 연

涎 次

xián

입을 벌린 채로 침을 흘리고 서 있는 사람의 모습이다. 귀족들의 연회에서 이 모습은 보기 흉하고 예의를 잃은 행동이다. 흘리는 침방울은 나중에 수(水)로 통일되었다.

501 **훔칠 도**

盜

dào

한 사람이 접시에 담긴 음식을 보고 입에 침을 흘리면서, 몰래 맛보고 싶어 하는 모습이다.

502 **대야 관**

盥

guàn

한 손을 대야에 넣고 손을 씻는 모습이다. 한나라 이전 사람들은 손으로 음식을 집어 먹었다. 그래서 먹기 전에 먼저 손을 씻어야했다. 금문에서는 한 손이 두 손으로 바뀌었고, 물방울도 수(水)자로 바뀌었다. 바로 두 손을 대야에 담가 물로 깨끗이 씻는 모습을 나타내었다.

503 **받을 수**

受

shòu

한 손으로 쟁반을 다른 손에 건네주는 모습이다. '수(授: 주다)'와 '수(受: 받다)'의 두 가지 의미가 있다.

❶ 동물
❷ 전쟁과 형벌
❸ 일상생활①
❹ 일상생활②
❺ 기물제작
❻ 삶과 신앙

504　**그릇 명**

mǐn

둥근 몸체와 두루마리 발이 있는 용기를 그렸다. 두 귀를 드러낸 자형도 있는데, 크기가 비교적 큰 기물이라 귀를 잡고 쉽게 옮길 필요가 있었을 것이다. 명(皿)의 크기는 정해진 것이 없는데, 보통 식사용 기물로 쓰였으나, 또 다른 용도로 쓰이기도 했다.

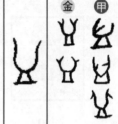

505　**더할 익**

yì

그릇[皿] 속의 물이 넘치는 모습이다.

506　**덮을 합**

hé

음식이 들어 있는 기물에 뚜껑이 덮인 모습이다. 즉 이후의 '개(蓋: 뚜껑)'자이다.

507 **한가지 동**

'같다[相同]'는 것은 추상적 의미인데, 용기의 아가리 크기와 동일한 크기의 통의 뚜껑을 빌려 표현했다.

tóng

508 **덮을 아**

소전의 자형을 보면 무언가를 덮기 위해 아가리가 아래로 향한 용기의 모양이다. 이로부터 '덮다'는 의미가 나왔다.

yà

509 **고소할 핍**

도기로 만든 용기에 음식이 가득 담긴 모습인데, 이는 곡물을 바쳐 제사를 드리다는 의미이다. 이후 자형이 잘못 변하는 바람에 도기의 두루마리 발이 비(匕)로 변했다.

jí

510 **술 그릇 두**

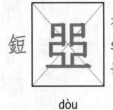

鈕

dòu

갑골문의 자형을 보면 이후의 두(豎)자와 가장 비슷한데, 아가리가 좁고 배가 불룩한 용기를 그렸다.

篆 甲

---

511 **콩 두**

dòu

두루마리 발을 가진 둥근 몸통의 용기를 말하는데, 아가리의 테를 잘 그려냈다. 두(豆)는 가장 기본적인 식기의 하나였다.

金 甲

---

512 **제기 이름 궤**

簋

guǐ

한 손으로 숟가락을 들고 용기[簋] 속에 담긴 음식을 뜨는 모습을 그렸다. 궤(簋)는 두(豆)와 외관이 비슷하지만 크기는 훨씬 큰데, 글자를 만들면서 손으로 숟가락을 쥐는 모습으로 이러한 특징을 강조했다.

金 甲

513 **도마 조**

zǔ

평평한 용기에 두 덩어리의 고기가 놓인 모습이다. 도마[俎]는 제사를 지낼 때 자주 등장하는 기물이다. 금문에 이르러, 일부 자형에서는 두 덩어리의 고기가 도마의 바깥 부분으로 나왔으며, 다시 두 개의 복(卜)자로 단순화 되었다.

514 **겹쳐질 첩**

dié

아래쪽의 의(宜)는 받침대이며, 제사를 지낼 때 바치는 희생을 배열해 놓은 모습이다. 『설문해자』에서는 세 개의 일(日)로 구성되어 지나치게 빛이 세다고 여겨 세 개의 전(田)으로 바꾸었다고 했다.

515 **마칠 료**

liǎo/le

원래의 의미는 『설문해자』에서 말한 대로 '숟가락'일 가능성이 높다. 이후 어조사로 가차되었다.

516 **구기 작**

shǎo

작은 숟가락 속에 소량의 물체가 담긴 모습이다.

篆 𠃨

517 **옳을 시**

shì

자형을 보면 긴 손잡이가 달린 숟가락 모양에서 진화했으며, 지(止)는 의미를 강화하기 위해 더해진 부분이다. '시비(是非: 옳고 그름)'는 추상적인 의미로, 긴 손잡이가 달린 숟가락을 빌려와 그 긍정적인 의미를 표현했다.

金 篆

籀

3.5

음식/음주와 술그릇

518 마실 음

yǐn

한 사람이 물이 담긴 항아리나 술통을 내려 보고 서서 입을 크게 벌리고 마시려 하는 모습이다. 혀를 강조해 그림으로써, 혀로 맛을 구분하는 기능을 강조했다.

519 술 주

jiǔ

술 항아리와 튀어나온 세 개의 물방울이 그려졌다. 주둥이가 좁고 긴 몸체에 바닥이 좁고 뾰족한 모양의 병은 앙소(仰韶) 문화유적에서 자주 보이는 기물이다.

제3부 일상생활 ❶ 음식과 의복 **195**

520 **술 거를 숙**

sù/yóu

띠 풀을 묶은 단을 든 두 손이 술독의 옆에 놓인 모습인데, 띠 풀 묶음으로 술을 걸러내는 모습을 표현한 것으로 보인다. 술은 처음 양조될 때 곡물 찌꺼기를 함유하고 있으므로, 찌꺼기를 걸러내야만 비로소 좋은 고급술이 된다.

521 **막힐 울**

yù

솥을 두 손으로 잡고 아궁이에서 향이 섞인 술을 만드는 모습이다.

522 **피 바를 흔**

xìn

두 손으로 솥을 아궁이에 놓고 아궁이 아래에 불을 지펴 술을 데우는 모습이다. 이는 술을 사용하여 제사를 준비하는 모습이다. 분(分)은 화(火)가 잘못 변해 그렇게 된 것이다.

523 **미칠 담**

tán

뾰족한 바닥으로 된 운송용 술독 윗부분에 향료 주머니가 있다. 술은 이 향료 주머니를 거쳐 걸러져서, 맛이 더욱 부드럽고 향기로운 최고급 술이 된다.

524 **잔 작**

jué

술을 거르는 기물의 일종이다. 작(爵)의 모양은 매우 복잡한데 몇 가지 특징이 있다. 즉 아가리 가장자리에 기둥[柱]이 있고, 술을 흘려보낼 수 있는 아가리[口流]가 있으며, 기물의 바닥에 세 개의 발이 있다. 금문 자형에서는 손이 하나 더해졌는데, 한 손으로 이 기물을 잡은 모습을 표현했다.

525 **술잔 가**

jiǎ

용기의 일종으로, 아가리 가장자리에 두 개의 기둥이 있고, 기물의 바닥에는 두 개나 세 개의 발이 있다. 상나라 유적지에서 발굴된 문물과 대조해 볼 때, 가(斝)라고 이름 붙여진 술을 걸러내고 데우는 기구로 볼 수 있다.

526 **마을 조**

cáo

나무로 만든 통에서 술을 거르는 모습이다. 위쪽에 있는 두 개의 주머니는 술을 걸러내기 위해 섬유나 밧줄로 짰다. 나무통으로 술을 걸러내는 일은 술도가에서 술을 걸러내 고급술을 만드는 장치이다.

527 **울창주 창**

chàng

특정 종류의 꽃송이를 그린 모습이다. 고추, 사이프러스, 계피, 난초, 국화 등과 같은 식물의 꽃잎이나 잎을 사용하여 특별하게 만든 향이 나는 술(창주)은 신령에게 제사를 드릴 때 제공되던 중요한 제수였다.

528 **부를 소**

zhào

술잔과 국자를 든 두 손이 술을 데우는 기물 위에 놓인 모습으로, 간접적으로 술을 데우는 모습이다. 이는 연회 시간이 오래 걸리고 천천히 술을 마시며 여유 있게 이야기를 나눈다는 것을 의미한다.

529 **달 감**

gān

입 속에 음식이 들어 있는 모습이다. 단음식을 먹을 때는 입 안에서 천천히 맛을 음미하기 마련이다. 이로부터 단 것이라는 의미가 담겼다.

530 **달 첨**

tián

설(舌)과 감(甘)이 결합한 회의자이다. '혀'로 '달콤한 맛을 느끼다는 것이 첨(甛)이다.

531 **맛있을 지**

zhǐ

숟가락[匕]과 어떤 용기 혹은 입[口]이 결합한 구조로, 감미로운 음식을 즐김을 표현했다. 이후 형체가 간단히 변해 소(召)자와 비슷해지자, 구분을 위해 지(旨)자를 구성하는 구(口)에 가로획을 더했다.

篆 甲

篆

金 甲

古 篆

❶ 동물

❷ 전쟁과 형벌

❸ 일상생활①

❹ 일상생활②

❺ 기물제작

❻ 삶과 신앙

532 **심할 심**

입[口] 속에 점이 하나 있는 모습인데, 감미로운 음식을 먹는 것과 관련이 있을 것으로 추정된다.

shèn

533 **아내 배**

한 사람이 술독 옆에 무릎을 꿇고 있는 모습이다. 고대의 연회에서는 모든 사람이 자신의 술독(또는 술잔)을 갖고 와서 술을 자신에게 맞는 농도로 조정했는데, 이것이 배(配)의 유래이다.

pèi

534 **손 빠를 엽**

손에 헝겊으로 된 수건을 들고 있는 모습인데, 가사 일을 할 때에는 민첩하게 움직여야 한다는 뜻을 담았다.

niè

535   **초 혜**

xī

세 가지 구성성분으로 이루어졌는데, 유(酉)는 항아리에 가득 담긴 식초를, 류(㐬)는 머리를 숙여서 감는 성인의 모습을 그렸으며, 또 명(皿)은 접시를 뜻한다. 이로써 식초를 사용하여 머리를 감았음을 표현했다. 혜(醯)의 필획이 너무 많아 '초(醋: 식초)'라는 글자로 대신하였을 것으로 추정된다.

536   **도울 장**

jiāng

두 손으로 침대의 양끝을 짚고 있는 모습인데, 그래야만 그것을 옮길 수 있다는 의미를 담았다.

537 　장차 장

jiāng

이 글자의 원래 의미는 '장(醬: 젓갈, 간장)'일 것으로 추정된다. 갑골문의 한 자형에서는 세발솥[鼎] 위에 도마와 고기 조각이 놓인 모습을 하였다 (圖, 圖, 圖). 이후 금문에서 장(爿)과 유(酉)로 구성된 구조로 변했는데, 유(酉)는 간장을 담는 용기이고, 장(爿)은 고깃덩어리를 담는 도마이다. 소전은 장(爿), 육(肉), 촌(寸)으로 구성되어, 도마 위에 놓인 고기를 양념장에 찍어 먹는 모습을 반영했다.

538 　술통 유

yǒu

데운 술이나 차갑게 식힌 술을 담는 용기를 뜨거운 물이나 얼음덩어리가 있는 큰 용기에 놓고 손님을 맞을 연회를 준비했다.

539 　병 호

hú

뚜껑이 있고 곧추선 몸통에 둥근 바닥을 가진 용기이다. 발굴된 유물과 대조해 볼 때, 호(壺)라는 술그릇이라 할 수 있다.

540　　답답할 운

yūn

호리병 속에서 기운이 위로 올라가는 모습이다. 그러나 호리병의 뚜껑이 단단히 닫혀있어, 내부의 열기가 뜨거워져 올라와도 밖으로 나갈 수 없는 모습을 형상했다.

541　　대궐 안길 곤

kǔn

궁전의 지붕에는 고귀한 장식이 있으며, 에워싼 성벽의 길은 네모나고 규격화된 모습인데, 이는 궁전에서만 볼 수 있는 것이라는 의미를 담았다.

542　　높을 존

zūn

두 손으로 술 항아리를 받들고 있는 모습이다. 큰 호리병[壺]에서 작은 술통으로 나누어 옮겨 담는데, 이 작은 용기가 준(尊=樽)이다.

❶ 동물　　❷ 전쟁과 형벌　　**❸ 일상생활①**　　❹ 일상생활②　　❺ 기물제작　　❻ 삶과 신앙

얼음 빙

冰

bing

빙(仌)과 수(水)로 구성된 구조인데, 빙(冰)의 간략화한 모습에서 왔다. 금문에서 빙(冰, )자는 두 개의 얼음덩어리가 물위에 떠 있는 모습을 그렸다.

篆 金

3.6

음식/휴식시간

❶ 동물

② 전쟁과 형벌

❸ 일상생활①

④ 일상생활②

⑤ 기물제작

⑥ 삶과 신앙

544 **아침 단**

dàn

해수면에서 해가 떠오르거나 해수면에서 해가 떠오를 때 반사된 장면을 보여 준다. 이후 해의 아랫부분이 가로획으로 단순화되었다.

545 **창성할 창**

chāng

아침 해가 막 바다 위로 떠오르는 장면을 그렸으며, 이로써 아침이라는 시간대를 나타냈다. 아랫부분의 일(日)이 점차 왈(曰)처럼 변했다. 아침이 지나면 햇살이 점차 강해지기에 '창성(昌盛)하다'는 뜻이 나오게 되었다.

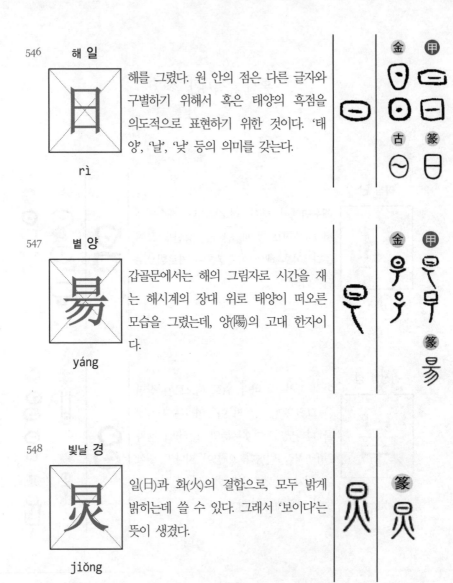

546 **해 일**

日

rì

해를 그렸다. 원 안의 점은 다른 글자와 구별하기 위해서 혹은 태양의 흑점을 의도적으로 표현하기 위한 것이다. '태양', '날', '낮' 등의 의미를 갖는다.

547 **볕 양**

昜

yáng

갑골문에서는 해의 그림자로 시간을 재는 해시계의 장대 위로 태양이 떠오른 모습을 그렸는데, 양(陽)의 고대 한자이다.

548 **빛날 경**

炅

jiŏng

일(日)과 화(火)의 결합으로, 모두 밝게 밝히는데 쓸 수 있다. 그래서 '보이다'는 뜻이 생겼다.

549 **아침 조**

zhāo/
cháo

태양이 여전히 숲 속에 있고 아직 완전히 떠오르지 않은 모습인데, 옆에 물 모양이 있는 것으로 보아 조수가 밀려 왔음을 알 수 있다. 나중에 '조(朝: 아침)'와 '조(潮: 조수)'의 두 글자로 분화하였다.

550 **새벽 조**

zǎo

소전에서는 태양이 이미 해시계의 장대 위로 높이 떠 오른 모습이며, 이로부터 '아침'의 뜻이 나왔다.

551 **캘 채**

cǎi

한 손이 나무 위에서 과일이나 나무의 잎을 따는 모습이다. 또 태양의 광채(光彩)를 묘사하기 쉽지 않았기 때문에, 채(采)를 빌려와 표현했다.

밝을 고

일(日)이 목(木)의 위에 놓여, 태양이 이미 나무 꼭대기 위로 떠올랐음을 나타낸다. 그때가 태양이 가장 빛날 때이므로 '밝다'는 뜻이 나왔다.

gǎo

篆

553

기울 측

태양이 서쪽으로 넘어가 사람의 그림자를 길게 비추는 모습이다. 그래서 태양이 서쪽으로 질 때의 시간대를 말한다. 옛날에는 해가 지고 나면 다른 일은 할 수가 없었다.

zè

金 甲

554

형 곤

태양이 비치는 아래쪽의 그림자를 말한다. 모든 사람의 그림자 모습이 비슷하기 때문에 얼굴을 구별할 수 없으므로 '같다'는 의미가 나왔다.

kūn

金

篆

555 어두울 혼

昏

hūn

태양이 사람들의 발 아래로 떨어진 모습이며, 황혼의 시간대를 지칭하는 또 다른 표현이다. 이 시간대가 되면 사람들은 쉴 준비를 하며 더 이상 다른 일을 하지 않는다.

甲

556 없을 막

暮 莫

mò

태양이 숲속으로 들어간 모습이다. 이때가 되면 태양이 완전히 서쪽으로 기울어 빛이 크게 감소하여 하늘에 희미한 빛만 남아 있을 뿐이다. 이 시간대를 갑골문에서는 소채(小采)라고 했고, 또 모(莫)라고도 했다.

金 甲

557 어두울 묘

杳

yǎo

태양이 숲의 아래로 떨어진 시간대를 말하며, 하늘이 어두울 때를 뜻한다.

篆

558 낮 주

zhòu

한 손으로 붓을 잡은 모습과 태양을 그렸는데, 햇빛이 충분하여 글씨를 쓸 수 있는 대낮이라는 의미를 담았다.

559 더울 열

rè

갑골문에서는 무릎을 꿇고 있는 사람이 두 손에 횃불을 들고 있는 모습으로, 저녁에는 횃불로 조명을 사용해야 한다는 의미를 담았다. 이 글자는 두 손으로 묘목을 심는 모습을 그린 예(藝)와 매우 비슷하다. 이후 예(埶)자 아래에 화(火)를 더하여 열(熱)자가 되었다.

560 저녁 석

xī

이지러져 남은 달의 모양인데, 달빛이 비치는 시간대임을 분명히 나타내고 있다.

561 **저녁밥 손**

飧

sūn

석(夕)과 식(食)이 결합된 회의구조로, '밤의 식사'를 말한다. 고대 사람들은 보통 하루에 두 끼만 먹었다. 전국시대에 들면서 밤까지 일했기 때문에 다시 한 끼를 더 먹었는데, 저녁 10시쯤에 식사를 했으며, 특별히 이 글자를 만들어 표시했다.

562 **일찍 숙**

夙

sù

두 손을 앞으로 뻗고 땅에 무릎을 꿇은 모습인데, 달에게 공경을 표하는 몸짓이다. 고대에는 달을 공경하게 보내고 태양을 맞이하는 관리를 배치했을 것이다.

563 **고칠 경/ 다시 갱**

更

gēng/ gèng

한 손에 북채를 쥐고 어떤 기물을 치는 모습이다. 글자의 의미로 추정해 볼 때, 그것은 고대사회에서 밤에 시간을 알려주던 관습을 반영했을 것으로 추론된다. 그렇다면 상나라 때에 이미 밤의 시간을 측정하는 도구를 가지고 있었음을 알 수 있다.

564 **어조사 혜**

xī

갑골문에 '곽혜(郭兮)'라는 시간부사가 있다. 그렇게 볼 때, 이 글자는 태양의 그림자를 측정하는 장치와 관련이 있을 것으로 추론된다.

의복/의복문명의 발전

❶ 동물

❷ 전쟁과 형벌

❸ 일상생활①

❹ 일상생활②

❺ 기물제작

❻ 삶과 신앙

565 **옷 의**

yī

옷깃이 달린 옷의 상반신의 모습이다. 옷깃이 달린 옷은 동물의 털이 아닌 천으로 꿰매어졌는데, 이는 방직 산업이 일어난 이후의 복장 스타일로, 농업사회가 옷감을 봉제해서 만드는 의복 시대로 진입했음을 반영하였다.

566 **처음 초**

chū

칼 하나와 옷 하나로 구성되었다. 칼로 옷감을 절단하는 것이 옷을 봉제하는 첫 단계이다. 그래서 '시작'을 의미한다.

567 갓옷 구

qiú

모피의 털이 바깥으로 드러난 가죽옷의 모습이다. '의구(衣裘)'라는 단어는 모든 옷을 지칭하는데 쓰이는데, 의(衣)는 섬유로 만든 옷을, 구(裘)는 모피로 만든 가죽옷을 말한다.

568 구할 구

qiú

갑골문에서 구(裘)는 모피의 털이 바깥으로 드러난 가죽옷이고, 구(求)는 재난을 없애달라고 비는 제사의 이름이다. 『설문해자』에서는 이 두 글자를 차례로 연이어 배열했는데, 그렇다면 구(求)는 재단을 거치지 않은 거친 모피 재료였는데, 신들에게 기도하기 위한 도구로 빌려 썼던 것으로 보인다.

569 쇠할 쇠

shuāi

헐렁하고 헤진, 표면이 고르지 않은 상복을 말한다. 죽은 친척들에게 애도를 표하기 위해 고대 사람들은 아름답지 않은 옷을 입었고, 장례를 치르는 동안 입는 옷에 가장자리를 꿰매지 않은 것은 아름다운 것을 추구하지 않는다는 뜻을 담았다. 그래서 '쇠약하다'는 뜻이 파생되었다.

570 겉 표

biǎo

모피 옷은 아름다움과 힘을 나타낼 수 있다. 하지만 사람들은 쉽게 얼룩이 지는 것을 두려워하여 겉옷을 덧대었지만, 한쪽 모서리로 털이 나오게 하여 모피 옷을 과시하는 것도 잊지 않았다. 이 때문에 표(表)는 모피 옷에 덧대는 겉옷을 의미하여, '표면(表面)', '표창(表彰)하다' 등의 의미로 확장되었다.

571 옷 길 원

yuán

아기가 입는 긴 옷을 말한다. 장기간의 농업사회 생활을 거치면서 상나라 사람들은 대체로 헐렁하고 긴 스타일의 옷을 입었다.

572 후손 예

yì

치맛자락이 있는 긴 옷을 말한다. 치마의 가장자리가 웃옷과 멀어서, '후예'나 '먼 자손' 등의 뜻으로 가차되었다.

573 **바느질할 치**

zhǐ

화려하게 수를 놓은 도안을 말한다. 천과 비단으로 꿰매진 옷은 옷깃의 가장자리가 해지는 것을 방지하기 위해 '교차되는 옷깃'의 형태로 꿰맸다. 아름답게 하기 위해서 귀족 계급들은 이 천 조각에다 자수를 놓았는데 이를 '치둔(黹屯)'이라 했다.

574 **엄숙할 숙**

sù

한 사람이 붓을 들고 대칭적인 도안을 그리고 있는데, 자수를 뜻하는 수(繡)의 원래 글자이다. 수를 놓을 때에는 실수를 하지 않도록 세심한 주의를 기울여야 한다. 그래서 '정숙(正肅)'이나 '엄숙(嚴肅)' 등의 뜻이 나왔다.

575 **그림 화**

huà

한 손에 붓을 들고 교차되는 십자선 모양을 그리는 모습이다. 밑그림은 자수의 첫 번째 단계로, 의류의 가장자리를 따라 새긴 '치둔(黹屯)'의 도안을 그렸을 것이다.

576 **물들일 염**

rǎn

수(水), 목(木), 구(九)의 3가지 성분으로 구성되어 있는데, 식물[木]의 즙[水]을 여러 번[九] 침투시켜 담그는 염색 작업을 의미한다.

577 **두 마리 용 답**

tà

이 글자는 습(襲)자에서 분리해 온 글자이다. 고급 관료의 의복에는 용을 그린 자수나 도안이 많이 들어 있다.

578 **먼데 경**

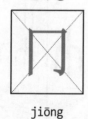

jiōng

경(冂)은 치마의 모습인데, 상(常)과 상(裳)의 어원이 되는 글자이다.

579 **슬갑 불**

fú

'슬갑(무릎 커버)'이 허리띠에 걸린 모습이다. 슬갑은 원래 목동이 일할 때 하체와 무릎을 보호하기 위한 가죽 옷이었다. 주(周)나라 민족이 슬갑을 중원 지역에 들여왔고 이후에 귀족들이 의식을 행할 때 사용하는 복장이 되었다.

580 **오히려 상**

shàng

『설문해자』에서는 북(北)이 의미부이고 향(向)이 소리부인 구조라고 여겼지만, 자형 속에서 북(北)자를 찾을 수도 없고 '덕을 숭상하다'는 의미도 찾을 수가 없다. 이후 '일찍이[曾]', '아마도[庶幾]'의 의미로 확장되었다.

581 **수건 건**

jīn

아래로 늘어뜨린 수건의 모양이다. 이는 고대 사회에서 모든 사람이 몸에 지니던 물건이었다.

582

옷 해진 모양

폐

bì

583

해질 폐

bì

폐(㡀)는 폐(敝)자에서 분리해 온 글자
이다. 폐(敝)는 한 손에 막대기 같은 도
구를 들고 옷(수건)을 두드리는 모습이
다. 이는 고대 사회에서 옷을 씻는 방법
인데, 이렇게 하면 옷이 잘 손상되므로
'해지다'는 뜻을 표현하게 되었다.

象 甲

584

시원할 상

shuǎng

큰 성인의 몸 양쪽에 정(井)자 모양의
부호가 더해졌다. 이는 옷의 올이 성기
고 거친 것을 상징하는데, 이런 옷을 입
으면 편안하고 시원하기에, '상쾌하다'는
뜻이 나왔다.

金

의복/의복제도와 장신구

585 **누를 황**

huáng

허리띠에 다는 옥패의 형상으로, 중앙의 원은 이 장식물의 주체가 되는 옥고리이며, 상단은 허리띠에 가까운 옥으로 만든 장식용 노리개며, 하단은 형아(衡牙) 및 옥으로 만든 장식용 노리개이다. 황(黃)의 본래 뜻은 '옥으로 장식한 노리개'이며, 이후 '노란색'으로 가차되었다.

586 **띠 대**

dài

윗부분은 허리띠로 조여진 옷의 허리 주름, 아랫부분은 연속된 옥 장식물이 달린 옷단이다. 허리띠는 옷을 조일 수 있을 뿐만 아니라 도구와 장식물을 다는데도 사용할 수 있었다. 이후 '휴대(携帶)하다'는 뜻으로 확장되었다.

587 **찰 패**

pèi

왼쪽은 서 있는 사람의 모습이고 오른 쪽은 넓은 허리띠 아래로 '목욕 수건'이나 '옥패'가 늘어뜨려진 모습이다.

588 **갓난아이 영**

yīng

목 주위로 조개껍질로 만든 장식이 고르게 매달려 있다. 목걸이 장식은 목을 에워싸고서 매달려 있기 때문에 '에워싸다'는 의미로 확장되었다.

金

589 **쓰개 모**

冒
帽

mào

어린 아이의 모자를 뜻하며, 가장 위쪽에 장식물이 달려 있고, 가운데는 모자의 몸통이고, 가장 아래쪽은 귀를 보호하기 위한 귀마개이다. 후에 '모(冒: 무릅쓰다)'로 변화하였고, '모험(冒險)'이나 '모실(冒失: 경솔하다)' 등의 뜻이 나왔다. 그렇게 되자 건(巾)을 더한 모 '(帽: 모자)'를 만들어 구분했다.

金 甲

590 신 리

履

lǚ

한 성인의 발에 배처럼 보이는 신발이 신겨진 모습이다. 신발의 형상을 단순히 그리게 되면 '주(舟: 배)'와 혼동하기 쉽다. 그래서 귀족이 신발을 신는 모습을 더해야만 했다.

金

591 빗 소

梳

shū

목(木)자와 머리를 숙이고 머리칼을 길게 늘어뜨린 사람의 모습인데, 이로부터 '빗'을 표현했다.

篆

592 같을 약

 若

ruò

갑골문에서 약(若)자는 두 손을 높이 들어 머리카락을 매끄럽게 빗질하는 모습이다. 금문에 근거해 볼 때, 약(若)과 약(叒)은 같은 글자의 앞뒤 자형임을 알 수 있다. 그래서 『설문해자』에서 말한 것처럼 '채소를 채취하다[擇菜]'라는 뜻이 아니라 '순조롭다[順暢]'가 원래 뜻이다.

篆 金 甲

593 **앞 전**

qián

594 **씻을 전**

jiān

한 쪽 발을 손잡이가 달린 쟁반에 넣고 씻는 모습이다. 발을 씻는다는 본래의 의미 외에도, '먼저', '~이전에'라는 뜻이 있는데, 아마도 사당에 들어가기 전에 발을 씻던 습관에서 비롯되었을 것이다.

595 **볼 감**

jiān

한 사람이 물동이에 기대어 내려다보고 있는 모습인데, 물에 반사된 자신의 모습을 보는 행위이다.

596 **땅 이름 매**

頮 沬

mèi

두 손으로 용기를 들고 귀족의 몸(머리)에 물을 부어 주는 모습으로, '몸을 씻다'는 의미이다. 금문에서 이 글자가 대량으로 사용되었는데, '말수무강(沬壽無疆: 만수무강)'으로 표현된다. 고대 사회의 관습에 의하면, 생일이 되면 목욕을 하고 새 옷으로 갈아입었는데, 일반 평민들은 생일잔치를 할 수가 없었기에 귀족의 형상을 가져와서 표현했다.

古 篆 金

597 **사사로이 취할 닙**

囜

nì

상자에서 옷을 꺼내거나 그러한 물품을 수집하고 보존하는 행위를 말한다.

甲

篆

제4부

일상생활❷
주거와 이동

주거/거주환경

598 **뫼 산**

shān

세 개의 봉우리가 연속된 산의 모습이다. 이후 바닥 부분이 점차 구부러진 모습으로 변했는데, 화(火)와 혼동되는 것을 피하기 위해 화(火)자에는 두 개의 점을 추가하여 구분했다.

金 甲

篆

---

599 **사람 산 위에 있을 헌**

xiān

사람(人)이 산(山) 위에 있는 모습이다.

篆

---

600 **언덕 높을 알**

yuè

바위 해안의 아래에서 볼 수 있는 높은 언덕을 말한다.

篆

601 **위태로울 얼**

niè

산 위에 움푹 파인 함정이 있는 모습인데, 사람이 실수로 떨어지기 쉽다는 것에서 '위험하다'는 뜻을 갖게 되었다.

篆

602 **언덕 구**

qiū

갑골문을 보면, 왼쪽과 오른쪽의 양쪽에 높은 언덕이 그려졌고 가운데는 물이 흐르는 골짜기의 모습이다. 금문에서는 필세가 바뀌어 왼쪽과 오른쪽의 세로로 선 획을 비스듬한 짧은 획으로 바꾼 다음 짧은 가로획이 더해졌다. 이는 한자 자형에서 일상적인 변화이다.

金 甲

603 **샘 천**

quán

갑골문을 보면, 물이 발원지에서 분출되는 모습을 그렸다. 사람들이 강에서 멀리 떨어져 있지만 지형이 낮은 움푹 파인 곳에서 샘을 파면 물이 분출되어 생활에 필요한 용수를 확보할 수 있다는 것을 발견했음을 표현했다.

甲

604 **근원 원**

yuán

금문의 자형에서 '천(泉: 샘)'자보다 획이 하나 더 많게 표현되었는데, 이는 샘물이 발원지에서 흘러나오기 시작함을 나타낸다. 샘물이 솟아나는 지점이 바로 흐르는 물의 발원지가 된다.

605 **넓은 들판 원**

yuán

평원을 뜻하는 원(原)의 원래 글자이다. 평원은 일종의 토지의 형상이라, 그림으로 그려내기가 어렵다. 발자국을 그려 짐승을 쫓아가는 상황을 그려내고, 농지를 개간하는 모습으로 평원이라는 개념을 그려냈다. 다만 자형이 너무 복잡하여 나중에 원(原)자를 가져와 이를 대신 표현했다.

606 **물 수**

shuǐ

물방울로 물의 흐름을 표현했다.

金

篆　金

金　甲　篆

① 동물　② 전쟁과 형벌　③ 일상생활 ①　❹ 일상생활 ②　⑤ 기물제작　⑥ 삶과 신앙

607 **재앙 재**

災
灾

zāi

갑골문에서 이 글자는 시간이 흐름에 따라 변한 모습으로 나타난다. 처음에는 여러 층으로 된 물결로 홍수가 범람하여 생긴 '재난'을 표현했다(〰). 그 다음에는 이 글자를 세로로 세우고 중간에 다시 가로획을 더하여 강물이 제방에 막혀 넘쳐흐르면서 생긴 '재앙'을 그렸으며(〰), 이어서 가로획을 재(才)로 바꾸어 소리부로 사용했다(〰). 또 다른 창의적 해석은 집안에 불이 난 모습으로 '재앙'을 표현했다는 것이다.

608 **허물 구**

jiù

사람의 머리 위를 다른 사람이 발로 짓밟는 모습을 그려, 일종의 재난임을 표현했고, 이후 구(口)라는 장식 부호가 더해졌다.

609 **계곡의 시내 간**

jiàn

갑골문에서 두 언덕 사이로 물이 흘러 가는 모습을 그렸는데, 나중에 형성구조로 대체되었다.

610 **고을 주**

zhōu

물이 흐르는 곳에 사람이 살 수 있는 땅이 있는 모습이다. 원래는 작은 땅을 지칭했으나 나중에는 큰 행정 구역을 지칭하는 개념으로 확장되어 주(州)와 주(洲)가 되었다. 자형도 작은 조각 세 개에서 세 개의 작은 주(州)로 바뀌었다.

611 **골 곡**

gǔ

계곡에서 흘러나온 물이 장애물에 부딪혀 갈라져 흐르는 모습이다.

612

입술둘레의
굽이 **갹**

jué

소전에서 입 속의 이빨에 난 무늬를 그렸는데, 이 모양이 골짜기를 뜻하는 곡 (谷)자와 너무 비슷해 형성 구조인 갹 (臄)을 바꾸어 썼다.

篆

613

우물 **정**

jǐng

갑골문에서는 네 줄의 나무를 쌓아 만든 사각형의 난간을 가진 우물의 모양인데, 고대에 우물을 만들던 방법을 보여준다. 먼저 나무를 흙속으로 넣고 네 줄의 나무 말뚝을 박은 다음 중간 부분의 흙을 파내고 다시 나무에 프레임을 씌운다. 금문에서는 사각형의 난간 속에 둥근 점이 하나 더해진 모습인데, 우물의 입구라는 이미지를 더욱 선명하게 드러냈다.

金 甲

614 **나무 깎을 록**

lù

우물에 도르래가 설치되어 있고 두레박에서는 작은 물방울이 튀어 나오는 모습이다. 도르래는 캡스턴(배에서 닻 등 무거운 것을 들어 올리는 밧줄을 감는 실린더)이 있는 기계적인 장치인데, 밧줄을 캡스턴에 통과시켜 두레박을 끌어 올려 물을 긷는다. 자형에서 볼 수 있듯, 두레박이 쉽게 기울어져 물이 잘 담도록 하기 위해 위아래가 좁고 중간의 몸통이 넓도록 그려졌다.

615 **고을 읍**

yì

갑골문은 두 부분으로 구성되었다. 절(卩)은 무릎을 꿇은 사람의 모습인데, 이는 집 안에서만 가능한 앉아 있는 모습이다. 국(囗)은 지역의 범위를 나타내는 데 사용된다. 그래서 이 둘이 합쳐진 읍(邑)은 특정 범위 내의 실내 생활을 의미한다.

616 **성곽 곽**

guō

갑골문의 중간이 사각형 또는 원형으로 된 범위 속에 네 개의 건물이 만들어진 모습이다. 이것은 사각형 또는 원형으로 된 성(城)을 표현했으며, 사면의 벽에 성루가 설치되어 주변의 움직임을 관찰하고 감지할 수 있게 했다.

❶ 동물　❷ 전쟁과 형벌　❸ 일상생활①　❹ 일상생활②　❺ 기물제작　❻ 삶과 신앙

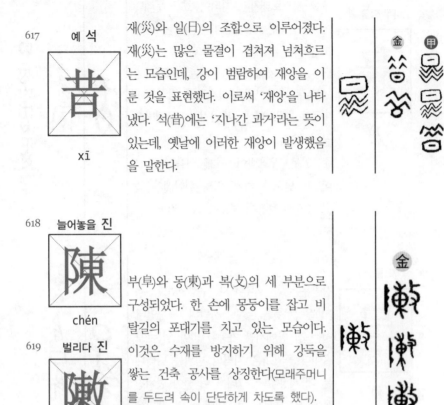

617 예 석

昔

xī

재(災)와 일(日)의 조합으로 이루어졌다. 재(災)는 많은 물결이 겹쳐져 넘쳐흐르는 모습인데, 강이 범람하여 재앙을 이룬 것을 표현했다. 이로써 '재앙'을 나타냈다. 석(昔)에는 '지나간 과거'라는 뜻이 있는데, 옛날에 이러한 재앙이 발생했음을 말한다.

618 늘어놓을 진

陳

chén

619 벌리다 진

陳

chén

부(阜)와 동(東)과 복(攴)의 세 부분으로 구성되었다. 한 손에 몽둥이를 잡고 비탈길의 포대기를 치고 있는 모습이다. 이것은 수재를 방지하기 위해 강둑을 쌓는 건축 공사를 상징한다(모래주머니를 두드려 속이 단단하게 차도록 했다).

620 가로막을 란

lán

초기 자형의 경우 대부분이 문에 포대기가 있는 모습인데, 홍수가 났을 때 물이 집안으로 들어오지 못하도록 한 조치였을 것이다. 나중에 석(夕)이 더해졌는데, 파손된 문틈 사이로 달이 보일 수 있고, 물이 들어가지 않도록 그 틈을 막아야 한다는 의미를 표현했을 것이다.

621 들 야

yě

숲을 뜻하는 림(林) 속에 사(士)가 있는 모습이다. 사(士)는 갑골문에서 수컷의 상징이다. 야(野)의 창제의미는 야외의 숲 속에 세워놓은 남성의 성기 숭배물일 것으로 추정되며, 이후 소리부인 여(予)가 더해졌다.

622 마을 리

lǐ

전(田)과 토(土)의 조합인데, 이후 '거주하다'는 뜻이 생겨났다.

623 **역참 우**

雨

yóu

수(垂)는 변방지역에 경계를 구분하기 위해 심어놓은 관목을 말하며, 읍(邑)은 사람들이 거주하는 곳을 말한다. 국경의 성읍에는 우편 통신을 위한 장소와 시스템이 구축되었으므로, 여기에 '우편(郵便)'의 뜻이 생겼다.

篆

624 **나라 국**

口

guó/wéi

특정한 범위를 표현하는데, 다른 글자에서 분리되어 나온 글자이다.

篆

625 **다룸가죽 위**

韋

wéi

원래는 네 개의 발이 거주 지역의 사방을 에워싸고 있는 모습으로, '포위(包圍)하다'는 뜻이었다. 그러나 갑골문에서 이미 두 개의 발이 생략되었다. 나중에 위(韋)가 '가죽'이라는 뜻으로 차용되자 다시 국(口)을 더하여 위(圍)를 만들어 구분했다.

篆 甲

주거/거주형식

626 **향할 향**

xiàng

입구가 단 하나 뿐인 뾰족한 지붕을 가진 집을 그렸다. 단순하게 지어진 반지하식 동굴 집의 경우, 입구가 하나만 있고 다른 통풍구는 없다. 집의 정면과 집의 방향을 표현했다. 그래서 향(向)에는 '어떤 방향을 향하다'는 뜻이 있게 되었다.

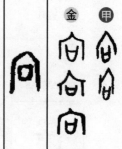

627 **집 면**

mián

벽과 지붕이 있는 집의 모습이다. 나중에 '집'을 상징하는 의미부로 많이 사용되었다.

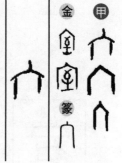

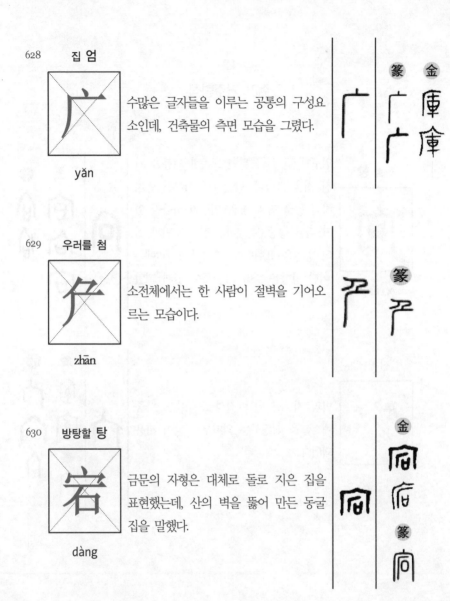

628 **집 엄**

广

yǎn

수많은 글자들을 이루는 공통의 구성요소인데, 건축물의 측면 모습을 그렸다.

篆 金

629 **우러를 첨**

㸆

zhān

소전체에서는 한 사람이 절벽을 기어오르는 모습이다.

篆

630 **방탕할 탕**

宕

dàng

금문의 자형은 대체로 돌로 지은 집을 표현했는데, 산의 벽을 뚫어 만든 동굴 집을 말했다.

金

篆

631　집 궁

gōng

갑골문에 두 종류의 자형이 존재한다. 몇 가지 가옥이 다른 형식의 칸막이가 있음을 나타내었고, 집을 상징하는 부호가 더해졌다. 가옥은 최초에 한두 사람을 수용하여 비바람을 막고 잠시 쉬는 곳이었다. 이후에 가옥의 면적이 커지면서 경사진 처마지붕이 있게 되었고, 더 이상 비로 인한 걱정을 할 필요가 없게 되었다.

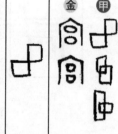

632　서울 경

京

jīng

높이 돌출된 땅 위의 세 줄짜리 나무 말뚝 위에 세워진 경사진 처마를 가진 건물을 그렸다. 줄지은 나무 말뚝 위에 세워진 집은 땅이나 기단 위에 지은 건물보다 높은데, 정치적·종교적 중심지라야 높이 솟은 건축물이 세워질 수 있었으므로, ‘경성(京城: 서울)’이라는 뜻이 나왔다.

633　누릴 향

享

xiǎng

경사진 처마가 있는 건물이 지면 위의 기단 위에 세워진 모습이다. 이렇게 기단을 쌓는 방식으로 신을 모시는 제단 건물이 만들어진다.

634 　**높을 고**

高

gāo

향(享)에서 분화한 글자로, 기단 위로 우뚝 솟은 건물을 그렸다. 이러한 건물의 높이는 평범한 집보다 높다. 건물 아래에 그려진 구(口)는 변천 과정에서 생겨난 의미 없는 빈칸일 수도 있다.

金 甲

635 　**돈대 대**

臺

tái

향(享)자 하나가 또 다른 향(享)자 위에 중첩된 모양이다. 대(臺)는 여러 층으로 된 계단 위에 세어진 건물의 모습이다. 아래쪽의 지(至)는 층계의 모습이거나 건물 앞에 세워진 표시물일 수 있다.

篆 甲

636 　**다락 루**

樓

lóu

향(享)자가 경(京) 위에 중첩된 모습이다. 자형에 근거해 볼 때, 경(京)자는 고상 건물로, 아래쪽 바닥에 기둥만 있고 나머지는 비워놓은 상태이며, 향(享)은 견실한 기단 위에 세워진 건물을 말한다. 이를 종합하면 이 글자는 2층으로 된 건물을 표현했는데, 바로 루(樓)자를 말한다.

金 甲

637   **땅 이름 박**

bò

한 때 상나라의 수도였던 유명한 도시이다. 일반적으로 고(高)가 의미부이고 탁(乇)이 소리부인 구조로 본다. 그러나 고(高)의 아랫부분이 다양한 모습으로 등장하는 것으로 보아 소리부가 아닐 수 있다. 전체 글자는 고층 건축물 앞에 세워진 토템과 같은 특별한 행정 센터의 로고를 표현했다.

638   **부탁할 탁**

zhé

이는 댁(宅)과 박(亳)에서 분리되어 나온 글자이다. 『설문해자』에서는 풀잎의 새싹이 돋아나는 모습이라고 했지만, 갑골문의 댁(宅)과 박(亳)자의 필사법에 근거해 보면 초목과는 무관해 보인다.

639   **높을 교**

qiáo

고층 건물 위에 구부러진 모양의 고귀한 장식품이 달린 모습이며, 이로부터 '높다'는 뜻이 나왔다.

640 언덕 부

阜 阝

fù

갑골문에서는 사다리를 그렸다. 이 사다리는 2층으로 올라가는 데 필요한 필수 장치이다. 상나라에서 2층 건물은 귀족들이 신에게 제사를 드리는 장소였기 때문에 하늘로 올라갈 수 있는 마법의 도구로 여겨졌다. 사다리의 형상은 수평과 사선이 교차된 모습인데, 줄여서 쓸 때에는 세 개의 사선만으로 위로 향하게 그렸다. 주나라에 들어서는 이 세 개의 위로 향한 사선이 산(山)(𠂤)자와 혼용되어 사용되었기 때문에 부(阜)가 원래 '사다리'였다는 사실을 잘 몰라보게 되었다.

篆 古 甲

641 오를 척

陟

zhì

위층으로 올라가는 모습을 그렸는데, 두 발이 앞뒤로 놓여 사다리를 타고 계단을 올라가는 모습이다. 거주하는 집이 상하층 구조로 되었기에 위·아래층을 오르내릴 필요가 있었다.

甲

642

내릴 강

항복할 항

아래층으로 내려가는 모습을 그렸는데, 두 발이 앞뒤로 놓여 사다리를 타고 계단을 내려가는 모습이다.

jiàng/
xiáng

643

내릴 강

강(降)에서 분리해 나온 글자로, 두 발이 사다리를 따라 내려가는 모습을 그렸다.

jiàng

644

큰 언덕 릉

갑골문의 자형을 보면, 한쪽 발을 들어 올리며 사다리를 기어오르는 모습이다. 그래서 '~을 넘다', '능가하다'는 뜻이 생겼다. 금문에서는 사람의 머리에 세 개의 획을 추가하여 물품을 위층으로 옮길 때 물건을 머리에 이어야만 계단을 오르내리는 것이 편리함을 표현했다.

líng

주거/초기가옥

645 **북녘 북**

běi

갑골문에서 서로 등을 지고 있는 두 사람을 그렸는데, '북쪽'을 지칭하게 되었다. 해가 매일 동쪽에서 떠오르기 때문에 사람들은 먼저 '동쪽과 서쪽'이라는 방향감각이 생기게 되었고, 그런 다음 다시 '남쪽과 북쪽'이라는 방향감각이 생기게 되었다. 고대인들이 집을 지을 때 남향으로 많이 지었기 때문에 북(北)이 집을 등진 방향을 지칭하게 되었을 것이다.

金 甲
篆

646 **각각 각**

gè

발 하나가 반 지하식의 움집으로 들어가는 모양이며, 이로부터 '오다', '내려가다' 등의 뜻이 나왔다. 상나라 때에는 대다수의 사람들이 반 지하식의 움집에 살았다.

金 甲

647 **날 출**

chū

발 하나가 움집 밖으로 걸어 나가는 모습을 그렸는데, 이로부터 '집을 나서다', '밖으로 나가다'의 뜻이 나왔다.

金 甲

648 **안 내**

nèi

움집의 모습을 그렸다. 초기에는 반 지하식의 움집에 살았는데, 열고 닫을 수 있는 출입문은 없고 들고 날 수 있는 출입구가 하나 있을 뿐이었다. 글자에 든 입(入)은 그런 출입구에 단 커튼[簾]일 것이다.

金 甲

649 **밖 외**

wài

'점치다'는 의미의 복(卜)의 자형과 완전히 같다. 복(卜)은 점을 칠 때 뼈의 표면에 금이 갈 수 있도록 하기 위해 불로 지져 나타난 갈라진 금의 모습을 말한다.

甲
金

650 **물러날 퇴**

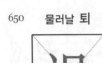

退

tuì

내(內)와 지(止)의 결합으로 이루어졌다. 한 발이 집 안에 있는 모습이다. 고대 사람들은 아침 일찍 일을 하러 갔다가 일을 끝내면 집으로 돌아와 쉬었는데, 이로부터 '되돌아오다', '퇴각(退却: 물러나다)' 등의 뜻이 나왔다.

651 **말더듬을 눌/눌**

肉

nà

갑골문의 자형으로 볼 때, 창제의미는 '구(口)'와는 상관이 없고, 고대 동굴 집에 살던 모습을 반영한 것으로 보인다.

652 **살 처**

處

chù

자형이 '퇴(退)'와 비슷하지만, 문의 커튼이 열리지 않은 것으로 보아 집 안에 있는 사람들이 아직 나가지 않았음을 나타낸다. 이로부터 '편안하게 거처하다'는 뜻이 나왔다.

653 **지게 호**

hù

완전히 지상에 지은 집에는 지게문(戶)이 달렸다. 호(戶)자는 나무 기둥 하나에 설치된 외짝 나무판을 말한다. 나무판의 면적이 컸기 때문에 여러 조각의 나무 보드를 붙여서 만들었다. 자형에서는 두 개의 나무판으로 다수의 나무판을 상징하였다.

654 **넓적할 편**

biǎn

'책(冊: 죽간 엮음)'은 편평하게 만든 대나무를 엮어서 만들어지는데, 문이나 지게문이 대나무를 엮어 만든 책[簡冊]처럼 편평한 나무판을 연결시켜 만들었음을 나타냈다.

655 **문 문**

mén

갑골문의 자형은 두 개의 나무 기둥에 각각 여러 개의 나무판을 합쳐 만든 '문'이나 지게문'의 모습이다. 상나라에서 호(戶)는 개별 주택의 출입구였으며, 문(門)은 여러 사람이 함께 모여 사는 정착지에서 공동으로 사용하는 출입문이었다.

① 동물 ② 전쟁과 형벌 ③ 일상생활① ❹ 일상생활② ⑤ 기물제작 ⑥ 삶과 신앙

656　열 벽

pì

금문을 보면 양손으로 두 짝의 문을 여는 모습이다. 이로부터 '열다'는 뜻이 나왔다. 이후 소전에서 문(門)이 의미부이고 벽(辟)이 소리부인 형성구조로 바뀌었다.

篆　金

657　틈 간

jiān

달빛이 문 틈 사이로 들어와 비추는 장면으로써 '구멍의 틈'이라는 의미를 표현했다. 금문에서는 월(月) 옆에 복(卜)자를 더해 '갈라진 틈'을 강조했다.

篆　金

古

658　막을 한

xián

문 아래의 나무는 문턱을 말하는데, 이로부터 문을 나가지 않고 '집에서 쉬다'는 의미를 나타냈다.

金

篆

659   **열 개**

kāi

두 손으로 문을 잠가 놓았던 잠금장치(빗장)를 풀어 문을 여는 모습이다.

660   **열 계**

qǐ

호(戶)와 구(口)의 조합으로 이루어졌는데, 입(口)으로 소리를 내 문을 열어달라고 하는 모습을 나타냈다.

661   **사립문 선**

shàn

깃털을 모아 짜서 만든 부채를 말하는데, 모양이 지게문과 비슷해서 호(戶)가 들어갔다.

篆 開

古 開

甲

篆

篆 扇

① 동물

② 전쟁과 형벌

③ 일상생활①

❹ 일상생활②

⑤ 기물제작

⑥ 삶과 신앙

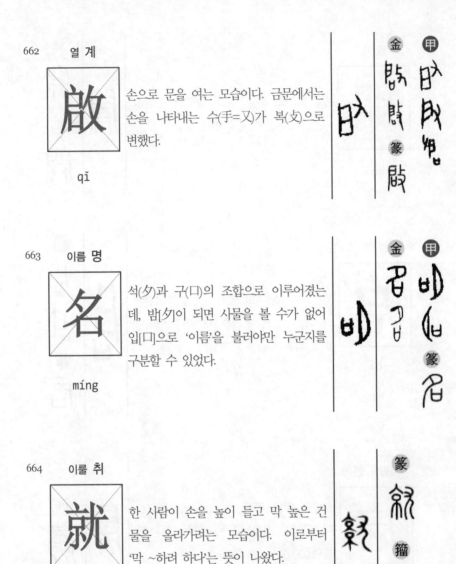

662 　열 계

啟

qǐ

손으로 문을 여는 모습이다. 금문에서는 손을 나타내는 수(手=又)가 복(攴)으로 변했다.

663 　이름 명

名

míng

석(夕)과 구(口)의 조합으로 이루어졌는데, 밤[夕]이 되면 사물을 볼 수가 없어 입[口]으로 '이름'을 불러야만 누군지를 구분할 수 있었다.

664 　이룰 취

就

jiù

한 사람이 손을 높이 들고 막 높은 건물을 올라가려는 모습이다. 이로부터 '막 ~하려 하다'는 뜻이 나왔다.

665 **오를 진**

zhèn

문 앞에 몇 층으로 된 계단이 있는데 (일반적으로 부유한 집은 3층으로 된 계단이 설치되었다), 사람들이 편하게 출입하도록 한 것이다. 이로부터 '올라가다'는 뜻이 생겼다.

666 **닫을 폐**

bì

두 짝의 문에 이미 빗장이 채워져 있는 모습이며, 이로써 '닫다'는 뜻을 나타냈다.

667 **창 유**

yǒu

창을 의미하는데, 자형이 이미 원래의 모습을 잃어 창제의미를 추정하기가 쉽지 않다. 그러나 유(牖)가 형성자가 아닌 것은 분명하다.

❶ 동물

❷ 전쟁과 형벌

❸ 일상생활①

❹ 일상생활②

❺ 기물제작

❻ 삶과 신앙

668 **윤달 윤**

rùn

왕(王)이 문(門) 안에 서 있는 모습이다. 오행설에 따르면 '고삭(告朔: 제후들에게 달력을 나누어주는 일)' 의식 때 왕은 종묘에 기거했으며, 윤달 때에는 문안에 기거해야 한다고 했다.

篆

669 **빛날 경**

jiǒng

둥근 창의 모습이다. 다른 둥근 것들과 구별하기 위해 세 개 또는 네 개의 짧은 선이 원에 추가되었다.

670 **창 창**

chuāng

창틀이 있는 창문의 모습인데, 벽에 설치된 환기 장치로 사용되었다.

篆
古

671 **밝을 명**

明

míng

'창과 '달'의 조합으로 이루어져, 달빛이 창문을 비추어 실내를 밝게 비추는 것을 의미한다. 창문을 그렸던 부분이 줄어서 대부분 해를 뜻하는 일(日)로 변했다.

672 **밝을 량**

亮

liàng

사람이 높은 건축물 안에 있는 모습을 그렸다. 높은 방은 조명이 좋기 때문에 '밝음'의 의미를 갖게 되었다.

篆

673 **암기와 환**

㡀

huán

집안에 무기로 쓰는 창이 놓인 모습이다. 그러나 '지붕의 기와[屋瓦]'라는 의미를 나타낸다. 갑골문의 몇몇 자형에서는 지붕에 다양한 형태의 장식이 달린 모습이지만, 기와는 아직 출토되지 않았다. 그래서 원래는 지붕 위에 있는 창과 같은 장식을 나타냈을 것으로 추정되지만, 의미가 '기와'로 변했다.

篆

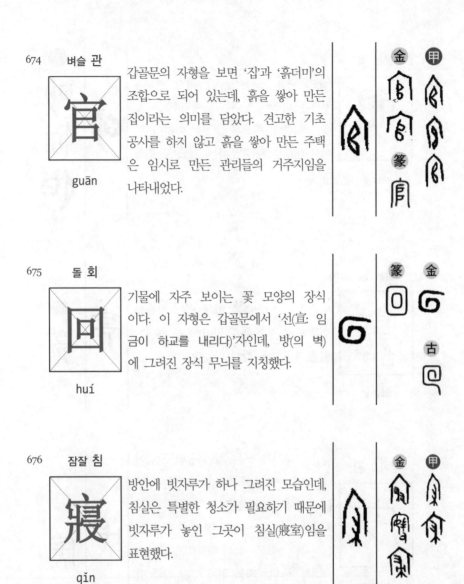

674　벼슬 관

官

guān

갑골문의 자형을 보면 '집'과 '흙더미'의 조합으로 되어 있는데, 흙을 쌓아 만든 집이라는 의미를 담았다. 견고한 기초 공사를 하지 않고 흙을 쌓아 만든 주택은 임시로 만든 관리들의 거주지임을 나타내었다.

675　돌 회

回

huí

기물에 자주 보이는 꽃 모양의 장식이다. 이 자형은 갑골문에서 '선(亘: 임금이 하교를 내리다)'자인데, 방(의 벽)에 그려진 장식 무늬를 지칭했다.

676　잠잘 침

寢

qǐn

방안에 빗자루가 하나 그려진 모습인데, 침실은 특별한 청소가 필요하기 때문에 빗자루가 놓인 그곳이 침실(寢室)임을 표현했다.

677 **찰 한**

寒

hán

한 사람이 네 개(많음을 표시)의 풀 속에 든 모습이다. 사람들은 처음에는 땅에서 잠을 자다가 이후에 마른 풀을 깔고 잤다. 이것이 추위를 충분히 막아줄 수 없었기에 '차갑다'는 의미를 갖게 되었을 것이다.

678 **막을 색**
변방 새

塞

sè/sāi

갑골문은 집안에서 두 손으로 도구를 잡고 있는 모습인데, 집에 생긴 구멍이나 틈을 '틀어막아' 난방을 유지할 수 있도록 한 조치로 보인다. 이로부터 '틀어막다'는 뜻이 나왔다.

679 **숨을 닉**

匿

nì

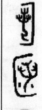

금문은 한 사람이 어떤 장소에 숨어있는 모습을 그렸다. 발견되지 않았기에 양손을 위로 들어 즐거워하는 모습이다. 이로부터 '숨다'는 뜻이 나왔다.

❶ 동물

❷ 전쟁과 형벌

❸ 일상생활①

❹ 일상생활②

❺ 기물제작

❻ 삶과 신앙

680 묵을 숙

sù

한 사람이 짚으로 짠 돗자리에 누워 있거나, 집 안의 돗자리에서 누워 자는 모습이다. 그 당시에 이미 마른 풀을 깔고 자는 것에서 짚으로 짠 돗자리에서 자는 것으로 개선되었다. 이는 밤에 자는 오랜 잠을 표현했으므로, '숙박(宿泊)'이나 '하룻밤'이 지난 시간을 지칭하는데 쓰였다.

681 핥을 첨

tiàn

갑골문에서 금문에 이르는 자형 변화를 살펴보면, 이 글자는 원래 돗자리를 그렸던 것으로 보이는데, 이후 필획이 변해 초기의 의미를 상실했다.

682 인할 인

yīn

잘 때 사용하는 침구를 말하는데, 짠 돗자리가 가장 일반적이다. 이후 원인을 나타내는 문법소로 가차되었다. 그러자 초(艹)를 더한 '인(茵: 깔개)'자를 만들어 구분했다.

683 자리 석

xí

고문체에서는 집 안에서 사용하는 돗자리의 모습이다. 이후 형성구조로 바뀌었다.

篆 席
古 囷
囷

684 우러를 첨

xiè

'시(尸: 주검)'와 '자(自: 코)'의 조합으로 이루어져, 사람이 잠자면서 코고는 소리를 낸다는 뜻에서 '숙면(熟眠)'임을 표현했다.

篆 眉
眉

685 병들어 기댈 녁

nè

짚으로 만든 돗자리는 습기를 근원적으로 차단할 수 없었기에, 점차 침대에서 잠을 자는 방식으로 개선되었다. 이 자형을 가로로 눕혀 보면, 한 사람이 다리가 달린 침대 위에 누워있는 모습이다. 상나라 때에는 돗자리 위에 자는 것이 일상적이었기 때문에 침대 위에 놓인 사람은 병이 났음을 상징했다.

甲 爿

686 병 질

疾

jí

한 사람이 화살에 맞아 부상을 당해 쓰러진 모습을 그렸다. 내상으로 인해 침대에 누워있는 녁(疒)자와는 달리, 질(疾)은 외상을 입은 환자를 지칭했다. 또 다른 해석은 병이 나는 것을 모두가 싫어했기 때문에 질(疾)에 '혐오하다'는 뜻이 생겼다고도 한다.

687 나뭇조각 장

爿

qiáng

갑골문에서 장(爿)이 포함된 글자들을 보았을 때, 장(爿)은 병이 났을 때 눕는 '침대'를 말한다. 때로는 음식물을 올려 놓은 탁자를 말하기도 한다.

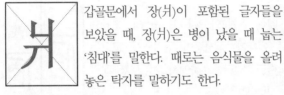

688 꿈 몽

夢

mèng

눈썹이 크게 그려진 귀족이 침대에서 자는 모습인데, 눈을 크게 뜨고 마치 무언가를 보는 것처럼 그려졌다. 고대의 귀족들은 중요한 결정을 내리기 전에 강제로 약을 먹고 잠을 자 꿈에서 문제의 해결방안을 얻고자 하는 습속이 있었다. 의외로 사망할 가능성도 있었고, 또 그의 신분이 존귀하고 높았던지라 특별히 침대 위에 누워 꿈을 꾸도록 했다.

689 **집 실**

shì

갑골문 자형을 보면, 집 안[宀]에 지(至) 자가 든 모습이다. 집 안의 다용도 공간을 의미하며, 면(宀)이 의미부이고 지(至)가 소리부인 형성구조이다. 금문에서는 집안에 지(至)가 두 개 든 모습의 복잡한 자형이 등장하기도 한다.

690 **관청 청**

tīng

집 안에 '청(聽, 듣다)'자가 든 모습이다. 이는 집 안에서 중요한 일을 처리할 수 있는 넓은 공간을 의미한다. 면(宀)이 의미부이고 청(聽)이 소리부인 형성구조이다.

691 **조정 정**

tíng

정(廷)은 신하들이 왕에게 경의를 표할 때 서는 곳으로, 대청마루에서 아래위로 오르내리는 계단을 대각선 그림으로 표시했다.

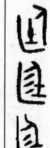

692 **자리 위**

wèi

금문에서 처음으로 입(立)자를 사용해 표현했고, 여기에다 소리부인 위(胃)가 더해진 모습이다. 아마도 필획이 너무 복잡해서 간단히 줄인 위(位)로 변했을 것이다. 사람들이[시] 서 있는[立] '위치'라는 뜻을 나타낸다.

金

篆

693 **집 옥**

wū

'집'을 말한다. 고대 한자의 자형으로 볼 때 '대(臺: 누대)'와 마찬가지로 지(至)로 구성되었는데, 비슷한 의미를 가져왔다고 생각된다.

古

篆

籀

694 **갈 거**

qù

한 사람이 두 발을 비틀어 구덩이에 쪼그리고 앉은 모습을 그렸다. 사람이 구덩이에 웅크리고 앉아서 배변을 보는 모습이며, 이로부터 '버리다'는 뜻이 나왔다고 추측하는 것이 합리적일 것이다.

甲

695

뒷간 혼

hùn

집돼지나 멧돼지 한 마리가 우리에 갇힌 모습이다. 혹은 많은 돼지가 집 안에 있는 모습도 있다. 고대에는 비료를 쉽게 모으기 위해, 사람들의 화장실과 돼지우리를 한 곳에다 만들었다.

696

할미새 옹

雍

yōng

가장 복잡한 자형인 경우, '궁(宮: 집)', '수(水: 물)', '조(鳥: 새)'의 세 가지 요소로 구성되었다. 물이 흐르고 새가 지저귀는 대형 궁전 안뜰로, 매우 고급스런 건물을 말한다.

697

얼굴 용

róng

금문으로 볼 때, 면(宀)이 의미부이고 공(公)이 소리부인 형성 구조이다. 이후 소전에서 면(宀)과 곡(谷)으로 구성된 회의 구조로 바뀌었다. 곡(谷)은 물이 흘러나오다 장애물을 만나 갈라지는 모습을 그렸다. 용(容)은 '수용(受容)하다', '포용(包容)하다는 뜻으로 쓰이는데, 산과 돌과 샘물을 다 수용할 수 있는 화원만큼 거처하는 곳의 면적이 크다는 뜻을 반영하였다.

1 동물 2 전쟁과 형벌 3 일상생활① ❹ 일상생활② 5 기물제작 6 삶과 신앙

제4부 **일상생활 ❷** 거주와 이동 **261**

698　동산 유

yòu

어떤 특정 지역을 초목을 심는 원예지로 구분해 놓은 모습이다. 이곳은 귀족들이 사냥이나 잔치를 행할 때 전체를 에워싸 다른 사람들이 제멋대로 출입하지 못하도록 한 곳이라는 의미를 담았다.

甲

金

古

주거/기물과 설비

699 기와 와

wǎ

불에 구운 도기를 일반적으로 부르는 명칭이다. 소전에서는 두 개의 기와가 서로 겹쳐져 서로를 물고 있는 모양인데, 아마도 기와가 용마루나 지붕에 놓인 모습을 그렸을 것이다.

篆

700 샐 루

lòu

빗물이 지붕의 갈라진 틈으로 흘러내리는 모습을 그렸다.

篆

❶ 동물

❷ 전쟁과 형벌

❸ 일상생활①

❹ 일상생활②

❺ 기물제작

❻ 삶과 신앙

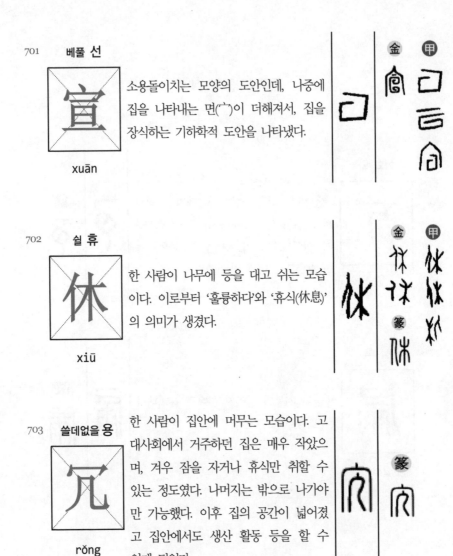

701 **베풀 선**

宣

xuān

소용돌이치는 모양의 도안인데, 나중에 집을 나타내는 면(宀)이 더해져서, 집을 장식하는 기하학적 도안을 나타냈다.

702 **쉴 휴**

休

xiū

한 사람이 나무에 등을 대고 쉬는 모습이다. 이로부터 '훌륭하다'와 '휴식(休息)'의 의미가 생겼다.

703 **쓸데없을 용**

冗

rǒng

한 사람이 집안에 머무는 모습이다. 고대사회에서 거주하던 집은 매우 작았으며, 겨우 잠을 자거나 휴식만 취할 수 있는 정도였다. 나머지는 밖으로 나가야만 가능했다. 이후 집의 공간이 넓어졌고 집안에서도 생산 활동 등을 할 수 있게 되었다.

704 **도둑 귀**

guǐ

갑골문 자형에 의하면, 사람이 치는 도구를 들고 집안에 있는 해충을 죽이는 모습이다. 금문에서는 손과 도구가 생략되었다. 어떤 경우에는 면(宀)을 궁(宮)으로 복잡하게 쓰기도 했다. 고문체에서는 심(心)이 더해져 '궁리를 하다'는 의미와 연계되었다.

705 **어질 온**

wēn

한 사람이 그릇에서 목욕을 하는 모습이다. 일반적으로 따뜻한 물로 목욕을 하기에, 이를 빌려와 '따뜻하다'는 추상적 감각인 온(溫)을 표현했다. 이후의 자형에서는 물방울이 하나의 원으로 연결되어 버렸다.

706 **베개 침**

zhěn

목(木)과 임(冘)으로 구성되었는데, 목(木)은 베개를 만드는 재료를 뜻하고 임(冘)은 소리부이다. 한 사람이 베개를 베고 누워있는 모습이다.

707 **벗어날 누**

lòu

글자의 의미는 '숨기다'는 뜻이다. 어떤 물건이 상자 속에 숨겨진 모습이다.

708 **가운데 앙**

yāng

정면으로 대자로 누운 사람의 모습인데, 목에 베개를 베고 있다. 임(尤)과 대조해 볼 때, 임(尤)이 옆으로 누운 모습이라면 앙(央)은 정면으로 누워있는 모습이다.

709 **쌓을 저**

zhù

710 **쌓을 저**

zhù

저(貯)는 거래에 사용되던 조개껍질로 만든 화폐가 저(宁) 모양으로 된 상자 속에 보관된 모습이다. 저(宁)는 어떤 물건을 보관하기 위한 궤짝이라 생각되며, 그래서 자형에서 그린 모습은 궤짝의 측면 모습이다. 사람들이 옷을 입기 시작하면서 옷을 보관할 수 있는 궤짝도 필요했다.

711 **찾을 심**

xún

손을 좌우로 펼쳐, 집에 없어서는 안 될 돗자리 같은 것의 길이를 재는 모습이다. 두 팔 사이의 길이가 심(尋)인데, 2미터보다는 약간 짧다.

❶ 동물

❷ 전쟁과 형벌

❸ 일상생활①

❹ 일상생활②

❺ 기물제작

❻ 삶과 신앙

712 **대 기**

jī

갑골문에서 기(其,)는 원래 '키'를 그린 것이었다. 금문에 들면서 나 와 같이 써 더 복잡해지기도 했고, 또 와 같이 써 간단해지기도 했다. 간단한 자형에 근거해 사람들은 낮은 안석(案席)이라고 풀이했다.

篆 金

713 **기댈 빙**

凭

píng

한 사람이 '안석(案席: 다리가 짧은 책상)'에 팔을 기대어 놓고 수를 놓는 모습을 그렸는데, 이로부터 '기대다는 뜻이 나왔다.

篆

714 **있을 거**

居

jū

한 사람이 '안석(案席: 다리가 짧은 책상)'에 앉아있는 모습이다. 안석은 집 밖에서 임시로 앉을 수 있는 걸상인데, 춘추시대 후기에 이르러서야 비로소 등장한다.

篆

715 **안석 궤**

ji

식사를 위한 낮은 탁자로, 나중에는 좌석을 나타내는 낮은 탁자로도 사용되었다. 춘추시대 후기에 들어서는 동이족들이 야외에서 걸상처럼 된 간단한 접의자에 앉아 있는 모습이지만, 기(丌)의 자형에 더 가까워 보인다. 이후 형체도 독음도 서로 비슷해서 혼용하게 되었다.

716 **숨쉴 괴**

kuì

717 **풀이름 괴**

kuì

『설문해자』에 이 글자는 수록되지 않았다. 그러나 괴(𠧪)를 소리부로 삼는 글자가 있는데, 괴(𠧪)로 구성된 외(聭)(𩖅)자로 추론해 보건대, 이 자형은 한 손으로 나뭇잎을 모아 삼태기[畚器, 簸箕]에 담는 모습을 그린 것으로 추정된다.

① 동물
② 전쟁과 형벌
③ 일상생활①
④ 일상생활②
⑤ 기물제작
⑥ 삶과 신앙

篆

718   잠깐 유

臾

yú

719   상할 괴

𧰼

kuì

괴(𧰼)자의 고문자 자형에 근거해 볼 때, 유(臾)자는 양손으로 청소 도구를 들고 있는 모습이다.

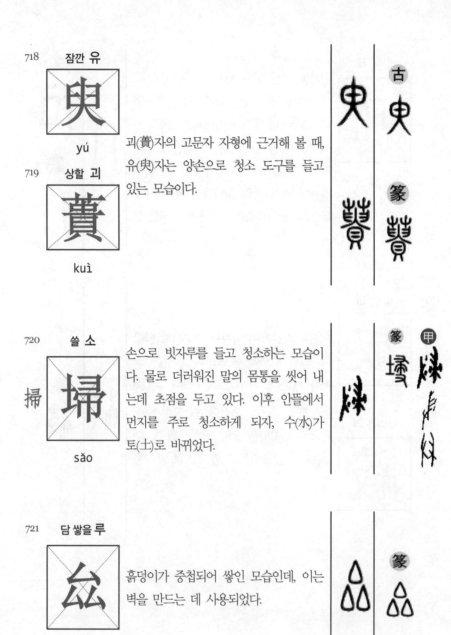

720   쓸 소

掃 埽

sǎo

손으로 빗자루를 들고 청소하는 모습이다. 물로 더러워진 말의 몸통을 씻어 내는데 초점을 두고 있다. 이후 안뜰에서 먼지를 주로 청소하게 되자, 수(水)가 토(土)로 바뀌었다.

721   담 쌓을 루

厽

lěi

흙덩이가 중첩되어 쌓인 모습인데, 이는 벽을 만드는 데 사용되었다.

722 늙은이 수

찾을 수

搜

叟

sōu   sǒu

사람이 손에 횃불을 들고 집에서 무언가를 찾는 모습을 그렸다. 실내에서 횃불로 조명을 삼으면 화재가 잘 발생할 수 있다. 횃불은 무언가를 찾기 위해 잠시 사용해야만 했다.

篆 甲

723 빛 광

光

guāng

무릎을 꿇은 사람이 머리에 불꽃(등잔 받침대)을 인 채 불을 밝히는 모습이다. 상나라 때에 이미 기물에 기름을 담아 불을 켰음을 알 수 있다.

金 甲

724 그윽할 유

幽

yōu

화(火)와 두 가닥의 실로 구성되어, 심지를 태워 '불을 밝히다'는 의미를 표현했는데, 불빛이 희미하다는 의미를 나타낸다.

金 甲

① 동물

② 전쟁과 형벌

③ 일상생활①

❹ 일상생활②

⑤ 기물제작

⑥ 삶과 신앙

725 **연기 낄 훈**

xūn

양쪽 끝을 실로 묶은 주머니로, 주머니 속에 여러 가지 물건이 든 모습이다. 이는 향을 넣은 주머니 즉 향낭(香囊)인데, 향기로운 꽃잎을 말려 넣어 옷에 향기가 스며들게 하는데 쓰였으며, 또 가지고 다니면서 어디에서나 향기를 풍길 수 있게 했다.

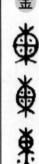

726 **바구니 람**

籃

lán

고대의 자형인 에서는 집안에 초기의 향로에서 풀 묶음 두 단을 불로 태우는 모습이다. 이후 물건을 담는 용기를 말했다. 소전에서는 죽(竹)이 의미부이고 감(監)이 소리부인 형성구조로 바뀌었다.

727 **말갈기 엽**

liè

한 마리 애벌레의 모양인데, 아마도 백랍벌레로 보인다. 백랍벌레의 분비물은 양초를 만드는 재료로 쓰인다.

728 보낼 송

送

sòng

두 손으로 거리에서 횃불을 들고, 공손히 손님을 환송하는 모습이다.

729 등불 형

熒

yíng

금문 자형에서는 두 개의 횃불이 서로 교차되어 지탱하는 모습인데, 집안을 밝히던 양초와는 다른 실외 조명기구이다.

篆 金

이동/교통수단 발명 이전

730 **걸음 보**

步

bù

걸을 때 한 발은 앞에 다른 한 발은 뒤에 놓인 모습이다. 교통수단이 발명되기 전, 목적지에 도달하기 위해서는 두 발로 걸어야만 했다.

731 **발 지**

止

zhǐ

발의 모양이다. 빨리 필사하기 위해 대부분 발가락이 세 개로 줄었는데, 옆으로 튀어 나온 발가락이 엄지발가락이다.

732 **뭍 륙**

陸

lù

갑골문의 자형에서 언덕 옆의 편평한 땅에서 덤불이 자라는 곳이 '땅'임을 표현했다. 육(陸)자는 원래는 산(山)이 의미부였으나, 이후 '산(山: 연이어진 봉우리)'과 '부(阜: 사다리)'의 자형이 혼재되어 사용되다가 나중에는 부(阜)가 대표로 남았다.

텃밭을 걸어 지나갈 때 채소가 짓밟히지 않도록 조심하거나 우회해야 한다. 그래서 '장애물이 있어 걷기 어렵다'는 의미이다.

zhì

734　빽빽할 울

한 사람이 빽빽한 숲 속을 걸어가는데, 발이 물건에 걸려 나아가기 어려운 모습을 그렸다.

yù

735　나무 빽빽할 삼

나무가 매우 많은 숲으로 '삼림'의 의미를 그렸다.

sēn

736 **모형 초**

chǔ

림(林)이나 삼(森)과 정(正)으로 조합되었다. 정(正)은 '정벌하다'는 뜻인데, 성읍으로 나아가 정복하다는 뜻이다. 초(楚)자의 의미 중 하나는 '가시'이며, 다른 하나는 나라 이름으로서의 '초'이다. 아마도 거기로 가는 길이 가시밭길임을 그렸을 것이다.

737 **평평할 견**

开

jiān

738 **모형나무 형**

jīng

견(开)은 형(荊)자에서 분리된 글자이다. 금문에서 형(荊)자는 한 자루의 칼(刀)이나 쟁기에 풀이나 나무가 놓인 모습이다. 가시가 많은 곳이라 칼로 그것을 잘라내 길을 내야만 갈 수 있었을 것이다. 이후 정(井)자가 더해졌는데, 가시덤불을 제거해야만 우물을 파고 그곳에 머물러 살 수 있다. 견(开)은 바로 이 정(井)자가 잘못 변한 자형이다.

멧대추나무 극

자(束)는 가시가 있는 작은 나무를 말한다. 두 개의 자(束)를 사용해 가시투성이의 작은 나무숲을 표현했다.

jí

篆

740 **알릴 고**

구덩이에 어떤 표시 팻말이 꽂힌 모습인데, 이로써 다른 사람이 구덩이에 빠지지 않도록 경고했다.

gào

金 甲

篆

741 **흉할 흉**

구덩이를 그렸는데, ×는 위를 덮은 것을 나타낸다. 구덩이는 위험한 장소이므로 '위험하다'는 의미가 생겼다.

xiōng

篆

❶ 동물　❷ 전쟁과 형벌　❸ 일상생활①　❹ 일상생활②　❺ 기물제작　❻ 삶과 신앙

742 **발 소/필 필**

shū/pǐ

다리와 발의 발가락을 그렸다. 갑골복사에 '질지(疾止)'와 '질서(疾疋)'라는 표현이 있는데, '질지(疾止)'가 길을 걸을 때 발에 생기는 병에 초점이 맞추어져 있다면, '질서(疾疋)'는 두 발에 생긴 부상에 중점을 두었다.

743 **갈 지**

zhī

지면 위에 서 있는 사람의 발을 그려, 이 지점임을 나타냈다. 이후 '이것'이라는 지시대명사로 사용됐다.

744 **초목 무성할 왕**

wáng

갑골문의 의미는 '앞으로 나아가다'인데, 발 하나가 어떤 물체 위에 놓인 모습을 형상했다.

745 껄끄러울 삽

sè

갑골문에서는 같은 방향으로 놓인 여러 개의 발을 그려, 여러 사람이 붐벼 앞으로 나아가지 못함을 그렸다. 소전에서는 여러 개의 발이 방향이 일치하지 않는 모습으로, '방해를 받아 나아가기 어렵다'는 뜻을 나타냈다.

746 갈 행

xíng

교차된 십자로를 그렸다. 금문에서는 쓰기의 속도를 높이기 위해 비스듬한 필획으로 변했다.

747 뒤져서 올 치

zhǐ/
zhōng

발가락이 앞에 있고 발꿈치가 뒤에 있는 모습인데, 앞쪽에서 걸어오는 모습을 형상했다. 이는 길을 가다는 뜻의 지(止)자와는 차이를 보이는데, 따로 어떤 목표지점이 있어 그것을 향해 움직임을 말한다.

748 **오랠 구**

jiǔ

『설문해자』에서는 이를 죄수의 발에 형벌 기구가 장착되어 있는 모습이라고 했다. 그렇게 되면 행동이 느려지기 때문에 '천천히 걸어가다'는 뜻이 생겼다. 혹은 다리가 잘리는 형벌(월형)을 받아 행동이 느린 모습을 그렸을 수도 있다.

篆 [전서 이미지]

749 **조금 걸을 척**

chì

교차로를 그린 행(行)에서 분리된 글자로, 사람의 다리와는 아무런 관계가 없는 글자이다.

金 [금문 이미지] 甲 [갑골문 이미지]
篆 [전서 이미지]

750 **자축거릴 촉**

chù

교차로를 그린 행(行)의 오른쪽 부분이다. 갑골문에서 척(彳), 촉(亍), 행(行), 착(辵) 등으로 구성된 글자들은 의미가 비슷해 종종 서로 바꾸어 쓸 수 있었다.

金 [금문 이미지] 甲 [갑골문 이미지]
篆 [전서 이미지]

751 옮길 사

xǐ

금문에서 교차로에다 앞발과 뒷발을 그려 도로에서 이동하는 모습을 나타냈다. 그래서 '이동하다'는 뜻이 나왔다.

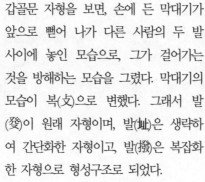

752 짓밟을 발

pō

753 밟을 달

bō/tī

754 다스릴 발

撥

bō

갑골문 자형을 보면, 손에 든 막대기가 앞으로 뻗어 나가 다른 사람의 두 발 사이에 놓인 모습으로, 그가 걸어가는 것을 방해하는 모습을 그렸다. 막대기의 모습이 복(攴)으로 변했다. 그래서 발(癹)이 원래 자형이며, 발(址)은 생략하여 간단화한 자형이고, 발(撥)은 복잡화한 자형으로 형성구조로 되었다.

755   길 도

道

dào

행(行)과 수(首)와 우(又) 등 세 개의 성분으로 구성되었다. 손에 범죄자의 목을 들고 도로 위를 걸어가는 모습이다. 이곳이 선두 대열이 가서 메달 곳임을 표현하였기에, '선도하다', '이끌다'는 뜻을 갖게 되었다. 이후 형체가 줄어 착(辵)과 수(首)의 결합으로 변했다.

756   길 도

途

tú

여(余)와 지(止)의 조합으로 되었는데, 여(余)는 사신이 갖고 있는 물건으로, 자신의 신분을 나타낸다. 그래서 국외에서 온 사신이 걷는 도로라는 뜻에서 '큰 길'이라는 뜻이 나왔는데, 자신의 신분을 숨길 수 있는 작은 길이 아니라는 뜻이다.

甲

757   달릴 주

走

zǒu

한 사람이 빠른 속도로 길을 걸으면서 두 손이 아래위로 움직이는 모습이다.

金   甲

758 달릴 분

奔

bēn

흔들리는 양팔 아래에 세 개의 '지(止: 발자국)'가 더해진 모습인데, 매우 빠른 속도로 달리고 있어 마치 발이 여러 개인 것처럼 보인다는 의미를 그려냈다.

759 늦을 지

遲

chí

글자는 두 부분으로 구성되었는데, 도로와 서로 등을 진 두 사람이 하나는 위에 다른 한 사람은 아래에 놓인 모습이다. 아마도 다른 사람을 엎고 가거나 무거운 물건을 운반하는 상황을 나타내었을 것이다. 이 때문에 다른 사람보다 속도가 '늦다'는 뜻을 나타내게 되었고, 이로부터 '느리다'는 뜻이 나왔다.

760 뒤 후

後

hòu

밧줄 하나가 사람의 발에 묶여 있는 모습이다. 두 발이 묶여 있기 때문에 움직이기가 불편하며 정상적인 사람들보다 느리게 걸을 수밖에 없다. 그래서 '늦다'는 의미가 나왔다.

761 **길게 걸을 인**

yǐn

본래 교차로의 왼쪽 절반을 나타내었는데, 이후 글자의 형태가 잘 못 변했다. 글자의 의미는 연(延, 彳)에서 나와, '걸어가다는 의미를 나타내었다.

金 篆

762 **걸을 지**

끌 연

延

yán   chān

발 하나가 길 위에 놓인 모습이다. 도로는 보통 계획에 따라 만들어지기 때문에 골목길이나 동네 골목과는 달리 매우 잘 다닐 수 있는 길이다. 그래서 '편안하게 걷다'는 뜻이 생겼다. 갑골문에 '연장(延長: 길게 늘이다)'이라는 의미가 있는데, 정부에서 건설한 도로라서 보통의 작은 길과는 달리 길게 쭉 뻗은 길로 만들어졌기에 단번에 끝에 이를 수 있다는 의미를 담았다.

甲 篆

763 **천천히 걸을 쇠**

suī

발이 아래쪽을 향한 모습인데, 이로써 천천히 걷는 것을 나타냈다.

甲 篆

764 클 태

泰

tài

두 손으로 성인을 부축하고, 물이 있는 땅을 걷는 모습인데, 땅이 물기로 인해 미끄럽다는 뜻에서 '미끄럽다'는 의미를 표현했다.

篆

古

765 저울대 형

衡

héng

한 사람이 머리에 무거운 바구니(또는 항아리)를 이고 있는 모습이다. 이 글자의 고문 형태를 보면 아랫부분이 '대(大: 사람)'이고 윗부분은 치(甾)의 줄인 모습이다. 머리로 무거운 물건을 이고 다니려면 '한쪽으로 기울지 않고 안정되어야' 하므로 '평형'이라는 뜻이 나왔다.

古

766 별 이름 루

婁

lóu

여자가 양손으로 머리에 인 기물을 잡고 있는 모습이다. 고대사회에서 여성들은 종종 머리 위에 도자기 항아리를 이고 물을 운반하였는데, 항아리가 물로 채워지지 않으면 비어 있고 무게 중심이 불안정하다. 그래서 이런 개념으로 '비어있다'는 의미를 표현했다.

篆　金

767　막을 인

yīn

금문의 자형을 보면, 한 사람이 머리에 대로 만든 광주리를 이고 있는 모습이다. 대나무 광주리에는 제방을 쌓기 위한 모래나 돌로 채워져 있었기에, '막다'는 뜻이 나왔다.

篆 金 古

768　의심할 의

yí

서 있는 노인이 입을 벌리고 머리는 옆으로 돌린 모습을 그렸다. 나중에 지팡이를 들고 있는 모양을 추가하여, 노인이 길을 잃고 어디로 가야할 지를 망설이다는 의미로부터 '주저하며 결정하지 못하다'는 뜻이 나왔다. 금문에서는 소리부인 우(牛)를 첨가했다.

金 甲

769　두리번거릴 구

jù

구(昍)에서 분리해 나온 자형이다. 겁에 질린 사람을 나타냈는데, 두 눈으로 좌우에 이상이 있는지를 살피는 모습이다. 소전에서는 측면의 모습을 정면의 모습으로 바꾸었다.

篆

770 **어그러질 광**

瞿

guàng

구(瞿)자와 창제의미가 유사한데, '신 (臣: 세로로 그려진 눈)'으로 써 눈의 방향을 다르게 표현하였다. 놀라서 머 리를 돌리고 두 눈으로 좌우를 살피 며 둘러보는 사람을 표현했다.

篆

甲

이동/수상교통

771 건널 섭

shè

한쪽 발은 앞에, 다른 한 발은 뒤에 놓여 물길을 가로 질러 '건너가는' 모습을 그렸다.

772 물가 빈

頻瀕

bīn

한 귀족이 큰 강(두 발이 모두 강가의 한쪽 편에 놓였다) 앞에서 어떻게 건너 가야 할지를 고민하며 얼굴을 '찌푸린' 모습을 그렸다.

773 **배 주**

舟

zhōu

배를 입체적으로 그린 모습이다. 여러 개의 나무판으로 짜서 연결하였고, 선창을 갖춘 '배'의 모습이다.

金 甲

774 **나 짐**

朕

zhèn

배 옆으로 배의 갈라진 판 사이의 틈을 메우기 위한 도구를 들고 있는 두 손이 그려진 모습이다. 나중에 일반적인 '틈새'로 의미가 확장되었고, 다시 1인칭 대명사로 사용되었다.

金 甲

775 **불씨 선**

斧

zhuàn

두 손으로 가늘고 기다란 물건을 든 모습이다. 금문(명문)에서 이것은 옥으로 만든 홀(圭)인데, 일종의 책봉 상징물로 내리던 정책 시행과 관련된 물건이다. 때로는 태양의 그림자 길이를 재 시간을 측정하던 도구로도 사용되었다. 소전에 이르러 두 손으로 들었던 '홀'이 '화(火: 불)'로 바뀌었기 때문에, '불씨'를 뜻하는 것으로 오해되었다.

篆 金

① 동물
② 전쟁과 형벌
③ 일상생활①
④ 일상생활②
⑤ 기물제작
⑥ 삶과 신앙

776 배 까불 올

wù

주(舟)와 도(刀)로 결합되었는데, 갈라진 틈으로 흘러드는 물을 막기 위해 배[船]에서 칼[刀]로 나무를 쪼개는 모습이다.

篆 刖

777 가라앉을 몰

沒

mò

사람이 물속에 빠져, 소용돌이 속에서 한 손을 들어 구조를 기다리는 모습이다.

篆

778 징검다리 례

lì

‘석(石: 돌)’과 ‘수(水: 물)’로 구성되었는데, 흐르는 강에 돌이 있어 사람들이 그것을 딛고 편리하게 건너갈 수 있음을 나타내었다.

篆

❶ 동물

❷ 전쟁과 형벌

❸ 일상생활①

❹ 일상생활②

❺ 기물제작

❻ 삶과 신앙

779 빠질 익

사람이 물속에 빠진 모습이다.

nì

篆

780 유창할 답

수(水)와 왈(曰)로 결합되었는데, 흐르는 물이 돌이나 구덩이를 지날 때 부딪치며 일어나는 시끄러운 소리를 말한다.

tà

篆

781 도랑 견

가는 물줄기를 말한다. 농경지에 물을 대기 위한 작은 도랑을 말한다.

quǎn

篆

古

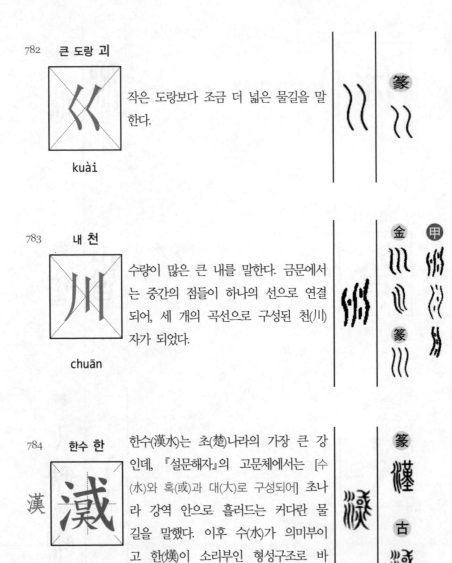

782　큰 도랑 괴

작은 도랑보다 조금 더 넓은 물길을 말한다.

kuài

783　내 천

수량이 많은 큰 내를 말한다. 금문에서는 중간의 점들이 하나의 선으로 연결되어, 세 개의 곡선으로 구성된 천(川)자가 되었다.

chuān

784　한수 한

漢

한수(漢水)는 초(楚)나라의 가장 큰 강인데, 『설문해자』의 고문체에서는 [수(水)와 혹(或)과 대(大)로 구성되어] 초나라 강역 안으로 흘러드는 커다란 물길을 말했다. 이후 수(水)가 의미부이고 한(漢)이 소리부인 형성구조로 바뀌었다.

hàn

785 못 연

淵

yuān

큰 연못의 일정한 범위에서 일어나는 '물결'을 말한다. 이후 먼저 수(水)가 더해졌고, 그 다음 다시 큰 연못을 나타내는 부분이 두 쪽으로 갈려져 지금의 자형이 되었다.

786 물 흐르는 모양 열

liè

물이 흐르다 돌 같은 장애물을 만나 끝없이 내는 소리를 말한다.

787 무릇 범

凡

fán

베로 만든 '돛'을 말한다. 돛을 만드는 데 사용되는 일반적인 재료가 베였기에 나중에 의미부로 베를 뜻하는 건(巾)이 더해져 '범(帆: 돛)'이 되었다.

788 지을 조

zào

집에 배가 한 척 있는 모습이다. 이 글자의 창제의미는 조선소에서 나왔을 것이다. 배가 완성되면 물속으로 들어가 항해를 하게 된다. 이후 소리부인 고(告)자가 더해졌고, 다양한 자형으로 변하였다.

789 **일 흥**

xīng

네 개의 손이 앞뒤로 놓여 멜대나 들것을 들어 올리는 모습이다. 이 글자가 표현하고자 한 초점은 들어 올리는 것에 있기 때문에 '들어 올리다', '일어나다'는 모든 동작과 상황 등을 표현하는데 사용되었다.

金	甲

790 **옮길 천**

遷

qiān

두 사람이 네 손으로 무거운 물건을 함께 들어 올려, 다른 사람의 등에 지게 해서 목적지로 가는 모습이다. 따라서 '오르다', '들어 올리다', '옮기다' 등의 의미가 나왔다.

金	篆
古	

동물

❷ 전쟁과 형벌

❸ 일상생활①

❹ 일상생활②

❺ 기물제작

❻ 삶과 신앙

791 **수레 여**

yú

네 개의 손이 앞뒤에서 어떤 중간 축 위에 원형으로 된 들것을 들어 올리는 모습을 그렸다. 원래는 들것 위에 놓인 '좌석'을 가리켰는데, 나중에 바퀴가 달린 수레의 '좌석'을 의미하는 것으로 의미가 확장되었다.

792 **줄 여**

yǔ

네 개의 손으로 밧줄을 양쪽 끝에서 엉키게 하거나, 젖은 천을 말아서 물기를 짜내는 모습을 그렸다. 이로부터 '함께하다'는 의미가 나왔다. 이후 아래쪽에 공간을 메우기 위한 구(口)가 추가되었다.

793 **마주 들 여**

yú

여(輿), 여(與), 흥(興) 등과 같은 글자에서 분리해낸 글자이다. 네 손으로 어떤 일을 함께 하는 모습이다.

794 **수레 차/거**

chē/jū

수레를 그렸는데, 두 개의 바퀴, 한 대의 좌석, 한 개의 끌채, 한 개의 가름대, 끌채 위에 놓인 두 개의 멍에, 그리고 두 줄의 말고삐로 그려졌다. 이후에 덜 중요한 부분은 생략되었고, 마지막에는 바퀴의 모양 하나만 남았다.

---

795 **손수레 련**

㚘

niǎn

금문에서 두 사람이 두 손을 들어 바퀴가 달린 손수레를 밀고 가는 모습이다. 이러한 수레는 많은 사람들을 동원해야 밀고 갈 수 있었기에 함께 내는 구령이 장관이었다. 또한 이러한 수레는 왕들이 일상적으로 타던 탈것이었다. '반(㚘: 함께 가다)'은 련(輦)자에서 분리해 나온 글자이다.

---

796 **울릴 굉**

轟

hōng

세 개의 거(車)로 구성되어, 여러 대의 수레가 함께 갈 때 나는 큰 소리를 말한다.

① 동물
② 전쟁과 형벌
③ 일상생활①
④ 일상생활②
⑤ 기물제작
⑥ 삶과 신앙

797

수레
가죽상자 복

fù

수레[軎] 양쪽으로 옥(玉)이 더해진 모습이다. 아마도 수레 양쪽으로 진흙이 묻는 것을 방지하게 위해 설치해 놓은 바퀴 보호구를 말한 것일 텐데, 귀족들은 금이나 옥으로 이를 장식하곤 했다.

篆

798

굴대 끝 위

wèi

수레바퀴에 축의 끝부분이 돌출되어 있는 모습이다.

篆

799

칠 격

jí

손으로 망치 모양의 도구를 사용하여 못을 쳐서, 바퀴와 차축의 위치를 고정시키는 모습이다. 이로부터 '치다'는 뜻이 나왔다.

篆

800 **좁을 액**

멍에 액

軶

è

수레의 가름대(轅: 끌채) 위에 설치된 말의 행동을 제어하기 위한 장치인 '멍에'를 말한다. 자형에서 중간의 둥근 부분은 말의 고삐에 연결되는 줄을 매는 곳이다. 그러나 상나라에서는 아직 이 글자가 나타나지는 않는다. 이후 '좁다'는 뜻이 생겨나면서, '액(厄: 좁다)'과 '액(軶: 멍에)'의 두 글자로 분화했다.

篆 金

801 **편안할 수**

suí

여성이 손(발톱)을 사용하여 수레의 줄을 당기는 모습이다. 여성은 남성처럼 이미지를 고려하지 않고 제멋대로 수레에 뛰어들 수는 없기에, 줄을 잡고 당기며 천천히 수레에 올랐다.

篆

802 **고삐 비**

pèi

말의 움직임을 제어하기 위해 수레 양쪽에 설치된 두 가닥의 줄을 말한다.

篆

제4부 **일상생활 ❷ 거주와 이동 299**

❶ 동물
❷ 전쟁과 형벌
❸ 일상생활①
❹ 일상생활②
❺ 기물제작
❻ 삶과 신앙

803 **비녀장 할**

xiá

글자의 모양이 크게 손상되었다. 글자의 의미로 볼 때, 바퀴가 떨어지지 않도록 수레의 차축 끝부분에 보호 볼트를 끼워 놓은 모습일 것이다.

篆

804 **고삐 납**

nà

줄을 잡아당겨 말을 제어하는 장치이다. 고대 마차에는 대부분 좌석과 말을 연결하는 멍에 세트만 포함되었는데, 내(內)는 말의 목에다 끌채를 놓고 말의 속도를 제어하는 줄을 연결한다는 뜻이다.

篆

805 *

mǎn

모습을 보면 말의 이마에 다는 구리 장식물로 보인다.

篆

❶ 동물

❷ 전쟁과 형벌

❸ 일상생활①

❹ 일상생활②

❺ 기물제작

❻ 삶과 신앙

806   **재갈 함**

xián

말의 입에 설치되어 움직임을 제어하는 금속 물체인 '재갈'인데, 마차가 도로를 통행할 때 반드시 필요한 금속 물체이다.

篆

807   **곳집 고**

kù

수레 하나가 문이 설치되지 않은 건물 아래에 놓인 모습으로, 수레를 넣어두던 창고를 말한다.

金

篆

808   **군사 군**

jūn

순(旬)이라는 공간 속에 수레[車]가 놓인 모습이다. '군대'라는 개념은 아마도 지휘관의 전차나 군수물자를 수송하는 우마차의 주위를 무장하여 보호해야한다는 뜻에서 왔을 것이다.

金

809   잇닿을 련

lián

도로와 수레가 결합한 구조로, 이는 훔쳐가는 것을 막기 위해 수레를 서로 연결해, 도로에 길게 연결된 모습을 하였을 것이다. 이후 서로 연결된 전차 부대라는 뜻에서 '연결'이라는 추상적인 의미가 나온 것으로 보인다.

810   도둑 구

kòu

갑골문에서는 한 강도가 집에서 막대기를 잡고 물건을 마구 부수는 모습인데, 작은 점들은 파손된 물건의 조각들이다. 금문에서는 집에서 몽둥이로 사람을 때리는 형상으로 바뀌었다.

811   오를 등

dēng

두 손으로 낮은 의자를 잡고 한 발짝씩 올라가는 모습이다. 이는 고대에 수레를 타는 동작인데, 이후 '높이 오르다'는 뜻으로 사용되었다.

812　어거할 어

馭

yù

어(御)에는 두 가지 자형이 있다. 하나는 무릎을 꿇고 있는 사람과 밧줄의 모습으로, 제사장이 소품을 사용하여 재앙을 떨쳐버리는 의식을 나타내었는데, '재앙을 떨쳐내다'라는 뜻이다. 다른 하나는 수직으로 된 작은 획과 그 앞에 무릎을 꿇고 있는 사람인데, 말이 끄는 마차에 앉는 자세를 의미할 것이며, 이로부터 '제어하다'는 뜻이 나온 것으로 추정된다. 이 두 가지 모양은 서로 유사하여 같은 글자로 오인되는 바람에 두 가지의 다른 의미를 갖게 되었다. '어(馭: 말을 부리다)'자는 말을 손으로 '제어하다'는 의미를 나타내었고, 이 때문에 어(御)와 한 글자가 되었다.

金　甲

❶ 동물

❷ 전쟁과 형벌

❸ 일상생활①

❹ 일상생활②

❺ 기물제작

❻ 삶과 신앙

이동/도로와 여행

813 **법 률**

lù

814 **세울 건**

jiàn

률(律)은 '척(彳: 길)'과 '율(聿: 손으로 붓을 쥔 모습)'의 결합으로 이루어졌다. 도로 건설에는 신중한 계획과 세심한 건설이 필요하다는 의미에서 '규율(規律)'과 '법칙'이라는 뜻이 나왔다. 건(建)은 여기에 발이 하나 더 더해진 모습인데, 그려진 설계도가 사람이 다닐 수 있는 도로의 청사진임을 나타낸다.

815 **곧을 직**

zhí

눈 위에 직선이 더해진 모습이다. 목수는 종종 나무를 앞으로 들어 올려 한쪽 눈을 사용하여 그것이 기울어지지 않았는지를 확인한다. 이로부터 '곧다'는 추상적 의미를 만들어 냈다.

816 **덕 덕**

德

dé

다니는 길(彳 또는 行)에다 '직(直: 곧다)'이 더해진 글자로, 길을 곧게 만들어 놓으면 말이나 마차가 빨리 다닐 수 있다는 의미를 담았다. 이러한 길을 만드는 것은 칭찬받아야 할 '재덕(才德: 재주와 덕)'이었다. 이후 '심성과 덕행이 높은 것'을 지칭하게 되었는데, 이 때문에 심(心)이나 인(人) 혹은 언(言)이 더해졌다.

817 **얻을 득**

得

dé

한 손으로 길에서 조개를 집어 든 모습인데, '큰 소득'을 올렸음을 의미한다. 갑골문에서는 '길'이 생략된 모습으로 등장하기도 한다.

818　길 영

yǒng

갑골문에서는 갈래가 난 강이 있고, 옆에 길 하나가 그려진 모습이다. 옛날에는 다리를 세우는 것이 쉽지 않았기에, 합류 지점에서는 합류되는 굽이를 따라 크게 휘어지게 길이 만들어졌다. 그래서 이런 길을 걸으려면 길을 휘돌아 먼 길을 걸어야만 했다. 여기에서 '길다'는 뜻이 나왔다. 이후 물방울을 뜻하는 점이나 발을 뜻하는 지(止)가 더해졌는데, 이 글자가 물길과 사람이 걷는 길과 관련되었음을 나타냈다.

819　물결 파

pài

원래는 영(永)과 같은 글자였지만 이후 다른 글자로 분화했다. 큰 강이 여러 지류를 받아들인다는 의미에서 여러 갈래로 나뉜 모습을 그렸으며, 이로부터 '분파'의 의미가 생겼다.

820 넘칠 연

yǎn

홍수로 도로에 물이 넘쳐, 길을 통과하는 시간이 지연되다는 의미를 담았으며, 이로부터 '많다', '넘치다', '부연(敷衍)하다는 의미를 갖게 되었다.

---

821 집 사

shè

구덩이에 표지판 하나가 꽂힌 모습이다 (余는 여관임을 알리는 표지판이다). 상인들은 매일 집으로 돌아가 휴식을 취할 수가 없고, 외국에서 온 사절도 임시로 살 곳이 있어야 하므로, 여행자가 투숙할 수 있는 곳임을 나타내는 표지로 사용되었다.

---

822 나 여

yú

'서(敘: 차례)'와 '사(舍: 집)'로 구성되어 각종 표지를 지칭하는데, 특사들이 갖고 다니던 표지일 수도 있고, 관리들이 자신의 직책을 나타내는 표지판이기도 하다. 이후 1인칭 대명사로 사용되었다.

① 동물　② 전쟁과 형벌　③ 일상생활①　❹ 일상생활②　⑤ 기물제작　⑥ 삶과 신앙

823 **차례 서**

xù

한 손으로 '여(余)' 모양의 표지물을 들고 있는 모습이다. 이 표지가 자신이 자리한 서열의 위치를 나타내며, 보고해야 할 경우에는 이 표지물을 높이 들어야만 했다. 그래서 '서직(敍職)', '전서(詮敍)' 등의 뜻이 있게 되었다.

甲

824 **북상투 관**

kuàn

825 **빗장 관**

guān

관(卝)자는 관(關)자에서 분리해 낸 글자로 추정된다. 빗장을 채워 대문이 이미 잠겼음을 나타낸다.

篆 金

제**5**부

기물제작

도구의 발명

826 성스러울 성

shèng

귀가 큰 사람의 모습인데, 이런 사람은 예민한 청각을 가지고 있어 신이 내리는 지시[口]를 잘 이해하고 사회에 도움을 줄 수 있는 지도자임을 나타냈다.

甲 金

827 들을 청

tīng

한쪽 귀 옆에 한두 개의 입이 있는 모습인데, 많은 사람들의 말을 들을 수 있음을 나타냈다.

甲 金

828 요임금 요

yáo

무릎을 꿇고 앉은 사람인데, 머리에 평평한 판이 있고 평평한 판 위에 여러 개의 흙덩이가 있는 모습이다. 천성적으로 대단한 힘을 갖고 태어난 사람임을 나타냈다.

甲 篆

① 동물
② 전쟁과 형벌
③ 일상생활①
④ 일상생활②
⑤ 기물제조
⑥ 삶과 신앙

829 **재주 재**

삼각형의 송곳은 각도를 측정하는 도구인데, 이로써 이러한 도구를 사용할 수 있는 능력 있는 사람을 나타냈다.

cái

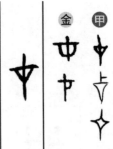

830 **심을 예**

무릎을 꿇고 어린 묘목을 심는 사람의 모습인데, 손에 묘목을 들었다. 나중에 식물의 상징인 초(艸)를 더했고, 또다시 독음부호인 운(云)을 더해 지금의 해서체 자형이 되었다.

yì

831 **불 사를 열/설**

무릎을 꿇고 앉은 사람인데 손에 횃불을 든 모습이다. 손에 횃불을 들고 어둠을 비추는 것은 해가 지고 났을 때 흔히 발생하는 현상이며, 이로부터 저녁 시간을 나타내는데 사용되었다.

ruò

832　마를 제

制

zhì

칼을 사용하여 고르지 않은 가지를 잘라내 나무제품을 만드는 모습이다. 자형에 보이는 나뭇가지는 들쭉날쭉한 모습이고 그 옆에는 작은 점까지 있어 칼로 긁어낸 나뭇조각을 나타냈다.

金

833　칠 조

肇

zhào

무기는 날을 숫돌에 잘 갈아야만 예리하게 되고 적을 살상하는 무기로서의 기능을 하게 된다. 그리하여 조(肇)에 '시작하다'는 뜻이 생겼다.

金　甲

834　어그러질 랄

剌

là

갑골문의 자형은 칼로 어떤 특정 식물을 자르는 모습인데, 금문에서는 점차 속(束)과 도(刀)로 구성된 구조로 바뀌는 바람에 원래의 독창성을 잃고 말았다.

金　甲

篆

① 동물　② 전쟁과 형벌　③ 일상생활(1)　④ 일상생활(2)　**⑤ 기물제작**　⑥ 삶과 신앙

835 **조서 칙**

敕

chì

한 손에 막대기를 들고 포대를 쳐서 포대 속의 거친 재료를 가늘게 부수는 모습이다. 이후 '훈계를 내리다'는 뜻으로 가차되었다.

---

836 **펼 전**

㠭

zhǎn

네 개의 공(工)자가 매우 가지런하게 배열되어 있는데, 이는 특정 기술, 아마도 벽을 쌓는 기술을 그려낸 것으로 보인다.

---

837 **사사 사**

厶

sī/mǒu

사(厶)는 쟁기 머리의 모양일 수 있다. 쟁기 머리는 모두가 공유할 수 있는 도구가 아니라 '개인' 소유의 도구이기 때문에, '개인적'이라는 뜻이 생겼다.

농업생산

❶ 동물
❷ 전쟁과 형벌
❸ 일상생활①
❹ 일상생활②
❺ 기물제작
❻ 삶과 신앙

838 **농사 농**

나무가 많은 곳에서 조개껍질로 만든 도구를 사용하는 모습인데, 잡풀의 제거나 농작물의 수확과 같은 농경에 참여함을 말한다.

nóng

839 **밭 전**

네모로 된 틀 속에 네 개의 직사각형으로 된 농지가 있는 모습인데, 대부분 '사냥(田獵)'이나 '농지' 등의 뜻으로 사용된다.

tián

840 **지경 강**

두 개의 농지 가운데 간혹 짧은 획이 하나 그려졌는데, 이는 두 농경지의 소유자가 다르다는 것을 나타내기 위한 경계선이다. 강(畺)은 '강(疆: 지경)'자의 초기 형태이다.

jiāng

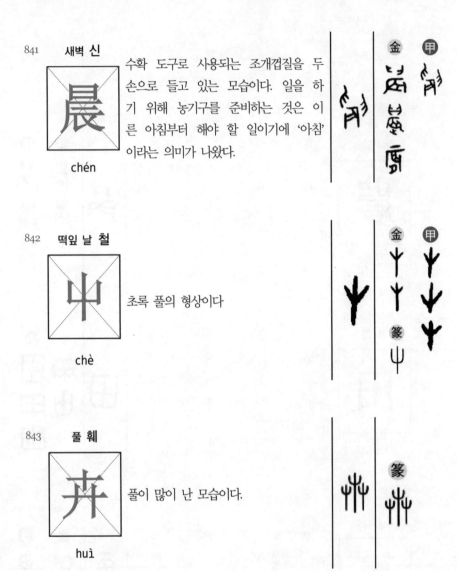

841 **새벽 신**

晨

chén

수확 도구로 사용되는 조개껍질을 두 손으로 들고 있는 모습이다. 일을 하기 위해 농기구를 준비하는 것은 이른 아침부터 해야 할 일이기에 '아침'이라는 의미가 나왔다.

金 甲

842 **떡잎 날 철**

屮

chè

초록 풀의 형상이다

金 甲

篆

843 **풀 훼**

卉

huì

풀이 많이 난 모습이다.

篆

844
모 묘

miáo

소전체에서 경작지에 자라나는 풀을 그렸는데, 일반 잡초가 아니라 의도적으로 재배한 벼의 모[秧苗]임을 보여준다.

篆

845
잡풀 우거질
망

wāng

초목이 우거져 자라는 모습이다.

篆

846
김맬 호

hāo

초(艸), 신(辰), 수(手), 산(山)의 네 글자로 구성되었는데, 조개껍질로 만든 도구를 한 손으로 잡고 언덕 위의 잡초를 제거하는 모습을 그렸다.

甲

① 동물
② 전쟁과 형벌
③ 일상생활 ①
④ 일상생활 ②
⑤ 기물제작
⑥ 삶과 신앙

847 요 욕

rù

조개껍질로 만든 농기구를 한 손으로 들고 잡초를 제거하는 모습을 그렸다. 욕(蓐)은 그렇게 잘라낸 잡초를 말하는데, 이후 잘라낸 풀로 짠 자리를 뜻하게 되었다.

848 욕되게 할 욕

rǔ

조개껍질로 만든 도구를 한 손에 든 모습이다. (그런 일을 하는 농민을 상징했는데) 일설에 의하면 관료들이 농민들을 멸시하기 위해 이 글자로써 '모욕하다'는 의미를 만들었다고 한다.

849 쟁기 뢰

lěi

금문의 자형을 보면 쟁기를 손에 쥔 모습이다. 소전체에 이르러 손을 그린 쟁기가 목(木)으로 변해 지금의 자형이 되었다.

① 동물
② 전쟁과 형벌
③ 일상생활①
④ 일상생활②
⑤ 기물제작
⑥ 삶과 신앙

850   살별 패

孛

bó

식물의 싹이 땅을 비집고 나오면서 껍질이 갈라진 모습을 그렸다.

851   불사를 분

焚

fén

불을 질러 산림을 태우는 모습이다. 이는 초기의 농경방식으로, 보통 '화전 경작'이라 부른다.

852   적전 적

耤

jí

한 손으로 쟁기를 잡고 발을 들어 보습(쟁기머리)을 밟고 있는 모습이다. 이는 쟁기를 부리고 있는 모습인데 이후 소리부인 석(昔)이 더해졌다.

853 **모 방**

fāng

쟁기(옛날 땅을 갈아엎는 도구)의 아래 부분을 그렸다. 약간 구부러진 막대기에 가로로 된 나무판(횡판)을 묶어놓은 모습인데, 이 횡판은 발로 밟는 발판으로, 막대기의 끝이 흙을 파고 들어가 땅을 갈아엎는데 사용된다.

854 **두루 방**

páng

쟁기에 가로로 된 나무판(횡판)이 장착된 모습이다. 횡판의 기능은 뒤집힌 흙덩이를 분해하고 흙을 양쪽으로 밀어내 재배를 용이하게 해주는 데 있다. 그래서 '가까운 곳', '양쪽' 등의 뜻이 나왔다.

855 **도울 양**

xiāng

두 손으로 쟁기를 잡고 있는 모습인데, 앞쪽에는 소가 잡아당기고 먼지를 일으키며 밭을 가는 농경 현장의 풍경을 그렸다.

856 **어지러울 영**

níng

금문의 자형에 의하면, 바구니를 머리 위에 이고 흙을 나르는 사람을 나무 막대기를 들고 감독하는 모습으로 보인다.

857 **밭두둑 주**

chóu

뒤틀린 모양의 흙덩이를 그렸는데, 보습의 볏에 의해 변형되었다. 이는 기름진 농지를 경작할 때만 발생하는 현상인데, 이미 땅을 고르고 곡식을 재배해 온 농경지임을 나타냈다.

858 **힘 합할 협**

xié

세 개의 쟁기[力](땅을 갈아엎는 간단한 도구)가 구(口)나 감(凵: 구덩이) 위에 놓인 모습이다. 땅을 갈아엎는 도구인 쟁기를 든 많은 사람들이 함께 협력하여 일하는 모습이다. 이로부터 '협력하다'는 뜻이 나왔다.

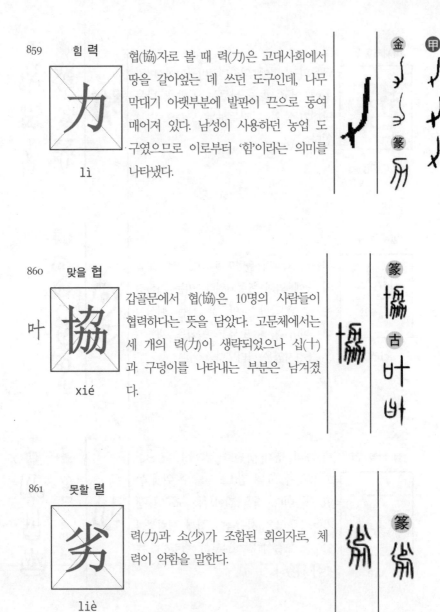

859 **힘 력**

力

lì

협(協)자로 볼 때 력(力)은 고대사회에서 땅을 갈아엎는 데 쓰던 도구인데, 나무 막대기 아랫부분에 발판이 끈으로 동여 매어져 있다. 남성이 사용하던 농업 도구였으므로 이로부터 '힘'이라는 의미를 나타냈다.

860 **맞을 협**

協

xié

갑골문에서 협(協)은 10명의 사람들이 협력하다는 뜻을 담았다. 고문체에서는 세 개의 력(力)이 생략되었으나 십(十)과 구덩이를 나타내는 부분은 남겨졌다.

861 **못할 렬**

劣

liè

력(力)과 소(少)가 조합된 회의자로, 체력이 약함을 말한다.

862 **칼 이름 화**

huá

나무 조각 위에 두 개의 굽은 날이 달린 쟁기가 장착된 모습이다.

863 **사내 남**

nán

전(田)과 력(力)의 조합으로, 농기구를 사용하여 농지를 경작하는 것은 '남자'의 책임임을 나타냈다.

864 **일할 로**

láo

소전체에서 횃불과 땅을 갈아엎는 도구의 조합으로 이루어져, 낮뿐만 아니라 밤에도 횃불까지 켜놓고 땅을 가는 고된 일을 하는 모습을 그렸다. 금문에서는 심(心)이 더해졌는데, 아마도 불을 밝혀가며 밤늦게까지 일해야 하는 고생스런 마음을 반영하였을 것이다.

① 동물

② 전쟁과 형벌

③ 일상생활①

④ 일상생활②

⑤ 기물제작

⑥ 삶과 신앙

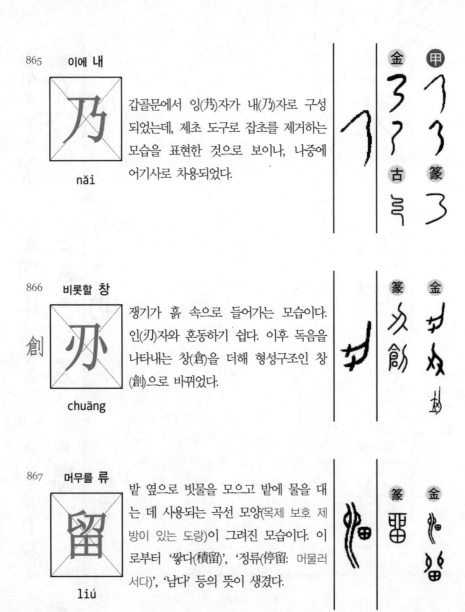

865 **이에 내**

乃

năi

갑골문에서 잉(孕)자가 내(乃)자로 구성되었는데, 제초 도구로 잡초를 제거하는 모습을 표현한 것으로 보이나, 나중에 어기사로 차용되었다.

866 **비롯할 창**

創 刅

chuāng

쟁기가 흙 속으로 들어가는 모습이다. 인(刃)자와 혼동하기 쉽다. 이후 독음을 나타내는 창(倉)을 더해 형성구조인 창(創)으로 바뀌었다.

867 **머무를 류**

留

liú

밭 옆으로 빗물을 모으고 밭에 물을 대는 데 사용되는 곡선 모양(목제 보호 제방이 있는 도랑)이 그려진 모습이다. 이로부터 '쌓다(積留)', '정류(停留: 머물러 서다)', '남다' 등의 뜻이 생겼다.

868 **두루 주**

周

zhōu

들판에 농작물(네 개의 작은 점)이 있고, 주위가 울타리와 같은 시설로 둘러져진 모습이다. 이로부터 '주밀(周密: 빽빽하다)'이라는 뜻을 나타냈다.

869 **클 보**

甫

fǔ

870 **밭 포**

圃

pǔ

보(甫)는 포(圃)의 원래 자형인데, 사람들이 들판에 심은 씨앗이 싹을 틔워 땅 위로 자라난 모습이다.

871 곳집 름

lǐn

짚을 쌓아 놓은 '볏가리'를 말한다.

872 곳집 름

廩

lǐn

873 아낄 색

sè

자형을 보면 아랫부분에는 곡식 더미가 있고 위로는 보리 한 포기가 모습을 드러낸 모습이다. 쌓아 놓은 농작물의 형상으로 시골 정경을 표현한 것으로 보인다. 곡식은 매우 귀중해 아껴야 할 대상이었으므로, '아끼다는 뜻이 나왔다.

874 가게 전

廛

chán

짚단과 같은 것들을 쌓아놓고 보관하는 공간을 말하는데, 시골 농가에서 흔히 볼 수 있는 모습이다. 나중에 농지를 계산하는 단위로 의미가 확장되었다.

875　잡을 병

bǐng

金
甲
篆

한 손으로 벼 한 포기를 잡고 있는 모습으로, '잡다'는 의미를 그렸다. 또 볏단을 헤아리는 단위로도 쓰였다.

876　인색할 비

bǐ/tú

金
甲

여러 개의 소규모 농촌으로 구성된 대규모 단위를 그렸는데, 농촌의 호적정리 및 도면지도의 제작과 관련이 있는 글자다.

877　그림 도

tú

篆
金

특정 범위[口] 내에서 농촌 지역[啚]의 위치를 나타내는 지도는 세금 징수에 편의를 제공한다. 이후 '지도(地圖)' 및 '도모(圖謀)' 등의 뜻으로 확장되었다.

878 **힘쓸 골**

kū

초기 자형은 두 손으로 쟁기 볏에 부착된 쟁기로 흙을 파 엎고 있는 모습이다. 토양을 부드럽게 만드는 것은 황무지를 개간하는 기본적인 작업이다. 그래서 '황무지를 개간하다'는 뜻이 생겼다. 이후 쟁기 볏을 그린 부분이 생략되고, 돌도끼로 흙을 파 뒤집는 모습으로 변경되었다.

879 **기이할 괴**

guài

심(心)과 골(圣)이 조합한 모습으로, '평범하지 않음'을 나타냈다. 심(心)을 더한 것은 '놀랍다'는 의미를 나타내기 위해서였다.

880 **흙덩이 괴**

kuài

운반하기 좋도록 바구니에 흙을 담아 놓은 모습이다.

881   *

遣

qiǎn

두 손으로 흙덩이를 집어 바구니에 담아 특정 장소로 옮기는 모습이다. 이로부터 '뽑아서 보내다'는 의미를 갖게 되었다. 금문에서는 착(辵)이나 주(走)를 더해 '옮기다'는 의미를 강조했다.

882   곳집 창

倉

cāng

지붕이 있고, 열 수 있는 창문이 달린 건축물을 그렸다. 초기 주택[戶]에는 입구와 출구가 하나 밖에 없었으나 '창고[倉]'는 양쪽 문도 있고 외짝 문도 있는 특수한 건물이었다.

883   가을 추

秋

qiū

추(秋)자는 갑골문에서 두 가지 자형으로 등장한다. 하나는 두 개의 더듬이와 뒷면에 날개가 달린 곤충(메뚜기)을 그렸고, 다른 하나는 여기에다 '화(火: 불)'를 더하여 불에 태우는 모습이다. 봄과 가을은 농작물에 해를 주는 해충을 박멸해야 하는데, 메뚜기를 태워 죽이는 모습으로써 '가을'을 표현했다.

884　　가을 추

jiāo

추(秋)자에서 분해되어 나온 글자이다. 불로 메뚜기를 태우는 모습으로, 가을에 생기는 메뚜기 재앙을 나타냈다. 메뚜기의 외형이 거북이와 비슷해 윗부분이 귀(龜)로 변했다. 그래서 이 글자는 거북딱지를 불로 지져서 갈리지는 금을 나타내기도 한다.

篆

885　　곳집 균

qūn

일정 범위에 볏단이 쌓여 있는 모습이다.

篆

886　　다할 첨

jiān

과(戈)와 앞면 끝에 조밀한 톱니가 있는 장치의 결합인데, 잡초를 제거하는데 쓰던 농기구로 보인다.

甲

887　벨 삼

한 손에 도구를 들고 잡초를 제거하는 모습이다.

shān

888　꽃 화

華

여러 송이 꽃이 핀 식물의 모습을 그렸다.

huá

889　퍼낼 요

舀

손 하나가 절구통[臼] 속에 든 모습으로, 이미 다 찧은 알곡을 꺼내는 모습이다.

yǎo

❶ 동물

❷ 전쟁과 형벌

❸ 일상생활①

❹ 일상생활②

❺ 기물제작

❻ 삶과 신앙

890 미숫가루 구

jiù

구(臼)와 미(米)의 조합으로 이미 껍질을 벗긴 알곡을 말한다. 절구통 속에 넣어 찧어 껍질을 벗기기 때문에 '정미(精米)'라는 뜻이 생겼다.

篆

891 사나울 포

pù

이 글자는 일(日)과 출(出)과 공(廾)과 미(米)의 4개의 구성성분으로 이루어졌다. 두 손으로 쌀을 꺼내어 햇빛에서 말리는 모습이다. 그래서 '햇볕에 말리다'는 뜻이 나왔다. 고문체 자형에서는 일(日)이 의미부이고 포(麃)가 소리부인 형성구조였다.

篆

古

892 사나울 폭

pù

이는 아마도 햇볕에 말리다는 뜻의 포(暴)자의 변형으로 보인다. '햇볕에 말리려는' '급한' 마음에서 '햇볕에 말리다'와 '급하다'는 두 가지 뜻이 생기게 되었다.

篆

893

불꽃 성한 모양 신

shēn

이 글자는 두 가지 뜻이 있을 수 있다. 하나는 나무의 꽃이 만발했음을 표현한 것이고, 다른 하나는 동시에 여러 개의 횃불을 태우는 것처럼 횃불의 불이 밝다는 것을 표현했을 수 있다.

篆

894 **덩굴 약할 유**

yǔ

두 개의 과(瓜)가 나란히 나열된 모습이다. 의미는 '약하다'는 뜻인데, 하나의 넝쿨에 외가 두 개나 열어 무게를 이기지 못하기 때문인 것으로 추정된다.

篆

895 **나뭇잎 엽**

yè

나무의 가지에 잎이 많이 달린 모습이다.

 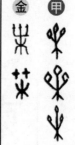

金 甲

896 　걸칠 긍

gèn

갑골문에는 두 개의 자형이 있는데, 원래 형태는 활[弓] 안에 어떤 물건이 든 모습이고, 다른 하나는 활을 생략한 모양이다. 사용된 의미로 볼 때, 대체로 활을 만들 때 활의 휘는 정도를 영구적으로 고정시키는 데 필요한 특정 도구를 말했으며, 이 때문에 '항구(恒久: 변하지 않고 오래 가다)'의 뜻이 나온 것으로 보인다.

897 　베틀 디딜판
　　　　섭

jié

잡초를 제거하듯 손으로 수염을 제거하는 모습이다. 이럴 경우 손을 사용하는 것이 더 빠르지 도구를 사용하면 오히려 속도가 느려진다.

898 　묶을 속

shù

가방의 양 끝을 단단히 동여맨 모양으로, '단단히 묶다'는 뜻을 나타냈다.

899 **가시 자**

束

cì

이 글자는 가시가 있는 식물에서 그 의미를 가져왔을 것이다.

900 **한 웅큼 자**

朿

zǐ

옮기기 편리하도록 여러 개의 모를 하나로 묶어 놓은 모습이다. 또 볏단을 헤아리는 단위로도 쓰인다.

901 **독 독**

毒

dú

독이 있는 '괴경(塊莖: 덩이 모양을 이룬 땅속줄기)'의 일종으로, 윗부분은 식물의 줄기와 잎을 그렸다.

① 동물
② 전쟁과 형벌
③ 일상생활①
④ 일상생활②
⑤ 기물제작
⑥ 삶과 신앙

902   **대추나무 조**

zǎo

속(束)자를 둘 겹친 모습으로 조밀하게 심어진 대추나무 숲을 나타냈다. 가로로 나열된 극(棘)자와는 다른 글자이다.

金

篆

903   **가래 삽**

chā

뾰족한 도구를 두 손으로 잡고 위를 향해 찔러 파편이 떨어지도록 하는 모습이다.

篆   甲

904　　**겸할 겸**

한 손에 많은 양의 벼를 한데 잡은 모습이다.

jiān

905　　**밑 본**

bĕn

지사자이다. 나무의 하단에 작은 점이나 짧은 가로획을 사용하여 나무의 뿌리를 표시했는데, 이것이 본(本)자이다.

906　　**끝 말**

이에 반해 나무의 상단에 작은 점이나 짧은 가로획을 사용하여 나무의 끝을 표시했는데, 이것이 말(末)자이다.

mò

907 붉을 주

朱

zhū

목(木)자의 가운데에 나무의 중앙을 나타내는 작은 점이 그려졌다. 주(朱)의 본래 뜻은 '주(株: 나무)'인데, 이후 '붉은색'이라는 뜻으로 차용되었다.

908 시초 단

耑

duān

막 자라난 묘목에 수염 뿌리털까지 달린 모습이다. 뿌리털 옆에 있는 작은 점은 뿌리털에 붙어있는 흙 찌꺼기로, 식물이 (땅 속에 있지 않고) 뽑혔음을 나타내 준다.

909 부추 구

韭

jiǔ

키를 나란히 하여 자라는 부추를 그렸다.

910 칼날 인

刃

rèn

지사자이다. 도(刀) 위에 직선이 하나 그려졌는데, 칼의 '날'이 있는 위치를 나타냈다.

911 나눌 분

分

fēn

칼을 사용하여 물체를 '절반으로 자르다'는 뜻이다.

912 파 총

蔥

cōng

파의 확대된 뿌리 부분을 그렸다. 서주 왕조의 청동기 명문에서는 '똑똑하다'는 의미로 쓰였다.

❶ 동물

❷ 전쟁과 형벌

❸ 일상생활①

❹ 일상생활②

❺ 기물제작

❻ 삶과 신앙

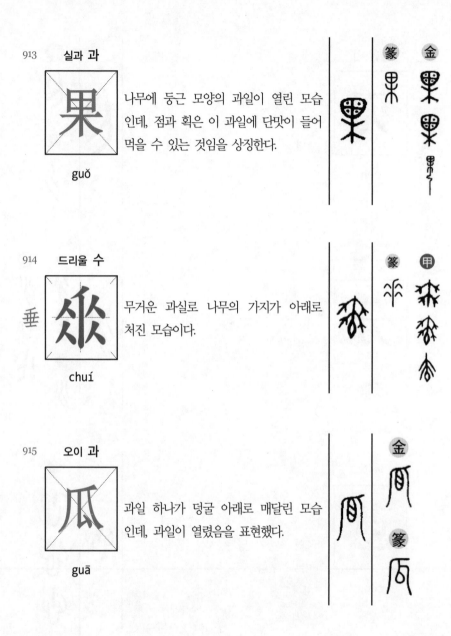

913 **실과 과**

果

nguǒ

나무에 둥근 모양의 과일이 열린 모습인데, 점과 획은 이 과일에 단맛이 들어 먹을 수 있는 것임을 상징한다.

篆 金

914 **드리울 수**

垂 | 絫

chuí

무거운 과실로 나무의 가지가 아래로 처진 모습이다.

篆 甲

915 **오이 과**

瓜

guā

과일 하나가 덩굴 아래로 매달린 모습인데, 과일이 열렸음을 표현했다.

金

篆

916 **밤나무 률**

栗

lì

나무에 밤송이처럼 가시가 많은 열매가 열린 모습이다.

917 **풀 초**

艸

cǎo

풀이 무더기 지어 자라는 모습이다.

918 **절구 구**

臼

jiù

'찧다'는 뜻의 용(舂)자로 볼 수 있다. 구(臼)는 곡식의 껍질을 벗기는데 사용되는 용기이며, 안쪽 벽에 알곡이 아직도 붙어 있는 모습을 하였다. 『설문해자』에서는 "옛날에는 땅을 파서 절구를 삼았다. 이후에 들어서 나무나 돌을 파서 만들었다."라고 했는데, 매우 정확한 해석이다.

① 동물

② 전쟁과 형벌

③ 일상생활①

④ 일상생활②

⑤ 기물제작

⑥ 삶과 신앙

919 가지 조

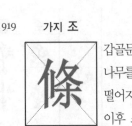

條

tiáo

갑골문 자형에서는 굽은 가지가 많은 나무를 그렸는데, 이는 가을에 낙엽이 떨어지는 모습을 그린 것으로 보인다. 이후 소리부 유(攸)자를 더해 조(條)자가 되었다.

920 살구나무 행

杏

xìng

특별한 과실을 표현한 글자이다. 『설문해자』에서는 목(木)이 의미부이고 향(向)의 생략된 모습이 소리부라고 했다.

921 아무 모

某

mǒu

나무[木] 위에 감(甘)자가 더해진 모습이다. '매실'이 본래 의미인데, 이후 '모략(謀略: 전략을 세우다)'의 뜻으로 가차되었다.

922 벨 예

义

yì

923 벨 예

刈

yì

과일 따는 도구를 두 손으로 들고 과일을 하나 딴 모습이다. 이후 예(义)에다 도(刀)를 더해 '예(刈)'자가 되었다.

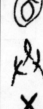

924 괴로울 곤

困

kùn

어떤 자형은 작은 범위 내에 나무가 갇혀 있는 모습이고, 다른 자형은 발로 묘목을 밟은 모습으로, 모두 자랄 공간이 전혀 없는 모습을 상징했다. 이로부터 '어려움'과 '곤경'의 의미를 나타냈다.

925   **버들 류**

柳

목(木)과 묘(卯)의 결합으로 이루어졌는데, 도랑 옆에 자라는 식물임을 말한다.

liǔ

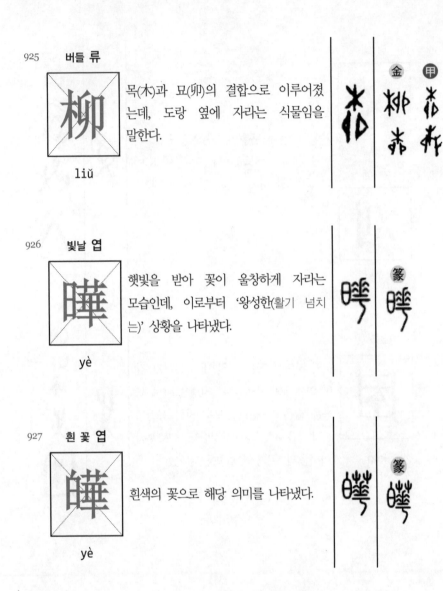

926   **빛날 엽**

曄

햇빛을 받아 꽃이 울창하게 자라는 모습인데, 이로부터 '왕성한(활기 넘치는)' 상황을 나타냈다.

yè

927   **흰 꽃 엽**

曅

흰색의 꽃으로 해당 의미를 나타냈다.

yè

928 **따뜻할 점**

chán

불로 무언가를 굽는 모습인데, 불로 천천히 굽는 제조업의 일종을 나타내므로 '작은 불'이라는 의미를 갖는다.

篆

929 **힘쓸 무**

wù

한 손으로 막대기를 쥐고 무언가를 때리는 모습이다. 이는 베를 짤 수 있는 삼베를 추출하기 위해 대마 줄기를 쳐서 껍질을 분리하는 모습으로 보인다. 이로부터 '사무(事務)', '업무(業務)' 등의 뜻이 나왔다. 이후 글자가 변하여 모(矛)로 구성되었다.

篆 金

930 **공경할 지**

zhī

금문의 의미는 '공경하다'는 뜻인데, 저(抵)자에서 빌려온 것으로 추정된다. 글자 창제의미는 바구니를 배열할 때 바구니의 바닥을 위로 오게 거꾸로 덮고, 아가리 부분이 바닥에 붙도록 하는 습관에서 왔을 것이다. 소전체에서는 형성자로 변했다.

篆 金

5.3

기물제조

5.3.1 석기

931 **돌 석**

石

shí

예리한 모서리를 가진 바위에 구덩이 하나가 더해진 모습이다. 이는 '돌'의 용도가 주로 구덩이를 파는 데 사용되었음을 표현했다.

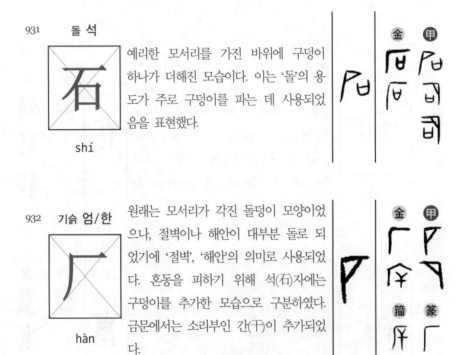

932 **기슭 엄/한**

厂

hàn

원래는 모서리가 각진 돌덩이 모양이었으나, 절벽이나 해안이 대부분 돌로 되었기에 '절벽', '해안'의 의미로 사용되었다. 혼동을 피하기 위해 석(石)자에는 구덩이를 추가한 모습으로 구분하였다. 금문에서는 소리부인 간(干)이 추가되었다.

933　돌무더기 뢰

lěi

돌이 매우 많은 모습이다.

934　경쇠 경

qìng

손으로 악기를 치는 도구를 들고 선
반에 매달린 '석경(石磬: 돌 경쇠)'을
쳐서 소리를 내는 모습이다.

935　옥 옥

yù

옥 조각을 끈으로 묶어 옥 장식물을 만
드는 모습이다.

① 동물
② 전쟁과 형벌
③ 일상생활 ①
④ 일상생활 ②
❺ 기물제작
⑥ 삶과 신앙

936 　홀 규

gui

규(圭)는 원래 해의 그림자로 시간을 측정하는 장치였다. 원래는 '丄'(지면에 푯대가 꽂힌 모습)과 거꾸로 비치는 그림자를 그린 'ㅜ'로 구성되어야 하는데, '丄'이 토(土)로 변하고 'ㅜ'도 토(土)로 변해 규(圭)가 되었다. 옛날에는 옥으로 만든 규(圭) 즉 옥규(玉圭)를 시간을 측정하는 통치자의 상징물로 귀족에게 하사하였는데, 나중에 이러한 뜻은 옥(玉)을 더한 규(珪)를 만들어 분화했다.

古　篆　金
珪　圭　土土

937 　서옥 모

mào

금문의 자형을 보면 옥(玉)과 면(面)의 조합으로 되었는데, 글자 창제의미는 사람의 얼굴을 덮는 면사와 같이 옥을 덮는 데 사용되던 기구를 가리켰을 것으로 보인다.

篆　金
瑁　瑁
古
珇

938 　드리워질 예

yì

한 가닥의 실에 세 개의 매듭을 지은 장식물이 늘어진 모습이다. 심(心)은 여기서 매듭의 모양인데, 아마도 실로 꿴 옥 노리개의 매듭 모습일 것이다. 이 글자는 거꾸로 보아야 의미가 제대로 보인다.

篆

939　**새벽 물/홀**

무늬를 새겨 넣은 긴 사각형의 옥 노리
개를 말한다.

hū

篆

籀

940　**옥돌 박**

깊은 산에서 한 사람이 손에 채굴 도구
를 든 모습인데, 옆에 옥과 바구니가 그
려졌다. 옥 원석 덩어리를 캐내는 모습
을 그린 것으로 추정된다.

pú

941　**쌍옥 각**

옥 조각이 두 줄로 나란히 배열되어 있
는데, 옥 노리개의 숫자를 계산하기 위
한 단위사로 쓰였다.

jué

942 **희롱할 롱**

nòng

동굴에서 손으로 옥 조각을 갖고 노는 모습이다. 품질이 좋은 귀한 옥 덩어리를 파내 스스로 기쁨을 이기지 못해 갖고 노는 모습을 표현했다.

金 甲

943 **뼈 골**

gǔ

동물의 어깨뼈(견갑골)의 모습이다. 소의 어깨뼈는 상 왕조에서 점복으로 의문을 푸는데 가장 많이 사용되었는데, 고대인들은 뼈에 신령이 깃들어 있어 사람들의 어려움을 해결해 줄 수 있었다고 믿었기 때문이다.

944 **뿔 각**

jiǎo

각(角)은 뿔을 그렸는데, 소의 뿔이다. 이로써 '각질(角質)', '첨각(尖角: 뾰족한 각)' 등의 뜻이 있게 되었다.

945 **풀 해**

jiě

해(解)는 두 손으로 소뿔을 당기는 모습이다. 뿔은 고대에 매우 유용한 재료라서, 소의 뿔을 해체하던 것은 당시의 일반적인 일이었다. 그래서 '분해(分解)하다', '해석(解釋)하다' 등의 의미로 확장되었다.

5.3.3 대나무

946 **대 죽**

竹

zhú

잎과 가지가 아래로 처진 대나무 가지 두 개를 그렸다.

947 **서로 호**

互

hù

밧줄을 서로 얽히게 만든 도구의 일종이다. 접시를 양쪽의 서로 다른 방향으로 돌리는 어떤 도구인데, 중간의 밧줄은 자연스럽게 서로 얽히게 된다. 그래서 '서로'라는 추상적 의미를 나타내게 되었다. 이후 죽(竹)자를 더한 것은 이 도구가 대나무로 만들어졌기 때문일 것이다.

948 **그 기**

其

qí

이것은 쓰레기를 버리는 데 쓰는 쓰레받기를 그린 상형자인데, 대부분 대나무 껍질로 싸서 만들었다.

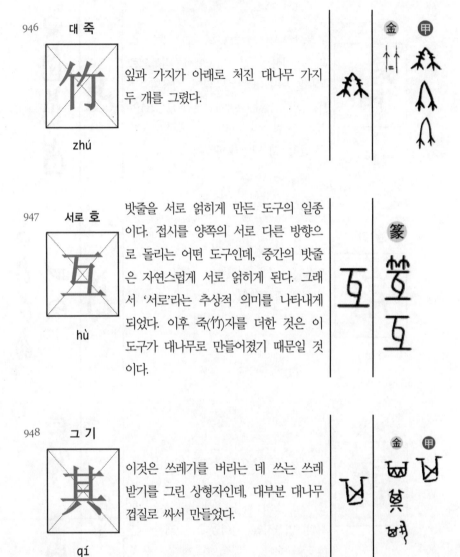

949

상자 방

框
筐

kuāng　fāng

나무를 파내서 그 속에 무엇인가를 담도록 만든 용기이다. 나무로 만들었으면 목(木)이 들어간 광(框), 대나무로 싸서 만들었으면 죽(竹)이 들어간 광(筐)으로 구분하여 썼다.

950

굽을 곡

曲

qū

직각(90도 각도)으로 구부러진 기물의 측면도이다. 이는 대나무를 짜서 만든 광주리 같은 기물인데, 이로써 '굽다'는 추상적 의미를 표현하게 되었다.

951

꿩 치

甾

zī

대나무 껍질 또는 등나무로 짠 용기를 그렸다. 세 가닥의 줄이 나와 있는 모습은 짠 재료의 끝을 아직 깨끗하게 자르지 않은 모습을 반영했다.

952 서녘 서

xī

치(𠂹)에서 자형이 변해온 글자다. 𦥑에서 ⬦로 변했고, 다시 ⬦로 변했으며 마지막에는 ⬦로 변했다.

953 아닐 불

fú

특정 도구를 만드는 과정을 나타낸 것으로 보이는데, 특정 모양을 유지하기 위해 줄로 동여매어 놓은 모습이다. 이후 부정을 나타내는 부사로 가차되어 쓰였다.

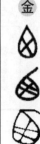

954 힘줄 근

jīn

죽(竹), 육(肉), 력(力)의 조합으로 이루어졌다. 대나무의 강하고 질긴 섬유처럼 고기에 근육이 있어 튼튼하고 강함을 나타냈다.

목재

955 **나무 목**

mù

나무의 일반적인 모습을 그렸는데, 윗부분은 가지와 잎이고 아랫부분은 뿌리이다.

956 **공교할 교**

kǎo

이 글자가 형상한 이미지는 여러 가지로 해석될 수 있다. 가장 흔한 해석은 도끼처럼 손잡이가 달린 타격 도구, 뜨거운 음식을 바치는 선반, 무거운 물건을 짊어지는 지게, 태양 그림자를 관찰하기 위한 지지대 등이 그렇다. 사용된 의미로 볼 때 이미 잘 다듬어진 나무 도끼일 가능성이 크다. 이후 빈 공간에 구(口)를 더하여 가(可)자가 되었다.

❶ 동물

❷ 전쟁과 형벌

❸ 일상생활①

❹ 일상생활②

❺ 기물제작

❻ 삶과 신앙

957 **어찌 하**

何

hé/hè

한 사람이 어깨에 물건을 멘 모습이다. 본래는 손으로 멜대의 한쪽 끝을 잡은 모습이었고, 때로는 양쪽 끝에 물건이 달린 모습을 했다. 이후 의문사로 쓰이게 되자 '하(荷: 짊어지다)'를 만들어 구분했다.

958 **어그러질 괴**

乖

guāi

소전체에서는 나무뿌리가 서로 엉킨 상태를 나타냈는데, 이로부터 불완전한 상황을 표현했다.

959 **클 거**

巨

jù

금문 자형을 보면 한 손으로 직선을 그리는 어떤 도구를 잡고 있는 모습이다. 단순화된 이후로는 손가락과 도구가 서로 연결되었다. 이후 '거대(巨大)'라는 뜻으로 확장되었는데, 이는 도구의 크기와 관련되었을 것이다.

960 짤 구

冓

gòu

두 개의 나무 기둥이 서로 교차되어 얽힌 모습을 표현했는데, 이로부터 '구조'와 '성교' 등의 뜻이 나왔다.

961 두 재

再

zài

구(冓)자와 함께 끝을 뾰족하게 다듬은 나무와 관련이 있어 보인다. 마치 끝을 뾰족하게 다듬은 나무에 어떤 물체가 놓인 모습이다. 아마도 두 조각의 나무를 연결할 때 뾰족하게 다듬는 것 외에도 접착제를 사용해야만 했는데, 그래서 '다시'라는 의미가 나온 것일 것이다.

962 주살 익

弋

yì

금문에서 처음으로 등장하는데, 초기 모양은 갈라지도록 뾰족하게 다듬은 모양일 수 있으며, 흙속에 꽂아 어떤 표지로 사용하던 것일 수 있다.

963　　돌 반

bān/pán

이는 반(盤)자의 근원이 되는 글자로 추정된다. 한 손에 도구를 잡고서 나무 쟁반을 만드는 모습이다. 나무 쟁반은 잘 깨지기 않기 때문에 도기로 만든 쟁반보다 많이 사용되었다.

964　　서로 상

xiāng/
xiàng

한쪽 눈으로 나무의 모양을 검사하고 있는 모습이며, 이로부터 '점검하다', '가치를 판단하다' 등의 뜻이 생겼다.

965　　장인 장

jiàng

도끼[斤]가 공구 상자 속에 든 모습인데, 목공을 하는 장인을 상징한다.

966 **의원 의**

yī/yì

화살 하나가 상자 안에 들어 있는 모습이다. 뾰족하고 날카로운 화살촉은 고대 의사들이 상처를 찔러 고름을 빼내기 위해 사용하는 도구였으며, 나중에 이를 빌려 '의사(醫師)'라는 직업을 지칭했다. 이후 수(殳)와 유(酉=酒: 술)가 더해져 의(醫)가 되었는데, 수(殳)나 유(酉)는 모두 수술에 쓰던 도구였다.

篆

967 **꺾을 절**

zhé

도끼로 나무를 수평 방향으로 두 조각으로 자른 모습이다. 잘린 두 개의 나무 조각은 점차 같은 방향의 두 개의 철(屮)로 변했다.

金 甲

篆

968 **가를 석**

xī

나무를 다른 두께의 판자로 가공하기 위해 손에 도끼를 들고 나무를 세로 방향으로 자르는 모습이다.

❶ 동물
❷ 전쟁과 형벌
❸ 일상생활①
❹ 일상생활②
❺ 기물제작
❻ 삶과 신앙

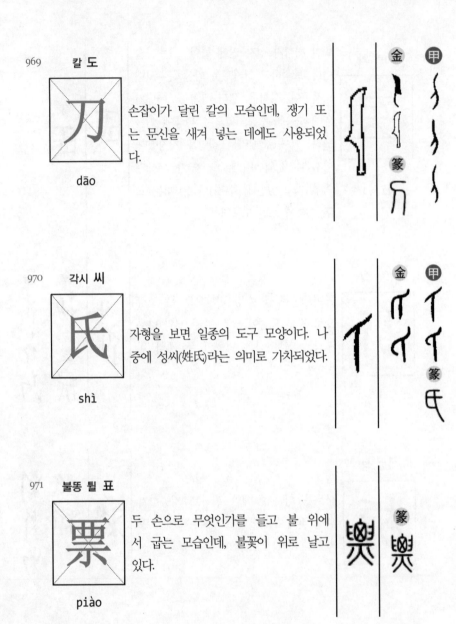

969 **칼 도**

刀

손잡이가 달린 칼의 모습인데, 쟁기 또는 문신을 새겨 넣는 데에도 사용되었다.

dāo

970 **각시 씨**

氏

자형을 보면 일종의 도구 모양이다. 나중에 성씨(姓氏)라는 의미로 가차되었다.

shì

971 **불똥 튈 표**

票

두 손으로 무엇인가를 들고 불 위에서 굽는 모습인데, 불꽃이 위로 날고 있다.

piào

972　벨 참

zhǎn

차(車)와 근(斤)의 조합으로 이루어졌는데, 도끼로 수레를 만들기 위해 적합한 나무를 자르다는 의미를 담았다.

973　우리 합

xiá

고문체 자형을 보면 어떤 물건을 담은 상자의 모습이다.

974　조각 편

piàn

나무를 좌우로 둘로 쪼갠 모습이다. 즉 도끼를 사용하여 나무줄기를 수직으로 잘라 판자를 만드는 모습이다.

❶ 동물

❷ 전쟁과 형벌

❸ 일상생활 ①

❹ 일상생활 ②

❺ 기물제작

❻ 삶과 신앙

제5부 기물제조　**361**

975 　잠깐 사

zhà

대팻날의 모습으로 보이는데, 아랫부분에서 위로 치켜 오른 부분은 손잡이를, 윗부분은 깎고 광택을 내는데 사용되는 대패[木屑]이다. '구조물을 짓는' 것과 같은 공정을 말한다.

976 　풀이 자라
　산란할 개

jiè

977 　교묘히 새길
　갈/계

qià

고대 사회에서 계약을 할 때 칼로 나무판에 금을 새겨 표시를 한 다음, 각자 계약서의 절반을 나누어 가지고 차후에 검증의 증거로 삼았었다. 개(丯)는 계(初)를 분해해 추출하여 나온 글자인데, 지금은 둘 다 새김을 나타내는 기호로 쓰인다.

978 　새길 계

qì

계(初)에서 파생된 글자가 분명하며, 여기에 목(木)이 더해진 모습이다. 이는 나무판에 칼로 어떤 표식을 새겨 향후 검증의 징표로 삼기 위한 계약서로 삼았음을 반영한다.

979 **줄기 매**

méi

나무[木]와 지팡이[攵]의 조합으로 이루어졌다. 나무의 가지들이 서로 연결되는 지점에서 나무 손잡이의 굽은 모양을 자연스럽게 형성하기 때문에 도끼의 손잡이로 직접 사용하거나 보행을 돕는 지팡이로도 사용할 수 있었다.

金　甲

980 **비 추**

zhǒu

빗자루이다. 마른 관목을 사용하여 손에 들 수 있도록 묶은 다음, 앞부분의 손잡이로 땅을 쓸어 내는 청소 도구이다.

金　甲

981 **옻 칠**

qī

나무의 껍질이 손상을 입어 즙이 흘러 나오는 모양이다. 이는 옻나무의 옻 즙을 모아 나무로 만든 용기의 광택을 내는 데 사용됨을 말한다.

金

篆

❶ 동물

❷ 전쟁과 형벌

❸ 일상생활①

❹ 일상생활②

❺ 기물제작

❻ 삶과 신앙

982 　근심 환

꿸 천

串

chuàn　　huàn

천(串)은 하나의 사물로 여러 개의 사물을 꿰어 놓은 모습이다. 이로부터 '우환(憂患)'의 '환(患: 걱정)'자로 확장되었는데, 천(串)이 소리부이고 추가된 심(心)은 그런 심정을 뜻한다.

篆
古

983 　함께 공

gòng

두 사람이 어떤 무거운 물건을 함께 들고 있는 모습이다.

金　甲

古　篆

피혁과 방직업

5.4.1 피혁

984

가죽 혁

gé

상형자이다. 동물의 가죽을 펴서 건조시키는 모습을 그렸는데, 가죽은 건조 후 단단해진다. 동물의 머리, 몸, 꼬리가 모두 선명하게 표현되었다.

甲

金

985

비에 젖은 가죽 박

gé

이는 '패(覇: 달빛)'자의 소리부로 쓰이는데, '혁(革: 가죽)'이 '우(雨: 비)' 아래에 놓인 모습이다. 이는 가죽을 가공하는 고대의 방법인데, 동물의 가죽을 비를 맞혀 불순물을 제거하면 노동력을 절약할 수 있었다.

篆

金

986 **이길 극**

克

kè

987 **가죽 피**

皮

pí

한 손에 극(克) 모양의 가죽으로 만든 방패를 든 모습인데, 공격과 방어 기능을 모두 가지고 있다. 이로써 '극복하다', '이기다'는 의미를 표현했다.

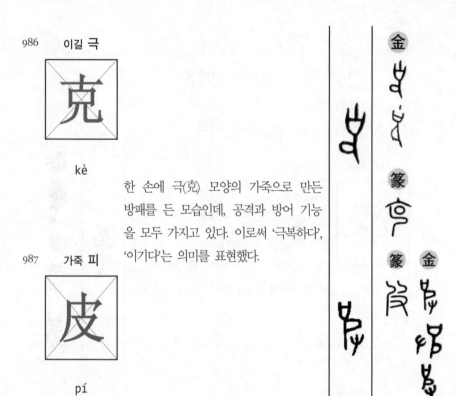

❶ 동물

❷ 전쟁과 형벌

❸ 일상생활①

❹ 일상생활②

❺ 기물제작

❻ 삶과 신앙

988 **부드러울 유**

róu

가죽 조각을 손에 들고 나무 말뚝에 걸고 당기는 모습인데, 이렇게 하면 가죽이 부드러워진다.

古 篆

989 **무두질할 년**

niǎn

이는 유(柔)자의 윗부분일 것으로 추정된다. 손으로 나무 말뚝에서 가죽을 문질러 가죽을 부드럽게 만드는 모습이다. 그래서 '무두질을 하다'는 뜻을 갖게 되었다.

甲 篆

990 **훌부들한 가죽 준/연**

ruǎn

윗부분은 모자의 모양이고 아랫부분은 부드러운 가죽이다. 부드러운 가죽으로 모자를 만든다는 뜻이다. 이후 연(輭)자에 의해 대체되어, 더 이상 '무두질을 하다'는 의미와 관련되었음을 알아볼 수 없게 되었다.

篆

991 **닦을 쇄**

shuā

솔이나 수건을 한 손에 들고 무언가를 문지르는 모습이다. 그래서 '닦다'는 뜻이 생겼는데, 아마도 가죽을 닦고 씻는 데서 출발했을 것이다.

篆

992 **되돌릴 반**

fǎn

어떤 기물을 만들려면 모피와 같은 재료를 손으로 뒤집어야 한다는 의미를 담았다. 이 때문에 '상반되다'는 뜻을 갖게 되었다.

金 甲

古 篆

993 **나아갈 염**

rǎn

털이 많이 달린 어떤 특정 기물인데, 이로써 털이 무성함을 나타냈다.

篆 金

994 악기 이름 주

zhǔ

북의 모양으로, 아랫부분에 받침대가 있어 땅위에 세울 수 있다. 북의 윗부분이 갈라진 모습을 하였는데, 장식 효과 외에도 북채를 걸어둘 수 있었다.

995 북 고

gǔ

북채를 한 손으로 잡고 세워진 북을 두드리는 모습이다. 원래는 북을 치는 동작을 말했으나 나중에 악기인 '북'을 지칭했다.

996 성 팽

péng

북(壴) 옆에 3개의 짧은 획이 그려진 모습인데, 삼(彡)은 짧고 강력한 북소리를 상징한다.

997 클 분

bì/bēn

어떤 물체에 화려한 장식이 달린 모습이다. 제사에 사용하던 기물인 '정(鼎: 세발솥)'에 꽃 같은 장식을 꽂은 것일 수도 있고, 북 같은 도구를 그린 것일 수도 있다.

998 세울 주

樹 尌

shù   zhù

굽이 있는 기물인 두(豆)처럼 용기에 어떤 식물을 놓은 모습인데, 이는 제사를 위한 목적이었을 것이다.

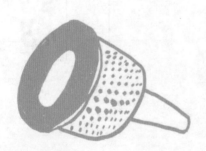

999 나 여

yǔ

갑골문에서는 아직 이 글자가 등장하지 않지만, 금문에서는 야(野)자의 소리부로 쓰였다. 아마도 베를 짤 때 씨실을 날실에 교차되게 넣어주는 도구인 '북'일 것이다.

篆 金

1000 지하수 경

jīng

베를 짜는 기계인 베틀에 날실이 이미 설치된 모습이다. 이어서 북을 사용하여 날실을 씨실로 통과시키면 베를 짤 수 있다.

金 篆

1001 기미 기

jǐ

앉아서 발판을 사용하여 날실의 개폐를 통제하면서 베를 짤 수 있는 직조기, 즉 베틀을 말한다.

篆 金

① 동물
② 전쟁과 형벌
③ 일상생활①
④ 일상생활②
⑤ 기물제작
⑥ 삶과 신앙

| 1002 | 실 사 | 두 개의 실타래가 나란하게 배치된 모습이다. 누에가 뽑어낸 실은 너무나 가늘어서 직접 베를 짜기에는 적합하지 않다. 그래서 기계로 직조하기 전에 세 가닥의 실을 꼬아서 좀 더 두꺼운 실로 만들어 써야만 베를 짤 수가 있다. | |

sī

1003 **가는 실 멱**

삼(대마) 같은 종류의 섬유를 얽어 짠 실을 말한다.

mì

1004 **이을 계**

손으로 여러 가닥의 실(실크)을 정리하여 하나의 체계로 만든 모습이다. 가는 실을 꼬아서 두꺼운 실로 만들어야만 베를 짤 수가 있다.

xì

1005　**변할 환**

huàn

자형은 실(실크)이 매달려있는 모습처럼 보이는데, 이후 자형이 분리되어 환(幻) 자가 되었다.

金

篆

1006　**이을 소**

紹

shào

칼로 자른 실을 다시 연결하는 모습이다. 그래서 '연결하다'는 뜻이 생겼다. 이후 구(口)를 더하였는데 이는 의미와 관련 없는 장식 부호이며, 형성구조로 변했다.

金　甲

古　篆

1007　**이을 계**

jì

금문 자형에서 '계(繼 잇다)'와 '절(絶 끊다)'은 같은 글자의 정면 자형과 반대로 뒤집은 자형이다. 실이 엉켰을 때는 실을 자르고 다시 연결하는 것이 가장 빠른 방법이다. 그래서 '끊다'와 '연결하다'는 뜻이 동시에 들게 되었다. 이후 이들을 구별하기 위해 멱(糸)을 더해 계(繼)를 만들었다.

金

篆

1008 끊을 절

絶

jué

갑골문에서는 잘린 실타래의 모양이다. 금문에서 잘린 실타래에 연결된 것은 칼처럼 보인다. 고대 한자에서는 정면 모습과 반대로 뒤집은 모습이 종종 의미에 차이가 없었다. '절(絶: 끊다)'은 '계(繼: 잇다)'를 반대로 뒤집은 모습이다. 실을 끊었으면 연결해야 하는 법, 그래서 이 두 글자는 같은 데서 근원했다.

1009 끊을 단

斷

duàn

금문의 자형을 보면 칼로 실패에 감긴 실을 끊다는 의미를 표현했다. 소전체에서는 '도(刀: 칼)' 대신 나무를 자르는 '근(斤: 도끼)'을 동원해 실을 끊다는 의미를 표현했다.

1010 *

亂

luàn

두 손을 각각 실패의 양 끝에 두어 엉킨 실을 정리하는 모습이다. 엉켰기 때문에 '정리'가 필요하다. 그래서 난(亂)자에는 '어지럽다'와 '다스리다'는 두 개의 상반된 의미가 함께 들었다.

얽힐 구

두 물체가 서로 엉키어 얽힌 모습이다.

jiū

篆 甲

1012

연할 철

실을 꼬아 만든 끈이 서로 연결된 모습이다.

zhuì

篆

1013

맬 루

줄 하나에 많은 것들이 묶여있는 것처럼 보이는데, '하중을 견딜 수 없을' 것 같은 느낌을 표현했다.

léi

篆

① 동물
② 전쟁과 형벌
③ 일상생활①
④ 일상생활②
❺ 기물제작
⑥ 삶과 신앙

1014 **오로지 전**

zhuān

'방전(紡磚: 벽돌모양의 가락바퀴)' 혹은 '방종(紡鍾: 원판모양의 가락바퀴)'이 그려진 모습이다(글자 아래의 세모꼴 혹은 둥근 원). 위쪽에는 세 가닥의 엉킨 실이 그려졌다.

1015 **은혜 혜**

huì

심(心)과 베틀의 가락바퀴[紡鍾]가 결합한 모습이다. 직조기의 방추를 사용하여 베를 짤 수 있는 사람은 세심하고 지능을 갖춘 사람임을 말했다.

1016 **오로지 전**

zhuān

손에 실이 가득 감긴 가락바퀴[紡鍾]를 잡고 있는 모습이다. 베를 짜기 전에 실을 실꾸리(실패)에 감아야 하는데, 오롯이 집중해야지 그렇지 않으면 실이 엉망으로 엉켜서 잘못된 무늬를 만들게 된다.

1017 **무성할 자**

지시대명사로 사용되는데, 두 개의 실
묶음으로 표현했다.

zī

1018 **뽕나무 상**

뽕나무의 모습이다.

sāng

1019 **죽을 상**

뽕나무 잎을 따는 장면을 묘사했는데,
나무에 가지와 새싹 사이에는 1개에서
4개의 구(口)가 더해진 모습이다. 이후
'죽다'는 의미로 가차되었다.

sàng

❶ 동물

❷ 전쟁과 형벌

❸ 일상생활①

❹ 일상생활②

❺ 기물제작

❻ 삶과 신앙

1020 **흴 소**

sù

두 손으로 아직 정리되지 않은 실을 잡고 있는 모습이다. 가장자리가 아직 골라지지 않은 모습이 직물의 초기 상태임을 말해주며, 이로부터 '아직 가공되지 않은'이라는 의미를 나타내게 되었다.

篆 金

1021 **동아줄 삭**

찾을 색

suǒ

두 손으로 밧줄을 짜고 있는 모습인데, 밧줄의 한쪽 끝이 세 개의 가닥으로 표현되었다.

金 甲

1022 **햇솜 면**

mián

백(帛)은 실크로 짜서 만들어지는데, 재료가 되는 실크는 매우 가늘기에 이로써 조밀하게 짠 베를 대표했다.

篆

1023 **드러날 현**

xiǎn

햇볕에 젖은 비단 실 타래를 말리는 모습이다. 아니면 '현(顯: 드러내다)'자에서 분리해 낸 것일 수도 있는데, 현(顯)은 귀걸이가 햇빛에 반사되어 반짝임을 나타낸 글자다.

篆

1024 **나타날 현**

xiǎn

글자 창제의미는 '호(顯: 빛나다)'와 유사한데, 귀족의 머리에 부착된 구슬 장식이 햇빛에 반사되어 빛나는 모습이다. 고귀한 귀족만이 길게 꿴 귀고리 장식을 할 수 있었는데, 이로부터 '권세를 드러내다', '빛이 나다'는 의미를 가지게 되었다.

篆 金

1025 **축축할 습**

shī

고대에는 흐르는 물로 비단 실의 불순물을 용해시키는 데 사용했다. 자형에서는 흐르는 물에서 방금 꺼내 아직 건조하지 않은 실타래를 그렸는데, 아직 물에 떠 있는 모습이다.

金 甲

篆

1026 **합할 접**

jié

베를 쉽게 짜기 위해 여러 가닥의 가는 실을 좀 더 굵은 가닥으로 꼬는 모습이다.

篆 纈

1027 **검을 현**

xuán

비단 실 타래의 모습이다. 공을 많이 들여 여러 번 염색해야만 검붉은 색으로 변하는데, 검붉은 색은 고대에 가장 좋아하던 색이었다. 이는 가장 일상으로 볼 수 있는 천의 색깔로 그 의미를 표현했을 것이다.

篆 金 ᢒ 古 ᢒ

1028 **가까이할 음**

jīng

손으로 정(壬)을 잡고 있는 모습인데, 정(壬)은 원래 실을 감는 실패를 그린 모습이다. 이 글자는 익숙한 베 짜는 작업에서 해당 이미지를 가져왔다.

篆 또

1029

산앵두나무
대추 즙 청

chēng

적(赤)과 수(水)자의 결합으로 산앵두나무[棠棗]의 붉은 즙을 표현했다.

篆

1030

붉을 혁

赫

hè

두 개의 적(赤)자를 가지고서 색깔이 대단히 붉음을 강조했다.

篆

1031

바랄 희

xī

『설문해자』에는 희(希)자가 수록되지 않았다. 그러나 화(禾)가 의미부이고 희(希)가 소리부인 희(稀)자로 볼 때, 이는 직물에 큰 직조 구멍이 있음을 의미하고, 이로부터 '성기다', '드문드문하다' 등의 뜻이 나왔을 것이다.

篆

❶ 동물　❷ 전쟁과 형벌　❸ 일상생활①　❹ 일상생활②

❺ 기물제작

❻ 삶과 신앙

1032 고치 견

jiǎn

소전체에서는 이미 자형이 변화되었다. 그러나 고치 속의 누에가 실을 토해내고, 실크 실이 누에고치에서 추출된 것임을 여전히 알아 볼 수는 있다.

篆 古

도자기와 금속업

5.5.1 도자기

1033 **흙 토**

tǔ

상단과 하단은 작고 중간 허리 부분은 큰 흙더미 모양이며, 그 측면으로 물방울이 있어, 성형 가능하고 불에 구울 수 있는 가치 있는 흙임을 강조했다.

1034 **장군 부**

fǒu

도기를 만들기 위한 용기와 점토를 두드리는 나무판으로 구성되어, 나무 판을 두드려 형태를 만든 도기임을 강조했다.

① 동물
② 전쟁과 형벌
③ 일상생활①
④ 일상생활②
⑤ 기물제작
⑥ 삶과 신앙

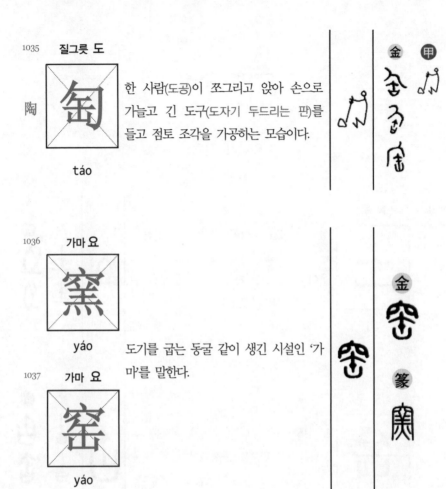

1035 **질그릇 도**

陶

匋

táo

한 사람(도공)이 쪼그리고 앉아 손으로 가늘고 긴 도구(도자기 두드리는 판)를 들고 점토 조각을 가공하는 모습이다.

1036 **가마 요**

窯

yáo

도기를 굽는 동굴 같이 생긴 시설인 '가마를 말한다.

1037 **가마 요**

窑

yáo

5.5.2 금속

1038 **쇠 금/성 김**

jin

금(金)은 금속을 녹여 기물을 주조하기 위한 거푸집을 말하는데, 이 주형틀을 사용하여 청동기를 주조한다는 개념을 표현했다.

1039 **온전할 전**

quán

금(金)자의 자형과 유사하게 표현되었다. 주형틀이 이미 결합되어 주조할 준비가 다 되었거나 이미 주조를 한 상태이지만, 아직 칼로 주형틀을 잘라내지 않은 상태를 말한다. 그래서 '손상되지 않은 완전한 상태'라는 뜻을 갖게 되었다.

1040

쇠 부어 만들
주

鑄

zhù

두 손으로 기물 속에 담긴 구리 용액을 다른 기물에 붓는 모습인데, 이로써 용기를 주조하는 과정을 표현했다.

1041

힘쓸 소
사람이름 쇠

釗

zhāo

1042

나눌 할

割

gē

고문 자형을 보면 칼로 주형틀을 묶었던 밧줄을 자르고, 묻은 흙을 제거하여, 주물로 만든 기물을 꺼내는 모습이다. 금문에서는 칼로 물건을 두 개로 나눈 모습인데, 이는 주형틀을 갈라서 완성품을 꺼낸다는 의미를 나타냈다.

1043 해칠 해

hài

할(割)자에서부터 분할해 낸 글자로 추정되는데, 이미 주조를 마친 거푸집을 냉각한 후에 묶었던 줄을 끊고서 기물을 꺼낸다. 그래서 '상해(傷害: 상처를 내어 해를 입히다)'라는 뜻이 생겼다. 원래는 아래위의 두 부분으로 분리된 모습을 해야 하는 것이 옳을 것이나 서사의 편의를 위해 이 둘을 연결시켜 놓았다.

篆 金

1044 밝을 철

zhé

의미부로 '심장'이 포함된 것은 이 글자가 생각과 감정에 관련되었음을 말해준다. 그리고 언(言)은 긴 관악기를 말하여 '말'을 상징한다. 모루 위에서 철기를 두드리는 모습으로 주조와 관련되었다. 전체 구조는 고도로 심화된 전문적인 지식임을 나타냈다.

金

古

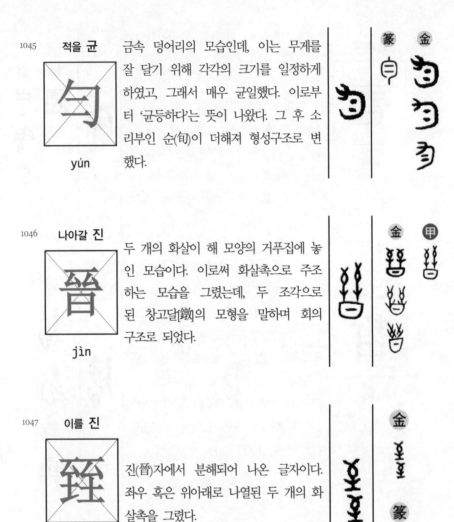

1045 **적을 균**

勻

yún

금속 덩어리의 모습인데, 이는 무게를 잘 달기 위해 각각의 크기를 일정하게 하였고, 그래서 매우 균일했다. 이로부터 '균등하다'는 뜻이 나왔다. 그 후 소리부인 순(旬)이 더해져 형성구조로 변했다.

1046 **나아갈 진**

晉

jìn

두 개의 화살이 해 모양의 거푸집에 놓인 모습이다. 이로써 화살촉으로 주조하는 모습을 그렸는데, 두 조각으로 된 창고달[鐏]의 모형을 말하며 회의구조로 되었다.

1047 **이를 진**

臸

jìn

진(晉)자에서 분해되어 나온 글자이다. 좌우 혹은 위아래로 나열된 두 개의 화살촉을 그렸다.

1048 엄할 엄

嚴

yán

손에 도구를 들고 산에서 광석을 채굴하는 모습이다. 이로써 '엄격하다', '가혹하다'는 의미가 생겼다.

1049 감히 감

敢

gǎn

광물을 채취하는 노동자의 모습을 그렸다. 광물을 채취한다는 것은 매우 힘들고 위험한 작업으로 상당한 용기가 필요하다. 이 때문에 '용감(勇敢)하다'와 '과감(果敢)하다' 등의 뜻이 나왔다.

1050 깊을 심

深

shēn

한 사람이 동굴에서 입을 벌리고 숨을 쉬며 땀을 흘리는 모습이다. 이는 광정 깊은 곳에서 일어나는 현상인데, 이로부터 '깊다'는 의미를 갖게 되었다.

1051 **구멍 혈**

xué

목재 프레임으로 지지대를 만들어 광정을 지탱하는 모습이다.

  篆

1052 **산속 깊이 들어갈 잠**

cén

산 속에 있는 광정의 갱도를 말하는데, 지하 깊이 들어가기도 하고 여러 갈래로 갱도가 나뉜 모습이다.

 篆

1053 **구할 현**

xiòng

소전체를 보면, 한 사람이 광정 속에서 개발 도구와 나무로 된 원반을 들고 발굴을 하는 모습인데, 동굴 밖에 있는 사람이 이에 응대하고 있다. 이것은 채광 혹은 옥을 캐내는 모습이다.

  篆

1054 움펑눈 요

yǎo

갱도가 매우 깊은 모습인데, 보통의 경우에도 수백 미터 깊이의 지하로 들어간다. 목(目)은 아마도 광정이 여러 층으로 되었음을 상징하는 부호일 것이다.

篆 窅

1055 뚫을 천

chuān

자형을 보면 동굴[穴]에 아(牙)자가 든 모습인데, 도구로 광정의 갱도를 개척하였음을 표현했거나 아니면 동굴을 뚫어서 사는 집으로 활용했다는 의미를 표현했다.

篆 穿

1056 붉을 단

dān

붉은 단사[丹砂]를 채굴하는 광정의 입구의 모양이다.

金 甲 古 篆

❶ 동물

❷ 전쟁과 형벌

❸ 일상생활①

❹ 일상생활②

❺ 기물제작

❻ 삶과 신앙

1057　푸를 청

青

qīng

초록 색깔을 띤 광물이다. 초기의 염료 는 대부분 천연 광석을 채취해서 사용 했다.

篆 青

金 青

古 青(gu symbol)

1058　붉을 동

彤

tóng

단(丹)자에서 파생된 글자이다. 단(丹)자 는 붉은 색의 광물이고, 삼(彡)은 장식 물을 뜻한다.

篆 彤

金 彤

1059　갈 복

復 复

fù

한 발로 풍로의 송풍 주머니를 작동시 키고 있는 모습이다. 송풍 주머니의 작 동은 압축된 가죽 주머니를 사용하여 공기를 화로로 보내 온도를 높이고 태 우는데 도움을 준다.

金

甲

1060 **음률 려**

lǚ

제련된 광석 두 조각을 그렸는데, '주조'와 관련된 의미이다.

金
甲

1061 **두터울 후**

hòu

도가니의 사용 방법을 나타냈다. 도가니의 벽은 일반 용기의 벽보다 훨씬 두꺼워야 하기 때문에 이로써 '두께'라는 개념을 표현하는 데 사용했다.

金
甲

1062 **법칙 칙**

zé

'정(鼎: 세발솥)'과 '도(刀: 칼)'의 조합으로 이루어졌다. 청동기의 아름다움[鼎]이나 청동 도구의 예리함[刀]은 구리와 주석의 합금 비율에 따라 달라지므로, 어떤 '기준'과 '원칙'이라는 의미를 갖게 되었다.

金
甲

1063 주석 석

錫

xī

세 부분으로 구성되었는데, 금(金)은 금속을 의미하고, 역(易)은 독음 부호이며, 나머지는 주석 덩어리의 형상이다.

金 鍚鍚 鍚鑫

1064 구분 단

段

duàn

한 손에 도구를 들고 산에서 두 개의 금속 주괴를 파내고 있는 모습이다. 광석을 채굴할 때에는 도구로 바위를 때려 깨야 하므로 '때리다'는 뜻이 있게 되었다.

金 𣪊 𣪊

1065 가시랭이 예

銳

rùi

주문(籀文)체에서는 화로의 불에 칼을 가열하고 있는 모습이다. 이는 쇳덩이를 강철로 '단조(鍛造: 금속을 두들기거나 눌러서 필요한 형체로 만드는 일)'하는 동작이다. 철은 단조를 거친 후 경도, 즉 예리한 정도가 높아진다. 그래서 '날카롭다'는 의미를 갖는다. 원래는 철을 단조하는 과정을 말했는데, 나중에는 청동으로 만든 무기에 적용되었다.

篆 銳 籀

빌 가

jiǎ

금문의 자형을 보면 두 손으로 가죽 제조와 관련이 있을 수 있는 작업을 하고 있는 것처럼 보인다.

篆 金

古

가릴 간

jiǎn

자루 속에 무언가가 들어 있는 모습이다. 재료를 마대 자루에 넣고 물속에 담가서, 물이 천천히 불순물을 용해시켜 순수한 품질을 얻도록 하는 장치이다. 그래서 '선택하다'는 의미를 갖게 되었다.

金

쇠 철

tiě

철(戭)자는 철(鐵)자의 초기 형태로, 철(鐵)자의 어원이기도 하다. 모루[呂]에다 무기[戈]를 놓고 단조하는 모습이다.

銘

① 동물 ② 전쟁과 형벌 ③ 일상생활① ④ 일상생활② ⑤ 기물제작 ⑥ 삶과 신앙

1069 **불릴 야**

yě

도(刀), 화(火), 금속 찌꺼기, 모루로 구성되었는데, 철기를 '단조(두들기거나 눌러서 필요한 형체로 만드는 일)'하는 기술을 말한다.

1070 **길할 길**

jí

주형틀이 이미 다 갖추어져 깊은 구덩이에 설치된 모습이다. 구덩이에 넣으면 냉각 속도가 느려져 더욱 아름답게 주조할 수 있다. 이로부터 '훌륭하다', '좋다'는 뜻이 나왔다.

화폐와 상업활동

① 동물
② 전쟁과 형벌
③ 일상생활①
④ 일상생활②
⑤ 기물제작
⑥ 삶과 신앙

1071   **저자 시**

shì

멀리서도 사람들이 시장이 열려 상품을 교환할 수 있다는 것을 잘 알아볼 수 있게 긴 장대에 깃발을 달아 매달아 놓은 모습이다.

1072   **바탕 질**

zhì

두 자루의 도끼[斤]를 하나의 조개화폐와 교환한다는 의미를 그렸다.

1073   **혹 췌**

zhuì

패(貝)와 출(出)과 방(放)으로 구성된 회의자이며, 조개로 만든 장식물을 전당잡혀 다른 물자로 교환하다는 뜻이다.

1074 　질 부

負

fù

인(人)과 패(貝)의 조합으로 이루어졌다. 사람이 조개화폐를 가지고 있다면, 그를 신뢰할 수 있고, 조개화폐를 사용하여 필요한 다른 물건을 살 수도 있다는 의미이다. 이 글자의 초점은 '신뢰'에 맞추어져 있다.

1075 　조개 패

貝

bèi

조개의 배 부분을 그렸다. 조개껍질은 단단하고 세밀한데, 북방 지역에서는 이를 구하기가 쉽지 않았다. 그래서 이를 가치 있는 것으로 간주하였고, 이로써 거래하는 매개로 삼거나 귀중품으로 삼았다.

1076 　벗 붕

朋

péng

바다 조개를 꿰어서 목걸이로 만든 모습인데, '붕우(朋友: 친구)'처럼 항상 함께하는 것임을 반영했다.

1077 열매 실

집안의 상자 속에 조개 화폐가 저장되어 있는 모습인데, 이로써 '풍족하다'는 의미를 나타냈다.

shí

1078 물건 품

많은 항목이 순서대로 질서 있게 놓인 모습인데, 나중에 물품을 헤아리는 단위로 사용되었다.

pǐn

1079 임할 림

머리를 아래로 숙인 채 여러 가지 물품을 살피는 모습인데, 눈을 아래로 내려다보는 모습을 표현했다.

lín

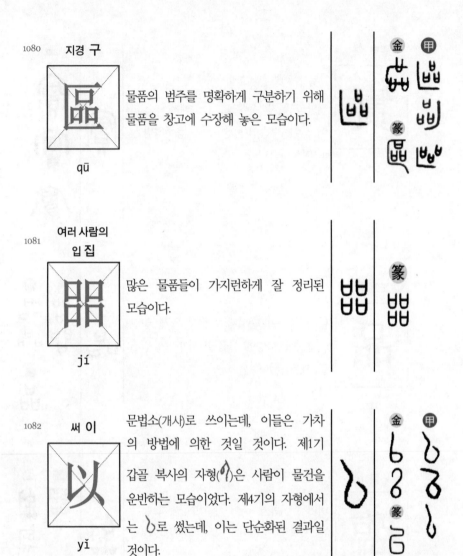

1080 **지경 구**

區

qū

물품의 범주를 명확하게 구분하기 위해 물품을 창고에 수장해 놓은 모습이다.

1081 **여러 사람의 입 집**

晶

jí

많은 물품들이 가지런하게 잘 정리된 모습이다.

1082 **써 이**

以

yǐ

문법소(개사)로 쓰이는데, 이들은 가차의 방법에 의한 것일 것이다. 제1기 갑골 복사의 자형()은 사람이 물건을 운반하는 모습이었다. 제4기의 자형에서는 로 썼는데, 이는 단순화된 결과일 것이다.

1083 **근본 저**

dǐ

갑골문 자형으로 볼 때, 한 사람이 손에 무언가를 가지고 어떤 일을 하고 있는 모습이다. 의미는 문법소로 쓰인 '이(以: ~로써)'자와 같다.

1084 **필 필**

pǐ

베를 묶어 두루마리로 말아놓은 모양이다. 상점에서는 일정한 표준에 의한 길이의 천이 필요했다. 이는 말을 헤아리는 단위사로도 사용되었다.

1085 **보배 보**

bǎo

집 안에 조개화폐와 꿰어 놓은 옥이 든 모습인데, 모두 귀한 존재로 잘 간직할 만한 것들이다.

① 동물
② 전쟁과 형벌
③ 일상생활①
④ 일상생활②
❺ 기물제작
⑥ 삶과 신앙

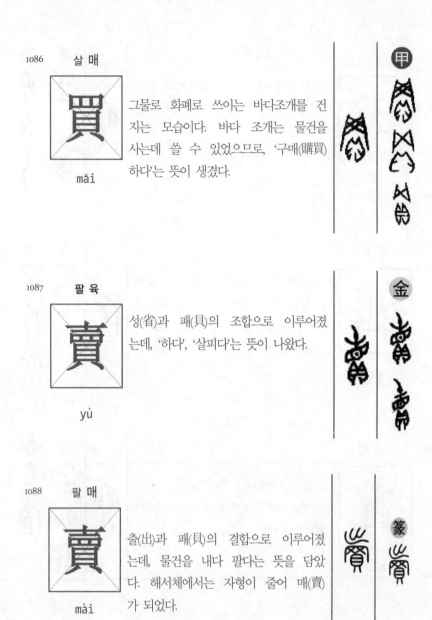

1086 살 매

買

măi

그물로 화폐로 쓰이는 바다조개를 건지는 모습이다. 바다 조개는 물건을 사는데 쓸 수 있었으므로, '구매(購買)하다'는 뜻이 생겼다.

甲

1087 팔 육

賣

yù

성(省)과 패(貝)의 조합으로 이루어졌는데, '하다', '살피다'는 뜻이 나왔다.

金

1088 팔 매

賣

mài

출(出)과 패(貝)의 결합으로 이루어졌는데, 물건을 내다 팔다는 뜻을 담았다. 해서체에서는 자형이 줄어 매(賣)가 되었다.

篆

힘입을 뢰

lài

포대에 바다조개가 담겨진 모습이다. 포대에 담아 놓아야만 잃어버리지 않게 된다. 그래서 '신뢰(信賴)'의 의미가 생겼다.

1090

이을 속

xù

1091

이을 갱

gēng

고문체 자형을 보면 경(庚)과 패(貝)의 결합으로 이루어졌는데, 경(庚)은 요령이나 손에 드는 북 같은 악기이고, 패(貝)는 바다조개의 형상이다.

❶ 동물

❷ 전쟁과 형벌

❸ 일상생활①

❹ 일상생활②

❺ 기물제작

❻ 삶과 신앙

1092 **헤아릴 상**

商

shāng

우뚝 솟은 입구가 있는 건물의 모습인데, 그곳이 정치의 중심임을 나타냈다.

1093 **깨뜨릴 패**

敗

bài

조개껍질을 두 손에 잡고 서로 충돌시키면 조개껍질이 손상되어 귀중한 가치를 잃게 되므로, '손상되다'는 의미를 갖고 있다.

1094 **취할 률**

lüè/luó

한 손으로 어떤 물건을 다른 손으로 넘겨주는 모습인데, "한 손에는 돈, 한 손에는 물건"이라는 말처럼 돈을 지불하고 물건을 사는 상행위로 보인다. 그래서 가치를 매기는 단위로 쓰였는데, 구리 6냥의 무게로 환산된다.

篆 金

1095 **줄 비**

qí

갑골문의 자형은 두 사람이 두 손으로 함께 무거운 물건을 들어 올리는 모습이다. 그래서 '들어 올리다'는 동작을 뜻한다. 금문에서는 전(田) 모양의 포대가 대나무로 엮은 대나무로 만든 바구니 모양의 불(甶)로 바뀌어 지금의 자형이 되었다.

金 甲

篆

① 동물

② 전쟁과 형벌

③ 일상생활①

④ 일상생활②

❺ 기물제작

⑥ 삶과 신앙

1096

둘을 한꺼번에
들 칭

稱

chēng

한 손으로 건축 자재(목재나 볏단 등)를 집어 들고 무게를 추정하는 모습을 그렸다.

1097

무거울 중

zhòng/
chóng

앞쪽에 갈고리가 있는 양쪽 끝을 동여 매어 놓은 포대기를 그렸다. 포대기에 물건이 가득 들어 손으로 들 수 없어서 고리로 들어 올려야했는데, 이로써 '무겁다'는 뜻을 표현했다.

1098

그 궐

jué

이 글자는 아마도 척(尺)자에서 근원하였을 것이다. 손을 펴서 뼘으로 길이를 재는 모습을 표현했다. 1자[尺]를 나타내는 길이 단위로 쓰였으며, 3인칭 대명사로도 사용되었다.

1099 **자 척**

chǐ

손을 펴 손가락을 벌린 모습이다. 편 손바닥의 길이는 대략 엄지손가락 10개의 너비와 거의 같으므로 사물의 길이를 측정하는 데 편리하다.

1100 **마디 촌**

cùn

손으로 물건의 길이를 측정하는 모습이다. 가로획은 엄지손가락의 너비를 상징한다.

1101 **어른 장**

zhàng

초기에는 길이 단위로 한 팔(尋, 8자)을 길이를 재는 단위로 사용했으나, 이후 십진법으로 바뀌었다. 장(丈)은 길이를 측정하기 위한 10자짜리 도구일 가능성이 있으며, 이로써 길이를 재는 도구로 사용했다.

① 동물
② 전쟁과 형벌
③ 일상생활①
④ 일상생활②
❺ 기물제작
⑥ 삶과 신앙

1102 **헤아릴 량**

量

liáng

깔때기를 통해 쌀을 포대 속에 넣는 모습이다. 각각의 포대는 용량이 거의 같기 때문에 만들어 놓은 포대를 사용하여 화물의 부피 또는 무게를 계산할 수 있었다.

1103 **말 두**

斗

dǒu

물과 술을 뜨는 국자를 그렸다.

1104 **반드시 필**

必

bì

가로획으로 기구의 손잡이가 있는 곳을 가리켰는데, 이는 대표적인 지사자이다.

1105 되질할 료

liào

미(米)와 두(斗)의 조합으로 이루어졌는데, 말(斗)(혹은 되)로 쌀의 양을 재다는 뜻이다.

1106 되 승

shēng

요리에 쓰는 숟가락을 그렸다. 용량은 '두(斗: 한 말)'의 10분의 1이다. 지금의 용량 단위로 환산하면 2백 밀리리터 (ml, cc)에 해당한다.

1107 평평할 평

píng

받침대의 양쪽 끝에 물건이 놓인 모습인데, 저울과 관련된 것으로 보인다. '균형을 이루다', '치우치지 않다'는 의미를 갖는다.

1108 **어조사 우**

yú

저울(천평)의 가름대이다. 무거운 물건의 무게를 재야하기 했는데, 무게로 인해 저울의 가름대가 파손되는 것을 방지하기 위해 2개의 층으로 강화하였다. 이후 종종 전치사로 사용되었다.

金 甲

1109 **평평할 만**

mán

저울로 무게를 측정할 때는 양쪽 끝의 균형을 유지해야 한다.

金

篆

1110 **꿰뚫을 관**

guàn

곤봉을 사용하여 운반하기 좋도록 어떤 물체를 꿴 모습인데, 이로부터 '관통(貫通)하다'는 의미를 표현했다.

篆

1111 망할 망

亡

wáng

갑골문에서 망(亡)자는 부정을 나타내는 부사로 쓰였다. 글자가 매우 간단한데, 추상적인 개념에서 왔을 것이다.

1112 좋을 량

良

liáng

'훌륭하다'는 뜻의 형용사이다. 초기 자형을 보면 천과 같이 양쪽 끝에 두 개의 끈이 있는 모습인데, 넓은 천은 물건을 감쌀 수 있으며, 가느다란 끈은 물건을 묶고 조일 수 있다. 아마도 물체를 싸는 기능이 훌륭하였기에 '좋다'는 뜻이 나왔을 것이다.

1113 이문 얻을 고

及

gū

이는 '영(盈: 가득 차다)'에서 분해되어 나온 글자일 것이다. 소전체의 영(盈)자는 발 하나를 동이 속에 담가 물이 넘쳐흐르는 모습이다. 『설문해자』에서는 진(秦)나라 사람들이 시장에서 이익을 많이 남겼다고 했는데, 이로부터 '돈을 벌다'는 뜻으로 확장되었다.

찰 영

yíng

소전체의 영(盈)자는 발을 씻을 때, 발 하나를 동이에 담가 물이 넘쳐흐르는 모습을 그렸다. 그래서 '차서 넘치다'는 뜻이 생겼다.

篆

숫자

❶ 동물

❷ 전쟁과 형벌

❸ 일상생활①

❹ 일상생활②

❺ 기물제조

❻ 삶과 신앙

1115 **셀 산**

suàn

가로로 된 밧줄에 많은 끈들이 묶여 있는 모습이다. 이후 다른 색상과 크기의 밧줄로 변해 사람들은 재산이나 날짜와 같은 것을 계산하거나 기록하는 데 도움으로 삼았다.

篆

1116 **산가지 산**

suàn

죽(竹)과 무(巫)와 공(廾)의 세 글자의 조합으로 이루어졌다. 이 글자의 창제 의미는 '서(筮: 점대)'자와 관련이 있을 것이다. 두 손(廾)으로 점을 칠 때 쓰는 대[竹]로 만든 산가지[玉]를 움직여 단수 또는 복수의 숫자로 운세를 점치는 근거로 삼았다.

篆

1117 **셀 산**

suàn

죽(竹)과 목(目)과 공(廾)의 세 글자로 이루어졌다. 목(目)은 수학에서 주판의 형상을 나타내는데, 두 손[廾]으로 셈틀에 대나무[竹] 가지를 옮겨가며 눈으로 보다는 뜻을 담았으며 이로부터 '계산하다'는 뜻을 표현했다.

篆

1118 점칠 계

卟

jī

갑골문 자형을 보면 점복 재료로 쓰인 소의 어깨뼈()의 모습이며, 오른쪽 하단에 곡선이 그려져 있다. 이의 의미는 불로 지져 나타나는 갈라진 금을 보고서 점이 상서로운지를 판단하다는 것이다.

金 甲 篆

1119 꾀 계

計

jì

언(言)과 십(十)의 조합으로 이루어졌다. 원래는 관악기와 직선의 형태일 수 있는데, 관악기의 길이에 의해 발성되는 음악 소리의 리듬을 계산할 수 있다는 의미를 표현했다. 이후 일반적인 '계산'으로 의미가 확장되었다.

篆

1120 도표 간

栞

kān

목(木)과 견(幵)의 조합으로 이루어졌는데, 이 글자의 창제의미는 '식(識 알다)'자와 유사해 보인다. 나무 조각의 끝부분이 포크 모양으로 갈라진 모습인데, 기호의 일종으로 사용되어, '잘라서 표시를 하다[刊識]'는 의미를 갖게 되었다.

篆

1121 **한 일**

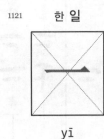

yī

갑골문에서 일(一)은 가로획 하나를 그렸고, 이(二)는 가로획 두 개를 그렸다. 나중에 서로 혼란을 피하기 위해, 각각은 필획이 많은 글자를 만들어 냈는데, 일(弌) 혹은 일(壹)로 표기했다.

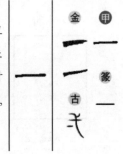

1122 **두 이**

èr

길이가 동일한 두 개의 가로획으로 숫자 이(二)를 나타냈다. 나중에 혼동을 방지하기 위해 일(一)자와 같이 익(弋)을 더한 이(弐)나 이(貳)자를 만들어 냈다.

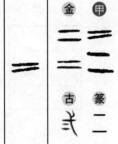

1123 **위 상**

shàng

'위'라는 추상적인 상황을 표현하기 위해 긴 획 위에 짧은 획을 그려 넣었다. 그러나 자형이 이(二)자와 비슷해, 이를 구별하고자 금문에 들어서는 긴 획에다 세로획을 하나 더 더했다.

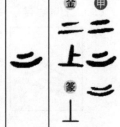

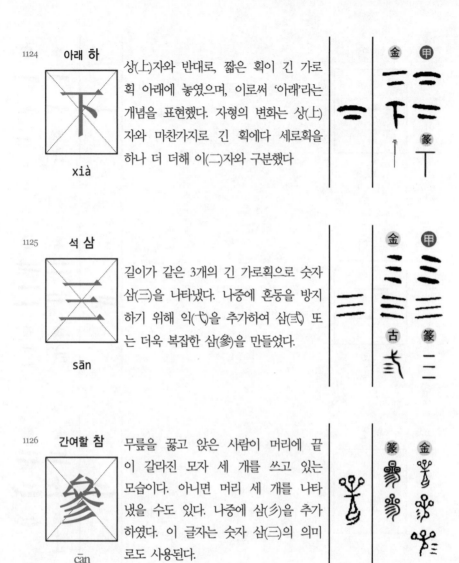

1124 아래 하

下

xià

상(上)자와 반대로, 짧은 획이 긴 가로획 아래에 놓였으며, 이로써 '아래'라는 개념을 표현했다. 자형의 변화는 상(上)자와 마찬가지로 긴 획에다 세로획을 하나 더 더해 이(二)자와 구분했다

1125 석 삼

三

sān

길이가 같은 3개의 긴 가로획으로 숫자 삼(三)을 나타냈다. 나중에 혼동을 방지하기 위해 익(弋)을 추가하여 삼(弎) 또는 더욱 복잡한 삼(參)을 만들었다.

1126 간여할 참

參

cān

무릎을 꿇고 앉은 사람이 머리에 끝이 갈라진 모자 세 개를 쓰고 있는 모습이다. 아니면 머리 세 개를 나타냈을 수도 있다. 나중에 삼(彡)을 추가하였다. 이 글자는 숫자 삼(三)의 의미로도 사용된다.

1127 기운 기

气

qì

기(气)자는 삼(三)자와 자형이 비슷한데, 갑골문에서는 짧은 획 하나가 긴 획 두 개 위에 놓인 모습으로, 기다란 모습을 한 구름 모양이다. 금문에 이르러 삼(三)자와 구분하기 위해 위와 아래 획을 점차 굽게 만들었다.

1128 넉 사

四

sì

4개의 가로획으로 숫자 '4'를 그렸다. 이후 금문에 이르러 혼란을 피하기 위해 글자를 글꼴을 더 복잡한 사(四)로 변경하였고, 이후에는 또 사(肆)로 쓰기도 했다.

1129 익힐 이

肄

yì

갑골문 자형은 한 손으로 동물을 만지는 모습인데, 물방울이 떨어지는 모습까지 더해졌다. 손에 수건을 들고 말을 씻어 주는 모습일 가능성이 가장 크다. 이로써 말과 관계를 잘 유지하게 되며, 이는 말로 하여금 사람의 말을 알아듣게 훈련시키는 연습의 하나이다. 이로부터 '배우다', '익히다' 등의 뜻이 나왔다.

① 동물　② 전쟁과 형벌　③ 일상생활①　④ 일상생활②　**❺ 기물제작**　⑥ 삶과 신앙

제5부 기물제조　**417**

1130 다섯 오

五

wǔ

5에서 9까지의 숫자는 두 개의 획을 서로 다른 모습으로 표현했다. '오(五)'는 서로 교차하는 X자와 같이 그렸는데, 나중에 예(乂=刈)와 구분하기 위해 아래 위에 각각 가로획 하나씩을 더했다.

1131 여섯 륙

六

liù

초기 자형에서는 두 개의 사선(입(入)자처럼)으로 표현했는데, 이후 아래에 두 개의 세로획을 추가하여 갑골문처럼의 자형이 되었다. 소전체에서는 이 자형이 사(四)자와 비슷해, 더욱 복잡한 형태의 육(陸)을 가져와 구별하기도 했다.

1132 뭍 륙

陸

lù

자형은 부(阜)와 관련이 있다. 높은 산에 키가 작은 덤불이 있는 평평한 경사면을 그렸다. 금문에 이르러 변화가 많이 일어났는데, 덤불을 없애거나 혹은 의미를 강화하기 위해 토(土)를 더하기도 했다. 고대에서 독음이 육(六)과 비슷했기 때문에 숫자 육(六)을 대신하기도 했다.

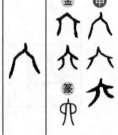

1133 **풀 버섯 육**

lù

글자의 의미는 들판에 무더기를 지어 자라는 버섯이다. 육(陸)자의 갑골문 자형으로 볼 때, 육(圥)자 부분은 식물의 형상임이 분명하다. 그러나 금문에서는 간략화하고 생략하여 육(六)과 같이 되었다. 그래서 『설문해자』에서는 철(屮)이 의미부이고 육(六)이 소리부인 형성자로 분석했던 것이다.

篆 籀

1134 **들 입**

rù

자형은 초기의 육(六)과 비슷하다. 글자 창제의미는 갑골문의 내(內)자의 분석으로부터 왔을 것이다. 내(內)자는 양쪽으로 매달려있는 커튼의 형상을 그렸고, 이를 빌려 '안쪽'이라는 의미를 표현한 글자다.

金 甲

篆

1135 **일곱 칠**

qī

길이가 같은 세로획과 가로획이 서로 교차하는 모습이다. 이 글자는 이후 숫자 십(十)과 동일하여, 이들을 구분하기 위해 소전체에서처럼 세로획을 조금 구부렸다. 이후 복잡한 형체로 쓸 때에는 칠(桼=漆)자나 칠(柒)자를 빌려와 표현했다.

金 甲

篆

❶ 동물

❷ 전쟁과 형벌

❸ 일상생활 ①

❹ 일상생활 ②

❺ 기물제작

❻ 삶과 신앙

1136 **여덟 팔**

교차하지 않는 두 개의 사선을 그리거나 혹은 서로 등진 모습으로 그렸다. 이 글자는 이때부터 모양이 안정되었다. 혼동을 피하기 위해 팔(捌)자를 빌려와 쓰기도 했다.

bā

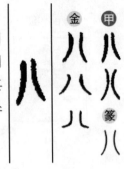

1137 **아홉 구**

교차된 필획에 그중 하나는 굽은 이미지의 형상으로 그려졌다. 이후 나중에 두 개의 획 모두가 구부러졌지만 하나의 그림은 더 길게 그려졌다. 혼동을 피하기 위해 간혹 구(玖)자를 빌려와 표현했다.

jiǔ

1138 **열 십**

숫자 십(十)은 세로획 하나로 표현했으나, 이후 세로획에 작은 점이 하나 더해졌고, 작은 점이 짧은 가로획으로 변했다. 이후 짧은 가로획이 길게 늘어나면서 칠(七)과 같은 모양이 되었다. 그러자 자형의 혼란을 피하기 위해 이후 습(拾)자를 가져와 표현했다.

shí

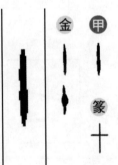

스물 입

niàn

두 개의 십(十)자에서 세로획의 아랫부분이 연결된 모습으로 표현되었다. 금문에 이르러 두 개의 직선에 각각 작은 점이 하나씩 더해졌고, 작은 점은 다시 가로획으로 변해 서로 연결되었다.

金 甲

篆

1140

서른 삽

sà

3개의 십(十)자에서 3개의 세로획의 아랫부분이 연결된 모습으로 표현되었다. 금문에 이르러 3개의 직선에 각각 작은 점이 하나씩 더해졌고, 작은 점은 다시 가로획으로 변해 서로 연결되었다. 소전체에 이르러서는 더 이상 연결되지 않았고 배열 방식도 습관처럼 위에 하나 아래에 두 개를 배열했다.

金 甲

篆

1141

대 세

shì

세(世)자는 아마도 삽(卅)자와 관련이 있을 수 있는데, 3개의 십(十)자가 연결된 것 같은 모습을 했다. 이 글자의 금문 자형은 다양하게 나타나는데, 이는 자리나 밧줄을 짜는 데 사용되는 도구로 생각된다. 이후 '세대(世代)'라는 의미로 가차되었는데, 삼십(三十)년이 한 세대(世代)이다.

篆 金

❶ 동물

❷ 전쟁과 형벌

❸ 일상생활①

❹ 일상생활②

❺ 기물제작

❻ 삶과 신앙

1142 　일백 백

bǎi

백(百)자에 가장 근접한 자형은 엄지 손가락을 그린 백(白)자이다. 독음도 매우 비슷하다. 엄지를 그린 부분에서 교차된 필획은 점차 위쪽 부분과 교차하지 않는 모습으로 필사하게 되었고, 아래쪽 부분도 둥근 선으로 변했다.

1143 　흰 백

bái

현악기를 연주하는 첫 번째 방법은 치는 방식이었는데 나중에는 엄지를 사용하여 현을 튀기는 방식을 사용했다. 그래서 백(白)은 악(樂)자 속에 표현된 엄지를 표현했을 수 있다. 엄지의 형상을 빌려와 '희다'는 추상적 개념을 나타냈다.

1144 　일천 천

qiān

천(千)자는 인(人)자에서 빌려온 글자인데, 몸통에 가로획을 하나 결합하면 '1천'이 된다. '5천' 이상은 숫자와 천(千)자를 분리하는 형식으로 표현했다.

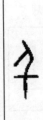

일만 만

wàn

전갈의 형상을 빌려 온 것이 분명하다. 자형의 변천을 보면 꼬리에 가로획이 하나 더해졌고, 다시 손처럼 변했으며, 마지막에는 가로획과 꼬리가 모두 굽은 모습이 되었다. 그렇게 됨으로써 더 이상 전갈의 이미지를 찾아볼 수 없게 되었다.

金 甲
篆

1146

전갈 채

chài

전갈의 형상을 빌려와 숫자 '1만'을 표시했다. 이는 혼동을 피하기 위해 '전갈'의 꼬리 부분을 충(虫)이나 곤(蚰)으로 바꾸어 채(蠆)로 표시했다.

篆

1147

긴 꼬리 원숭이 우

yú

『설문해자』에서는 우(禺)자를 어미 원숭이 속에 속하는 동물이라고 했다. 그러나 만(萬)자의 자형 변천을 고려하면 원래 자형은 원숭이가 아니라 머리가 큰 파충류의 모습을 그렸을 것이 분명하다.

金
篆

❶ 동물

❷ 전쟁과 형벌

❸ 일상생활①

❹ 일상생활②

❺ 기물제작

❻ 삶과 신앙

1148 **하우씨 우**

yǔ

만(萬)자와 비슷하다. 원래 자형은 작은 곤충을 그렸을 것이다. 하나라를 세운 임금을 우(禹)라 했는데, 한때 실제 역사적 인물이 아니라 신화에서 곤충일 것이라 의심 받았다.

篆 金
古 禹

1149 **산신 리**

lí

만(萬), 우(禺), 우(禹)자 등으로 볼 때, 이들 글자를 구성하는 유(内)는 이후에 변한 자형에 지나지 않는다. 그래서 리(离)도 마찬가지로 머리가 큰 특수한 형상의 파충류를 그린 것으로 볼 수 있다.

篆

1150 **은나라 조상 이름 설**

xiè

리(离)자와 모양이 매우 유사하며, 머리만 약간 다른 파충류의 일종이다.

篆
古

1151

억 억

億

yì

갑골문에서 언(言)은 8자 길이의 기다란 관악기의 형상을 그렸다. 금문에 들어 언(言)자의 중간 부분에 원이 하나 추가 되어 '무한한 길이를 상징했다. 소전체 에 들어 심(心)이 더해져 형성구조로 변 했는데, 숫자 '1억'을 뜻하는 외에도 '가 득하다는 뜻을 가졌다. 자형이 의지를 뜻하는 의(意)자와 너무 유사해 의(意)자 의 영향을 받아 억(億)으로 쓰게 되었다.

篆 金

1152

뜻 의

意

yì

의(意)와 억(薏)은 같은 데서 근원하였 을 것이다. 의(意)자는 음(音)과 심(心) 으로 구성된 구조이고, 억(薏)자는 억 (薏)과 심(心)으로 구성된 구조로, 표 현 방식은 똑같다. 사람들은 음악이 마음, 특히 즐거움으로 가득 찬 심경 을 표현할 수 있다고 생각했다.

篆 籀

❶ 동물

❷ 전쟁과 형벌

❸ 일상생활①

❹ 일상생활②

❺ 기물제작

❻ 삶과 신앙

제6부

삶과 신앙

출생

❶ 동물

❷ 전쟁과 형벌

❸ 일상생활①

❹ 일상생활②

❺ 기물제작

❻ 삶과 신앙

1153   **날 생**

shēng

풀이 땅 위로 자라나는 모습이다. 풀의 생명력이 강인하여 땅속의 뿌리가 봄날의 기운에 닿자마자 즉시 생기발랄하게 자라나는 모습을 그렸다.

金 甲

1154   **모이는 모양 신**

shēn

무더기를 지어 자라며 왕성하게 자라나는 풀을 표현하기 위해 두 개의 생(生)을 동원해 표현했다.

篆

1155   **아이 밸 잉**

yùn

사람의 배속()에 이미 모습을 갖춘 아이()가 든 모습이다.

甲

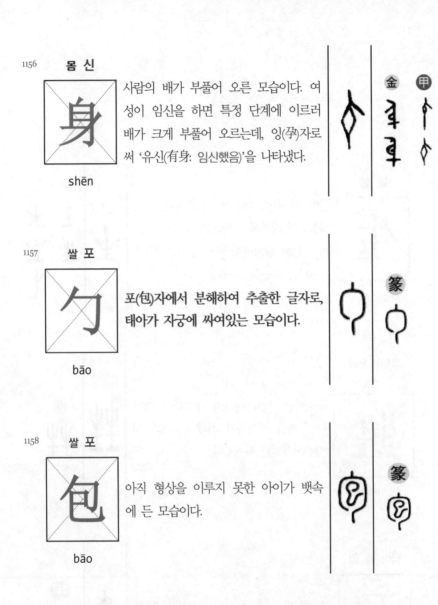

1156 몸 신

身

shēn

사람의 배가 부풀어 오른 모습이다. 여성이 임신을 하면 특정 단계에 이르러 배가 크게 부풀어 오르는데, 잉(孕)자로써 '유신(有身: 임신했음)'을 나타냈다.

金 甲

1157 쌀 포

勹

bāo

포(包)자에서 분해하여 추출한 글자로, 태아가 자궁에 싸여있는 모습이다.

篆

1158 쌀 포

包

bāo

아직 형상을 이루지 못한 아이가 뱃속에 든 모습이다.

篆

1159 　쌀 문

bào

포(包)와 비슷한 의미로 그려내었으며, 자궁에 사람의 모습이 든 모습으로써 여성이 임신했음을 나타냈다.

1160 　어두울 명

míng

자형을 보면, 태아가 원활하게 나올 수 있도록 두 손으로 자궁을 벌리는 모습이다. 명(冥)에는 '어둡다'라는 의미도 있는데, 의학이 아직 발달하지 않았던 고대사회에서 사람들은 산모가 출산하는 방에 사악한 기운이 들어갈까 두려워 어두운 방에서 아이를 낳도록 했던 때문이다.

❶ 동물

❷ 전쟁과 형벌

❸ 일상생활①

❹ 일상생활②

❺ 기물제작

❻ 삶과 신앙

기를 육

yù

기를 육

yù

육(育)은 태아가 자궁 밖으로 미끄러져 나오는 모습을 그렸다. 육(毓)은 반쯤 쪼그리고 앉은 자세의 여성()에, 몸 아래로 아이가 거꾸로() 나오는 모습이다. 아이 주변으로 양수가 함께 표현되어 출산하는 모습을 그렸다.

어조사 야

yě

문장의 끝에 쓰여 어기를 나타내는 접미사 기능은 가차 의미이다. 금문에 근거해 볼 때, 뱀의 모양에서 왔을 것이다. 『설문해자』에서 말한 '여성의 음부'라는 뜻은 아마도 갑골문의 육(育)자(), 즉 아이가 자궁에서 나오는 모습을 그린 것에 근거했을 것이다.

1164 고칠 개

gǎi

한 손에 막대기를 잡고 조산한 아이를 때리는 모습이다. '다음에 태어나는 아기는 건강한 아기가 될 수 있기를 바란다'는 의미를 담았고, 이로부터 '고치다'는 뜻이 나왔다.

1165 아름다울 가

jiā

여성을 뜻하는 여(女, 夨)와 힘을 뜻하는 력(力, 𠂤)의 조합으로 되었는데, 한 여성이 쟁기질을 할 수 있는 남자아이를 안고 있는 모습이다. 고대사회에서 남자아이만이 가업을 계승할 수 있었기에, 남자아이를 낳는 것은 좋은 일이었고, 이로부터 '훌륭하다'는 뜻이 나왔다.

1166 있을 존

cún

자(子)와 재(在)의 조합으로 이루어져, 아이의 출산이 순조로울 것인지를 위문함을 표현했다.

① 동물
② 전쟁과 형벌
③ 일상생활 ①
④ 일상생활 ②
⑤ 기물제작
⑥ 삶과 신앙

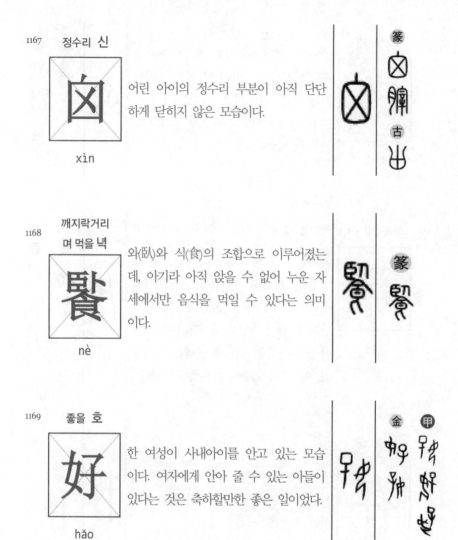

1167 　정수리 신

囟

xìn

어린 아이의 정수리 부분이 아직 단단하게 닫히지 않은 모습이다.

篆

古

1168 　깨지락거리
며 먹을 녁

餒

nè

와(臥)와 식(食)의 조합으로 이루어졌는데, 아기라 아직 앉을 수 없어 누운 자세에서만 음식을 먹일 수 있다는 의미이다.

篆

1169 　좋을 호

好

hǎo

한 여성이 사내아이를 안고 있는 모습이다. 여자에게 안아 줄 수 있는 아들이 있다는 것은 축하할만한 좋은 일이었다.

金 甲

1170   **아들 자**

zǐ

아이의 전체 모습을 그렸다. 손과 발이 모두 그려졌는데, 남자아이든 여자아이든 모두의 공통된 이미지이다. 그러나 고대 가부장제의 관습으로 인해 실제로는 남자아이를 대표하는 데 사용되었다.

金 甲

1171   **손자 손**

sūn

자형을 보면 '자(子: 남자아이)'와 '멱(糸: 끈)'으로 구성되었다. 아마도 실이 길게 계속 이어지듯 자손이 계속해서 유지된다는 의미를 표현했거나, 첫 번째 남자 자손을 낳았을 때 끈을 묶어 축하하던 관습을 표현하였을 수도 있다.

金 甲

篆

1172   **품을 회**

huái

옷 속에 우는 아기가 든 모습이다. 어머니가 우는 아기를 팔에 껴안고 말로 달래는 모습을 빌려와 '품다'는 의미를 그렸다.

篆 金

1173 **버릴 기**

棄

qì

두 손()으로 쓰레받기()를 들고 있고, 쓰레받기 안에는 어린 아이()가 들어 있으며, 아이 주위로 피를 흘리는 모습이 표현되었다. 고대사회는 의학이 잘 발달되지 않았던지라 신생아 사망률이 매우 높았다. 막 출산한 신생아의 생명을 구할 방법이 없어 쓰레받기로 갖다 버리는 모습이다.

1174 **장수 수/솔**

帥

shuài

문의 오른쪽에 수건이 달린 모습이다. 이는 고대 중국에서 여자아기가 태어났다는 신호인데, 수건은 여성이 집안일을 할 때 쓰던 필수품이었기에 여성을 상징하는 물건으로 사용되었다.

1175 **젖 유**

rǔ

한 여성이 입을 벌린 아이에게 모유를 먹이는 모습이다. 이로부터 '수유(授乳: 젖을 먹이다)', '우유(牛乳)', '유방(乳房)' 등의 의미가 나왔다.

甲

篆

1176 **지킬 보**

bǎo

등에 업은 아이를 보호하기 위해 손을 등까지 뻗치고 서있는 사람을 그렸다. 이로부터 '보호(保護)하다', '보존(保存)하다' 등의 뜻이 생겼다.

甲

❶ 동물

❷ 전쟁과 형벌

❸ 일상생활①

❹ 일상생활②

❺ 기물제작

❻ 삶과 신앙

글자 자

zì

어린 아기가 집에 있는 모습이다. 조상의 영령 앞에서 아기를 소개하여 가족의 성원이 되게 한다는 것을 의미한다. 아이가 자신의 이름을 가져야만 산에 넣을 수 있는 자손이 된다. 아이들은 점점 더 태어나 불어날 것이므로 [기초자인 문(文)이 결합하여 무한대로 만들어내는] '문자(文字)'라는 뜻이 파생되었다.

1178

높을 탁

zhuō

도로 옆의 높은 기둥에 매달려 있는 표지판의 모습인데, 갑골문에 의하면 소년의 머리에 장식된 높이 치켜 든 머리 모양으로 보인다. 이로부터 '높다'는 상황을 표현하는 데 사용되었다.

1179

어릴 유

yòu

갑골문에서는 땅을 파는 도구 즉 력(力)의 윗부분에다 끈을 매어 놓은 모습이다. '어리다'는 의미는 아마도 고대사회에서 처음으로 밭을 가는 남자아이의 의식과 관련이 있을 수 있다.

1180 헤엄칠 수

汙

qiú

물 위에 떠있는 어린 소년의 모습인데, 아이들이 수영 훈련하는 모습일 것이다.

篆 甲

1181 같을 여

如

rú

여(女)와 구(口)의 조합으로 이루어졌는데, 아마도 여성의 말은 부드럽고 순종적이어야 한다는 의미를 담았을 것으로 추정된다.

篆 甲

1182 구멍 공

孔

kǒng

어린 아이의 머리에 돌기가 있는 모습인데, 그 머리 모양을 표현했을 것이다.

金

❶ 동물

❷ 전쟁과 형벌

❸ 일상생활①

❹ 일상생활②

❺ 기물제작

❻ 삶과 신앙

제6부 삶과 신앙 **439**

1183 늙은이 로

老

lǎo

머리칼을 느슨하게 풀어헤친 노인의 모습인데(), 특별한 모양의 모자와 두건을 착용하고 손에는 지팡이를 들었다.

1184 효도 효

孝

xiào

자(子)와 노(老)의 조합으로 이루어졌는데, 손자와 할아버지가 함께 걷는 장면을 보여준다. 노인이 아이의 부축을 받아야 걸을 수 있음을 그렸는데, 마침 어린이의 키가 지팡이의 높이로 표현되어 지팡이의 역할을 함을 보여 주고, 이로써 '효도(孝道)'라는 의미를 잘 표현했다.

1185 상고할 고

考

kǎo

머리칼을 느슨하게 풀어헤친 노인이 지팡이를 손에 들고 걷는 모습을 그렸다. 돌아가신 아버지라는 뜻인데, '고문(拷問)하다', '때리다'는 의미도 있다. 어쩌면 노인을 몽둥이로 때려서 죽이던 고대 장례 관습과 관련이 있을 수 있다.

1186

편안할 안

安

ān

여성이 집안에 있는 모습이다. 고대 여성들은 결혼하기 전에는 집밖으로 나가지 않았는데, 여성이 실내에 있는 모습으로써 '안전(安全)'과 '평안(平安)'의 의미를 표현했다.

金 甲

❶ 동물

❷ 전쟁과 형벌

❸ 일상생활①

❹ 일상생활②

❺ 기물제작

❻ 삶과 신앙

1187 **지아비 부**

夫

fū

닭 볏처럼 생긴 비녀를 성인(🧍)의 머리카락에 꽂은 모습이다. 성년이 되면 남녀를 막론하고 모두가 땋은 긴 머리카락을 머리 위에 쟁반처럼 틀어 얹어야만 했다.

1188 **법 규**

規

guī

부(夫)와 견(見)의 조합으로 이루어진 표의자이다. 견(見)은 눈에 보이는 이미지를 말하는데, 이로부터 성인의 사물에 대한 성숙한 견해 그것이 바로 '법'이라는 의미를 담았다.

1189 **바랄 망**

望

wàng

한 사람이 먼 곳의 상황을 살펴보기 위해 높은 곳에서 눈을 크게 뜨고 서 있는 모습이다. 이후 망(望)은 한 달 중 가장 밝은 달(보름달)이라는 뜻으로 가차되었는데, 이를 위해 월(月)도 새로이 더해졌다.

1190 **아내 처**

qī

긴 머리를 손으로 빗는 여성의 모습이다. 여자들은 성년이 되기 전에 머리를 길러 자연스럽게 처지게 하고, 결혼한 후에는 머리를 말아서 쟁반처럼 얹는다.

甲

1191 **갓 관**

guàn

한 사람의 머리[冗]에 손[寸]으로 모자(冃)를 씌우는 모습인데, 이는 남성의 성인의식을 거행하는 동작이다. 의식을 받아들이는 이 사람은 상당히 고급 계층에 속하는 사람이었다.

篆

1192 **빛날 환**

huàn

두 손으로 모자를 든 모습이다. 이는 지식 계층의 남자 성인의식에서 모자를 바꾸어 쓰는 행위를 나타낸다.

篆

① 동물 ② 전쟁과 형벌 ③ 일상생활① ④ 일상생활② ⑤ 기물제작

❻ 삶과 신앙

1193 **며느리 부**

婦

fù

'추(帚: 빗자루)'는 바닥을 청소하는 도구를 그렸다. 집의 청소는 기본적으로 결혼한 여성의 일이었다. 이후 빗자루라는 뜻과 구별하게 위해 추(帚)에 여(女)를 더해 부(婦)로 분화했다.

金 甲

1194 **돌아갈 귀**

歸

guī

사(自)와 '추(帚: 빗자루)'의 조합으로 이루어졌다. 아마도 여성이 결혼해 출가할 때 고향의 흙과 빗자루를 함께 가져가던 관습을 반영한 것일 수 있다.

甲

1195 **찰 충**

充

chōng

머리에 비녀를 꽂은 성년 남성을 그렸다. 이미 '충분히' 다 성장한 성인이라는 의미를 나타낸다.

篆

1196

혼인할 혼

들을
문

聞

婚

wén   hūn

형성자인데, 신부와 결혼하는 시간이 황혼 때였기 때문에 혼(婚)으로 '결혼'이라는 의미를 그려냈다. 금문에서는 '문(聞: 보고를 받다)'의 뜻으로 쓰였는데, 자형을 보면 무릎을 꿇은 사람이 입을 크게 벌리고 있는데 입에서 침이 튀는 모습이 그려졌다. 그의 손이 위로 올려간 것으로 보아 특별한 소식을 듣고, 놀라 실의하여 울부짖는 소리를 내는 모습으로 보인다.

1197

왕비 비

妃

pèi

글자의 의미로 볼 때, 초기의 자형은 한 남자[卩]와 한 여성[女]이 무릎을 꿇고 서로 부부가 되기 위해 결합한 모습일 수 있다. 절(卩)은 이후 기(己)로 잘못 변했고, 위치도 서로 좌우로 바뀌었다.

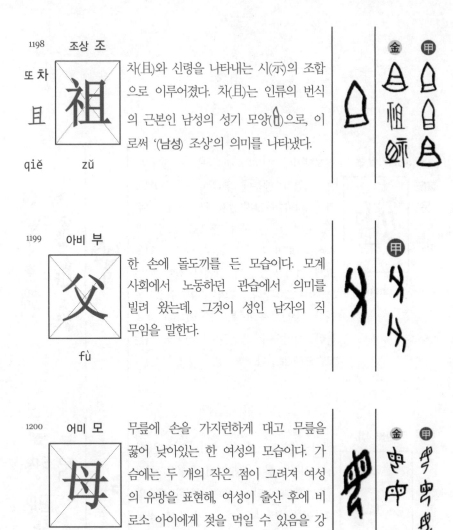

1198 조상 조

또 차

且

qiě   zǔ

차(且)와 신령을 나타내는 시(示)의 조합으로 이루어졌다. 차(且)는 인류의 번식의 근본인 남성의 성기 모양(且)으로, 이로써 '(남성) 조상'의 의미를 나타냈다.

1199 아비 부

父

fù

한 손에 돌도끼를 든 모습이다. 모계 사회에서 노동하던 관습에서 의미를 빌려 왔는데, 그것이 성인 남자의 직무임을 말한다.

1200 어미 모

母

mǔ

무릎에 손을 가지런하게 대고 무릎을 꿇어 낮아있는 한 여성의 모습이다. 가슴에는 두 개의 작은 점이 그려져 여성의 유방을 표현해, 여성이 출산 후에 비로소 아이에게 젖을 먹일 수 있음을 강조했다.

말 무

毋

wú

여(女)나 모(母)자는 갑골문에서 종종 부정을 나타내는 부사로 쓰였다. 소전체에서는 두 점이 가로획으로 연결되어 의미를 더욱 명확하게 하였고, 여성의 이미지도 분명하게 나타냈다.

金
篆
象

비수 비

어미
비
妣

匕

bǐ   bǐ

숟가락을 그린 상형자인데, 이로써 암컷 동물의 성을 상징했다. 인간관계의 호칭으로 사용하여 '여성 조상'을 지칭하기도 했다. 이는 숟가락이 가사 일을 상징하는 도구였고, 이 때문에 여성을 상징했을 수도 있다.

金   甲
篆

맏 형

兄

xiōng

무릎을 꿇거나 서 있는 사람이 입을 벌리고 기도하는 모습이다. 형제(兄弟)라는 호칭은 추상적인 개념인데, 갑골문에서는 축문을 읽으며 기도하는 이 형태로 '형'을 표현했다.

金   甲
篆

❶ 동물

❷ 전쟁과 형벌

❸ 일상생활①

❹ 일상생활②

❺ 기물제작

❻ 삶과 신앙

1204 형제 곤

kūn

답(眔)과 제(弟)의 조합으로, 형님 아래에 동생이 있다는 의미를 그려냈다.

篆

1205 매양 매

měi

여성의 머리칼에 여러 가지 장신구를 꽂은 모습이며, 이러한 일상적인 장면으로써 '풍만미'의 의미를 표현해 냈다.

金 甲

1206 재빠를 민

mǐn

머리에 많은 장신구를 꽂은 여성의 모습과 그것을 만지는 한 손을 그렸는데, 빠른 속도로 '민첩하게' 화장을 해야 함을 나타냈다. 그래야만 나머지 시간에 다양한 가사활동을 할 수 있다.

金 甲

1207 **토끼 새끼 반**

娩
fàn

자형을 보면 여(女), 면(免), 생(生)의 조합으로 이루어졌다. 이는 이미 아들 딸 자녀를 둔 여성이어서 더 이상 자녀를 낳지 않아도 된다는 의미를 표현했을 것이다.

篆

1208 **찰 영**

贏
yíng

영(贏)과 여(女)의 조합으로 이루어져, 성씨로 쓰인다. 형성구조로 보이지만, 영(贏)과 영(贏)은 운부가 달라, 형성자가 될 수가 없다. 이는 털이 없는 벌레를 토템으로 삼던 씨족을 표현한 글자일 것이다.

篆　金

1209 **많을 번**

繁

緐
fán

매(每)와 멱(糸)의 조합으로 이루어진 회의자이다. 한 여성의 머리에 머리핀과 같은 장식품을 꽂은 것 외에도 많은 색깔의 리본이 장식되었는데, 이로써 '번잡하다'는 추상적 의미를 그려냈다.

金

1 동물 2 전쟁과 형벌 3 일상생활① 4 일상생활② 5 기물제작

6 삶과 신앙

1210　**여자 희**

ji

金 甲

화려하게 차려 입은 여성과 조밀하고 길게 만들어진 빗으로 구성되었는데, '귀부인'이라는 뜻이다. 길고 조밀하게 만들어진 빗을 꽂았다는 의미로부터 단순히 비녀만 꽂은 여인보다 신분이 더욱 높음을 표현했음이 분명하다.

노화 질병 죽음

❶ 동물

❷ 전쟁과 형벌

❸ 일상생활①

❹ 일상생활②

❺ 기물제작

❻ 삶과 신앙

1211
판 국

jú

한 사람의 등이 꼽추처럼 굽었고 그 아래로 두 발이 그려진 모습이다. 꼽추는 등을 펴 몸을 일으켜도 상체가 비교적 짧게 보인다. 아래쪽의 구(口)는 척(尺)자와 구분하기 위해 더해진 공백을 메꾸는 기호로 볼 수 있다.

篆 局 局

1212
담쌓는 소리
잉

réng

'부(阜: 사다리)', '이(而: 수염)', '대(大: 성인)'의 세 구성 요소로 이루어졌는데, 수염을 기른 한 노인이 계단을 오르며 내쉬는 거친 숨소리를 표현했다.

篆 陾 陾

1213
늙은이 겨우
따라갈 수

shù

한 노인이 지팡이를 짚고 천천히 발걸음을 옮겨 작은 걸음으로 발을 내딛는 모습이다. 이 지팡이에는 발이 서너 개 달렸는데, 중력을 분산시키는 데 도움이 되는 오늘날의 보조기와 유사한 지팡이로 보인다.

篆 劮 劮

가냘플 연

ruǎn

이(而)는 수염을 그렸다. 여기에다 대(大)자를 더함으로써 성인이 긴 수염을 가지고 있고, 나이가 들었으며, 몸은 약해, 더 이상 '강하지 않음'을 나타냈다.

篆

빛 색

sè

고문체에서 왼쪽 절반은 노인이 머리를 돌려 둘러보는 모습이고, 오른쪽 절반은 머리와 얼굴을 가진 큰 사람의 모습으로, 수염을 깎지 않은 채 흩날리며 걸어가는 모습이다. 이는 귀족이 길을 잃고 난감한 표정을 짓는 모습을 그린 것이 아닐까 추측한다.

篆

古

열병 진

chèn

녁(疒: 침상)과 화(火)의 조합으로 이루어졌는데, 불같이 높은 열을 내는 질병이라는 의미를 담았다.

篆

1217 벼슬 위

熨

尉

yùn

고대사회에서 쓰던 의학적 방법의 하나로, 손으로 불에 구운 돌을 사용하여 환자의 등 부위를 눌러 뜨겁게 하여 고름집을 빨리 익도록 하여 짜내는 치료법이다.

篆

1218 상기 궐

欮

jué

역(屰)과 흠(欠)의 조합으로 이루어져, 호흡이 곤란함을 비유했다. 마치 거꾸로 매달린 사람이 호흡이 제대로 되지 않는 모습처럼 보인다. 이후 녁(疒)을 더해 이것이 일종의 병임을 강조했다.

篆　金

1219 성씨 유

俞

yú/yù

찌르는 침과 고름의 혈액을 담는 쟁반의 조합으로 구성되었다. 고름 집(농포)을 바늘로 찔러 고름 액을 빼내면 통증을 완화할 수 있다는 의미를 담았다. '유(癒: 병이 낫다)'의 원래 글자일 것이다.

篆　金

1220 **부릴 역**

役

yì

갑골문 자형에 의하면, 구부러진 도구를 손에 들고 사람의 등을 치료하는 모습이다. 인(人)이 이후 척(彳)으로 잘못 변했는데, 이 때문에 길에서 무기를 들고 변방을 지키다는 뜻으로 해석하게 되었다.

1221 **장사지낼 장**

葬

zàng

나무를 짜서 만든 관 안에 침대 위에서 누운 사람이 그려졌다. 병에 걸렸을 때 비로소 침상 위에 눕는데, 이는 죽음의 준비 단계이다. 침상 위에서 죽음을 맞는 것이 당시의 의식에 부합했다.

1222 **죽을 사**

死

sǐ

옆으로 누워 있거나 위로 누운 사람이 나무로 짠 관 속에 든 모습이다. 때로는 사람 주위로 범이 몇 개 표현되었는데, 이는 부장품을 상징한 것으로 보인다.

1223 **아낄 린**

lìn

문(文)과 구(口)의 조합으로 이루어졌다. 죽은 사람이 구덩이에 들어 있는 모습인데, 이 사람을 관에 매장하지 못하고 구덩이를 파서 묻을 수밖에 없음을 표현했다. 이로부터 '애석하다'는 의미를 그려냈다.

1224 **글월 문**

wén

사람의 가슴에는 무늬가 있는 모습이다. 문신은 고대 중국의 매장 의식의 한 형태이다. 시체의 가슴에 칼로 칼집을 새겨 피가 흘러나오게 하여 영혼이 육신에서 빠져나가 부활하도록 했다. 이는 죽은 자의 영혼과 이별하는 의식이었다.

1225 **이웃 린**

lín

두 개의 국(口)과 하나의 문(文)이 조합된 모습이다. 국(口)은 직사각형의 구덩이를, 문(文)은 성스러운 죽음 의식을 거행한 죽은 사람을 말한다. 그래서 이 글자는 매장 지역에서 무덤들이 나란히 이웃하여 존재함을 표현하였으며, 이로부터 '인접하다'는 뜻이 나왔다.

❶ 동물

❷ 전쟁과 형벌

❸ 일상생활 ①

❹ 일상생활 ②

❺ 기물제작

❻ 삶과 신앙

1226 **돌아올 환**

huán

도로()와 눈썹이 표현된 눈(), 그리고 쟁기()로 구성되었다. 고대인들은 바깥세상으로 이동하는 경우가 드물었는데, 밖에서 객사한 대부분은 농민출신의 병사들이었다. 제사장은 객사한 이들의 영혼을 끌어 들이기 위해 그들이 사용했던 쟁기로 영혼을 불러들였으며, 그런 다음 시신을 묻었다. 이후 쟁기 대신 옷을 사용하게 되었다.

金 甲

죽음과 장례

1227 **주검 시**

shī

2차 매장(두 번째 매장) 때 사용하던 매장 자세이다. 사람이 죽으면 몸이 뻣뻣해지는데, 신체의 살이 다 썩고 백골로 변하기를 기다렸다가 다시 수습하여 배열할 때 이 자세가 나타날 수 있다. 고대 중국인들의 관념에 따르면, 이렇게 해야만 진정으로 인간세상을 떠났다고 간주했다.

1228 **주검 시**

shī

'시(尸: 사체)'와 '사(死: 죽음)'의 조합으로 이루어졌다. 시체가 이미 썩어 뼈를 모을 수 있음을 나타내며, 2차 매장이 이루어진 이후에야 비로소 진정한 죽음으로 간주되었고, 그래야만 제사를 받을 수 있다고 생각했다.

篆

① 동물

② 전쟁과 형벌

③ 일상생활 ①

④ 일상생활 ②

⑤ 기물제작

❻ 삶과 신앙

오랑캐 이

夷

yí

갑골문에서 쪼그리고 앉는 자세로 이민 족의 특성을 표현했다. 혹은 2차 매장을 진행할 때, 시신이 썩은 다음 남은 백골을 수습하여 다시 배열하여 매장하던 모습을 그린 것일 수도 있다.

1230

작을 미

微

wēi

한 손으로 막대기를 잡고 뒤에서 머리 칼이 길게 자란 노인을 공격하는 모습 이다. 고대 중국에서는 환생을 위해 노 인을 때려죽이는 관습이 있었다. 아마도 맞아 죽는 노인은 힘이 허약하거나 병 이 든 노인이었을 것이다. 그래서 '아프 다', '미약(微弱)하다' 등의 뜻이 나왔을 것이다.

1231

부를 징

徵

zhēng

노인이지만 지혜를 갖고 있어서 나라의 정사에 초빙되어 고문직을 맡았다는 뜻 인데, 미(微)의 의미와는 상반된다. 자형 을 보면 서있는 사람의 몸체에 점이 추 가되었으며, 아래쪽에는 정(壬)자가 더해 졌다. 이렇게 볼 때 미(微)와 징(徵)은 같은 글자에서 분화한 글자로 볼 수 있 다.

1232 조상할 조

diào

한 사람이 밧줄에 묶여있는 것처럼 보인다. 동북 지역에서는 사람이 죽은 다음 몸을 나무에 걸어 놓고 새가 육신을 쪼아 먹게 만들고, 육탈이 된 다음 남은 뼈를 수습하여 묻었다.

金 甲

1233 해칠 잔

殘

cán

한 손으로 말라빠진 뼈를 집어 든 모습이다. 시신을 새와 짐승이 먹는 바람에 남은 뼈는 대부분 제대로 모습을 갖추지 못하고 '부서진' 모습이다. 잔(叛)은 잔(殘)의 원래 글자인데, 이를 빌려와 '완전하지 않은 찌꺼기'라는 의미를 표현했다.

篆 甲

1234 나눌 별

別

bié

자형을 보면 칼 하나와 뼈 하나로 구성되어, 고대의 장례 관습을 표현했다. 칼[刀]은 썩은 살을 도려냄을 상징하고, 이로부터 '발라내다'는 뜻을 표현했다.

篆

1235 골 학

壑

hùo

이 글자는 손[又], 말라빠진 뼈[歺], 계곡 [谷] 등 세 가지 요소로 구성되어 있다. 사람들은 종종 죽은 사람들의 뼈를 수습하기 위해 깊은 계곡으로 갔는데, 이러한 모습에서 이 글자를 만들었다.

篆

1236 밝을 예

睿

ruì

이 글자는 강의 계곡을 뜻하는 학(叡)자와 매우 유사한데, 구(口)가 목(目)으로 바뀌었을 뿐이다. 목(目)은 패(貝)자와 형체가 유사한데, 이는 개(叡)자를 잘못 쓴 것일 수도 있다. '깊다'는 의미로부터 '현명하다'는 뜻이 나왔다.

古 篆 籀

1237 견실할 개

叡

gài

한 손으로 남은 뼈를 수습하는 모습과 그 옆에 화폐로 쓰였던 조개가 놓인 모습이다. 바다조개는 상나라 귀족들의 무덤에 함께 묻던 일상적인 부장품이었다. 그것이 갖는 어떤 특정한 상징성 때문에 '현명하다'는 의미가 나온 것으로 보인다.

金 篆

① 동물

② 전쟁과 형벌

③ 일상생활①

④ 일상생활②

⑤ 기물제작

⑥ 삶과 신앙

1238

바닥 칠 준

濬 睿

jùn

'알(歺: 부서진 뼈)'과 '곡(谷: 계곡)'의 조합으로 되었으며, 시체를 깊은 계곡에다 내다 버리던 학(壑)과 창제의미가 비슷하다. 다만 수(水)가 더해졌을 뿐인데, 이는 짐승이 물을 마시러 왔다가 시체를 뜯어 먹게 되었음을 나타낸다.

1239

짐승이 먹던 찌꺼기 잔

殂

cán

자형은 알(歺)과 월(月: 달)이 아닌 육(肉)으로 구성되어야 한다. 뼈에 고기가 아직 붙어있는 상태를 말한다. 고대 관습에 의하면 시체를 숲에다 갖다 버려 짐승이 뜯어 먹도록 하였는데, 깨끗하게 다 뜯어 먹지 않으면 생전에 죄를 많이 지어 그렇다고 생각했다.

1240

부서진 뼈 알

歹

dǎi

죽은 사람의 살이 이미 썩어 문드러지고 앙상한 뼈만 남아 있는 모습이다. 하지만 '강렬(强烈)하다', '배열하다' 등의 의미로 사용되었는데, 이는 독음이 같아서 빌려 쓴 가차의 결과일 것이다.

1241 흐를 류

liú

흐르는 물길에 버려진 시체인데, 머리카락이 느슨하게 산발한 모습이다. 이 때문에 류(流)에는 '내다버리다'는 뜻이 있다.

1242 주인 주

zhǔ

나무 한 그루 위에 불이 그려진 모습이다. 이는 옛날에 바로 선 나뭇가지로 만든 횃불로 옥외 조명에 사용했기 때문일 것이다. 조상신의 위패 곁은 항상 불을 켜두어야 했기에 신령의 위패 즉 신주(神主)를 지칭하는데도 사용되었다.

6.7

제사와 귀신

1243　**보일 시**

示

shì

선반 위로 만들어진 평평한 대(臺)를 말한다. 아마도 신의 영혼이 기거한다고 상상하는 곳일 수도 있다. 그 위에다 제사를 모시는 제수 품을 놓곤 했는데, 지금은 이를 '제단'이라 부른다.

1244　**마루 종**

宗

zōng

이곳은 조상의 신령을 존중하며 모시는 곳이며, 동성 종족들이 함께 와서 자신의 선조들에게 제사를 지내는 사당을 말한다.

송나라 송

sòng

건물 안에 나무 한 그루가 있는 모습이
다. 보통의 집에는 나무를 심지 않았고
사원에만 나무를 심을 수 있었다. 그곳
은 신령이 거처하는 곳이었으며, 그래서
'거주하다'는 뜻이 생겼다.

1246 **상자 방**

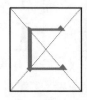

fāng

자형을 보면 용기(박스) 모양인데, 신
주를 모셔두던 상자나 '삼합원(三合院:
ㄷ자 모양의 집)' 같은 건축물의 기초
터를 그린 것으로 보인다.

1247 **임금 제**

dì

묶어놓은 나뭇가지들로 최고의 신(상
제)을 나타냈으며, 다시 정치 조직의
왕으로 그 의미가 발전했다.

1248　**귀신 귀**

gui

사람이 얼굴에 가면을 쓰고 귀신으로 분장한 모습인데, 신령의 대리인으로 꾸민 것이다. 상나라 때에는 '귀(鬼: 귀신)'에 '신령'의 뜻이 함께 들어 있었다.

金　甲

1249　**귀신 머리 불**

fú

갑골문의 귀(鬼)자로부터 알 수 있듯, 불(甶)은 제사장이 귀신으로 분장할 때 쓰던 가면의 모습이다.

金　甲

篆

1250　**흉악할 흉**

xiōng

머리에 특수한 모양을 하고 서서 혀를 내밀고 있는 사람의 모습이다. 머리 부분은 귀(鬼)자의 가면과 비슷한데, 악의적인 귀신의 모습일 수 있으며, 이 때문에 '흉악(凶惡)하다'는 의미가 나왔을 것이다.

篆　甲

⑥ 삶과 신앙

1251	도깨비 매 mèi	무릎을 꿇고 있는 유령의 몸체 위로 인광으로 인한 빛이 나는 모양이다. 인간의 뼈는 인이라는 광물을 함유하여 녹색 빛을 발산할 수 있다. 사람이 죽은 후 오래 되면 인은 뼈를 떠나서 천천히 공기 중에 남게 되고, 밤이 되면 녹색 불빛을 내는데, '도깨비'라 부른다. 인광을 방출할 수 있다는 것은 강한 '매력'을 가진 오래된 유령을 상징한다.	篆 甲
1252	도깨비불 린 lín	정면으로 서있는 사람의 모습인데, 몸 전체가 인광으로 뒤덮여 있다. 이는 제사장이 몸에 인을 바르거나 인을 칠한 옷을 입고 주술을 부리는 모습으로 추정된다.	金 甲
1253	귀신 보고 움찔하는 모양 복 fú	입(立)과 록(彔: 도깨비)의 조합으로 이루어졌다. 이는 제사장이 몸에 인을 칠한 옷을 입고 귀신으로 분장하여 서 있는 모습이다.	篆

1254 　바위 암

yán

갑골문의 자형을 보면 대부분 머리가 세 개인 귀신의 형상이다. '말이 많다'는 뜻이 아니라 어떤 지역의 이름으로 쓰였다.

篆 甲

1255 　어그러질 천

chuǎn

이 글자는 '무(舞: 춤추다)'와 '린(磷: 인)'자에서 분리해 추출한 글자로, 두 발이 바깥쪽을 향했고, 춤을 추는 모습을 표현했다.

篆 金

1256 　빠를 훌

hū

춤을 추는데 쓰던 도구의 일종인데, 축복을 비는 제사의 이름으로 쓰였다.

金 甲 篆

❶ 동물

❷ 전쟁과 형벌

❸ 일상생활 ①

❹ 일상생활 ②

❺ 기물제작

❻ 삶과 신앙

제6부 삶과 신앙 **467**

1257

옷에 구멍 날
형

yíng

옷 위에 작은 점이 몇 개 그려졌는데, 위쪽에는 두 개의 화(火)자도 더해졌다. 이는 이 옷이 인으로 코팅되어 빛을 방출할 수 있으며, 귀신으로 분장할 때 입는 옷임을 말해 준다.

金 甲

1258

순임금 순

shùn

상자 속에 빛을 낼 수 있는 사람이 든 모습이다. 이는 제사의 대상으로, 감실의 상자 속에 들어 있음을 표현했다. 몸을 인으로 코팅한 신상을 그렸다.

篆

1259

두려워할 외

wèi

서 있는 귀신의 손에 몽둥이가 들려진 모습이다. 몽둥이 앞쪽에 갈라진 작은 틈이 있는데, 사람을 해칠 수 있는 딱딱한 물체를 장착한 것으로 보인다. (무서운 형상의) '귀신'이 이러한 무기까지 지녔다면 더욱 무섭고 두려운 존재였을 것이다.

甲

바랄 기

jì

머리에 가면을 덮어쓴 채 북방의 신상으로 분장한 사람의 모습이다.

金 篆

꼭두서니 수

sōu

귀(鬼)는 가면을 덮어 쓰고 귀신으로 분장한 사람의 모습이다. 그래서 수(蒐)는 그러한 귀신 가면을 제작하는데 쓰였던 식물 재료를 지칭하였을 것이다.

篆

다를 이

yì

머리에는 가면을 덮어쓰고 두 손을 위로 치켜 든 채 서 있는 사람의 모습이다. 야만족의 가면은 대부분 모양이 무섭고 사람을 놀라게 하기에, 이 개념을 빌려 '이상하다'는 의미를 표현했다.

甲

조심할 기

kuí

제사장이 가면을 쓰고 귀신으로 분장하여 춤을 추고 있는 모습이다.

1264

손 빈

bīn

갑골복사에서는 왕이 신들을 '영접하다'는 뜻의 동사로 쓰였는데 이후 '지(止: 가다)'를 더해, 나가서 신을 영접하는 동작을 강조했다. 금문에서는 지(止)가 패(貝)로 바뀌었는데, 이는 손님을 영접할 때 예물을 서로 주고받는다는 행위를 강조해 표현하기 위함이었을 것이다.

1265

떳떳할 이

yì

날개를 뒤로 꺾은 닭을 두 손으로 받쳐 든 모습이다. 제사를 지낼 때만 이렇게 의도적으로 다루어진다. 이로부터 제사의 이름으로 쓰였고, 또 '항상'이라는 뜻으로 확장되었다.

정성스러울
수

sui

갑골문의 자형을 보면, 한 손으로 나무를 들고 제단 앞에서 움직이는 모습을 했다. 제사에 전용으로 쓰이는 글자지만, 구체적인 의미는 알려져 있지 않다.

제기 이름 등
登

dēng

갑골문의 자형을 보면, 두 손으로 그릇을 받쳐 들고 신에게 희생을 바치는 동작이다. 소전체에서는 '명(皿: 그릇)' 위에 고깃덩어리가 더해진 모습이다.

쇠뇌잡이를
쥘 귀

kuí

고기 덩어리를 두 손으로 잡은 모습인데, 제사를 지내는 동작임이 분명하다.

① 동물
② 전쟁과 형벌
③ 일상생활①
④ 일상생활②
⑤ 기물제작
❻ 삶과 신앙

1269 융제사 융

터럭 삼

彡

shàn   róng

제사의 이름이다. 갑골문에서는 세 개의 비스듬한 획 속에 작은 비스듬한 획을 더한 모습(彡)을 그렸는데, 간혹 세 개의 비스듬한 획으로 간단하게 그리기도 했다.

1270 제사 제

祭

jì

한 손으로 피가 뚝뚝 떨어지는 생고기 조각을 들고 있는 모습이다. 사람들은 삶지 않은 음식을 먹지 않았기에, 삶지 않은 음식은 신령에게 제사를 지내는 행위를 상징한다. 그래서 '제사'라는 의미가 생겼다.

1271 화톳불 료

燎

liáo

세운 나무를 불로 태우고 있는 모습이다. '료제사[燎祭]'는 교외의 광활한 땅에서 거행되었으며, 나무를 쌓아 불을 붙여 태우는 제사 행위였다.

1272 **묻을 매**

mái

소나 양, 혹은 개를 구덩이에 묻는 모습을 그렸다. 제사를 지낼 때 희생을 땅에 묻었다가 일정 시간이 지난 후 구덩이를 파서 신령들이 그 동물을 즐겼는지 확인했다.

1273 **피 혈**

xiě/xuè

쟁반에 희생의 피가 가득 담긴 모습이다. 동물의 피는 상나라 때 신에게 바치던 공물의 하나였다. 이를 바칠 때에는 그릇에 가득 담아서 바쳤다는 뜻에서 '명(皿: 접시)'을 빌려와 혈(血)자를 만들었다.

1274 **맹세할 맹**

méng

군사 동맹을 맺을 때에는 동맹을 맺는 사람들이 그릇에 담긴 희생의 신선한 피를 함께 나누어 마셔야 했다. 그 때문에 그릇을 뜻하는 명(皿)자를 활용하여 맹(盟)자를 만들었다.

① 동물
② 전쟁과 형벌
③ 일상생활 ①
④ 일상생활 ②
⑤ 기물제작
⑥ 삶과 신앙

1275 큰 산 악

yuè

높은 산에 또 겹치는 높은 봉우리가 있어 산들이 여럿으로 중첩된 모습으로, 보통 높은 산이 아니다. 상나라 왕이 가장 자주 제사를 지내던 대상에 '악(岳: 산악 신)'과 '하(河: 강 신)'가 있었다.

1276 가릴 엄

yǎn

금문에서는 대(大)자 위에 '신(申: 번개)'자가 더해진 모습이다. 이는 정면으로 서 있는 사람이 번개를 맞은 모습이다. 소전체에 들어서는 상하 위치가 바뀌어 지금처럼 되었는데, 더 이상 번개를 맞은 사람이라는 원래의 모습을 추정할 수 없게 되었다.

1277 쓸 용

yōng

'향(享: 사원 건축물)'과 '자(自: 코)'의 조합으로 되었는데, 신령들이 희생으로 바친 음식물을 코로 냄새 맡으며 사람들이 바친 것들을 즐기는 모습을 표현했다.

① 동물

② 전쟁과 형벌

③ 일상생활①

④ 일상생활②

⑤ 기물제작

⑥ 삶과 신앙

1278

동녘 동

dōng

물건을 가득 채우고 양쪽 끝을 묶은 큰 포대를 그렸다. 그러다 다시 태양 [日]이 나무[木]에 걸린 모습으로 변했 는데, 이 때문에 태양이 동쪽의 약목 (若木)이 자라는 곳에서 뜬다는 신화 가 만들어졌을 것이다.

金 甲

篆

1279

예도 례

lǐ

제사 의식을 거행할 때, 용기를 음식으 로 채우고 장식물을 꽂아 장식한 모습 이다.

金 甲

篆

1280

풍년 풍

fēng

예(豊)와 풍(豐)은 서로 관련 있는 글자 로, 신을 경배함을 표현했다. 두(豆)라는 기물에 음식물이 가득가득 담겼다. 때로 는 거기에다 장식물을 꽂아놓은 모습을 하여, '풍성함'을 나타냈다.

篆 金

古

1281 **점 복**

卜

bǔ

갑골의 뒷면을 불로 지지면 정면에 직선과 수평 모양으로 어떤 운세를 상징하는 선이 나타난다. 이것이 점복의 결과이므로 '점복'이라는 뜻이 생겼다.

金 甲

1282 **차지할 점**

占

zhān

갑골문에서부터 복(卜)과 구(口)로 구성되었다. 갑골 위에 나타난 운세를 상징하는 선[卜]의 방향이 신에게 물은 문제에 대한 답안인 셈인데, 일종의 길흉을 판단하는 행위였다.

甲

1283 **조짐 조**

兆

zhào

거북딱지에 갈라진 무늬를 말한다. 점복으로 나타난 갈라진 무늬와 서로 닮았기 때문에, 이것으로써 점을 친 후에 나타나게 될 징조의 형상으로 사용했다.

篆 甲

1284 **널리 보**

普

pǔ

두 사람이 햇빛 아래 서 있는 모습이다. 그림자가 모두 서로서로 비슷하여 모습의 차이를 인식하기가 어렵다는 뜻을 담았다.

篆 (전서 이미지)

1285 **틈 극**

㿭

xì

태양이 구름층에 덮여 가려졌고, 빛이 구름층 주위로 드러나 비추는 모습이다. 금문에 이르러 빛이 태양의 위아래로 옮겨가 각각 세 가닥의 햇빛이 되었다.

篆 甲 (전서, 갑골문 이미지)

1286 **비 우**

雨

yǔ

이 글자의 초기 형태는 수많은 빗방울이 떨어지는 모습을 그렸다. 이후에 윗부분에 다시 가로획이 하나 더 더해졌는데, 빗방울이 하늘에서 떨어지는 것임을 나타냈다. 금문 이후로 우(雨)는 기상을 뜻하는 의미의 부수자로 변했다.

金 甲 古 篆 (금문, 갑골문, 고문, 전서 이미지)

❻ 삶과 신앙

1287 비 혜

彗

huì

혜(彗)의 원래 의미는 '눈(snow)'인데, 빗자루로 눈송이를 쓸어 치우는 모습을 그렸다. 나중에 혜(彗)와 설(雪)자로 분화되었고, 하나는 '빗자루'를, 다른 하나는 '눈'을 뜻하게 되었다.

1288 눈 설

雪

xuě

1289 누리 박

雹

báo

고문체에서는 하늘에서 수많은 얼음 입자 즉 우박이 떨어지는 모습을 그렸다. 나중에 '천둥'을 뜻하는 뢰(雷)자와 구분하기 위해 독음부호 포(包)를 더하여 형성구조로 변했다.

1290 비올 령

霝

líng

내리는 빗방울이 매우 큰 모습으로 그려졌는데, 폭우를 상징한다. 빗방울은 나중에 세 개의 구(口)로 바뀌었다.

1291 초승달 비

朏

fěi

월(月)과 출(出)의 조합으로 이루어졌다. 달의 모습이 완전히 없어졌다가 막 차가는 모습으로 변하는 현상을 표현했다.

篆

1292 달 월

月

yuè

항상 이지러진 달의 모습으로 표현된다. 그러나 이후 자형이 점차 고기 조각을 나타내는 육(肉=月)과 뒤섞여 혼용되었다.

金 甲 篆

1293 빛날 욱

昱

yù

며칠이 지났을 때를 지칭하는데, 그것은 추상적 의미이다. 글자의 자형을 보면 원래는 '우(羽: 깃털)'를 빌려다 사용했으며, 이후에 독음을 나타내는 입(立)이 더해지고 의미를 나타내는 일(日)도 더해졌다. 그러다가 다시 우(羽)가 탈락하여 지금의 욱(昱)이 되었다.

金 甲 篆

1294 무지개 홍

hóng

두 개의 머리를 가진 아치 모양의 동물을 그렸다. 이는 기후 현상과 관련이 있다. 한나라 때의 화상석에 새겨진 무지개 모습을 보면 이것이 '홍(虹: 무지개)'의 이전 형태라는 것을 확신할 수 있다.

1295 여름 하

xià

춤을 추는 한 사람의 모습을 그렸다. 아마도 여름에 물이 부족해서 춤을 추었을 것이다. 제사장이 춤을 추며 비를 간절히 원하는 계절이 바로 '여름'이라는 의미를 담았다. 의미를 더욱 분명하게 하기 위해 '사람'의 위에 태양의 모습을 더하기도 했다.

1296 겨울 동

dōng

갑골문에서는 시든 가지와 처진 나뭇잎을 그렸는데, '끝나다'는 의미를 나타낸다. 주나라에 들어서야 동(冬)이 '겨울'을 뜻하는 사계절의 이름이 되었다.

1297 **별 성**

xing

원래는 세 개의 별이나 여러 개의 별의 모습이었으나, 다른 글자와 혼동될 것을 염려해 소리부인 생(生)을 더했다. 이후 정(晶)은 '반짝반짝 빛나다[晶亮]'는 뜻으로 확장되었다.

1298 **밝을 정**

晶

jing

성(星)자의 어원이 된 글자이다. 하늘에 수많은 별들이 반짝이는 모습을 그렸다.

외모와 신체

1299 **사람 인**

rén

갑골문은 서있는 사람의 측면 모습을 그렸다. 위의 머리 부분에서부터 아래의 다리까지 하나의 필획으로 그렸을 것이며, 그 다음에 손을 그렸을 것이다. 사람의 자연스러운 이미지라면 손이 짧고 몸은 길어야 하겠지만, 소전체에서는 아름답게 표현하고자 몸과 손의 길이를 같게 하였다.

1300 **병부 절**

jié

고대사회에서 교육을 받은 교양인들이라면 실내에서 무릎을 꿇는 자세로 앉았다. 그래서 실내 활동은 두 손을 앞으로 모으고 무릎을 꿇은 자세로 표현되었다.

1301 **여자 녀**

女

nǚ

한자를 창제한 사람들은 서로 다른 앉은 자세로 남자와 여자를 특별히 구분하였는데, 두 손이 교차한 모습으로 그린 것이 여자였다. 여(女)자는 때때로 '딸'이나 '어머니'를 지칭하기도 한다.

金
甲
篆

1302 **편안할 안**

晏

yàn

이 글자와 여(女)자의 차이점은 머리 부분을 표시해 낸 것인데, 교육을 받은 귀족 여성들이 침착하고 조용하게 일을 한다는 의미를 담은 것으로 보인다. 소전체 이후로 머리 부분이 일(日)로 잘못 바뀌었다.

篆
甲

1303 **아첨할 녕**

佞

nìng

여(女)와 인(仁)의 조합으로 이루어졌다. 고대사회에서는 여성의 지위를 천시하는 경향이 있었다. 그래서 여성이 인자하게 행동하면 아첨하고 받드는 행동으로 간주되었고 그래서 '아첨하다'는 뜻이 생겼을 것이다.

篆

❶ 동물
❷ 전쟁과 형벌
❸ 일상생활①
❹ 일상생활②
❺ 기물제작
❻ 삶과 신앙

1304 **시끄럽게 송사할 난**  nuán	두 여성이 함께 모여 있는 모습이다. 고대인들은 여성이 잘 싸우는 성격이라고 생각하였기에 여(女)자를 두 개 사용하여 '송사를 벌이다'는 뜻을 표현했는데, 이는 여성에 대한 부정적인 개념을 반영하였다.

金 甲

篆

1305 **좇을 종** cóng	난(姦)자와 상대적으로 만들어진 글자가 종(从)이다. 뒤따라가는 두 사람을 그려 '따르다'는 의미를 그렸다. 표현의 초점은 같은 성격을 띤 두 개의 글자가 같은 방향으로 배열된 것에 있으므로, 때로는 숟가락을 그린 비(匕)자를 두 개 나란히 배열하기도 했다.

金 甲

篆

1306 **견줄 비** bǐ	갑골복사에서 '뒤따르다'는 뜻의 종(从)은 종종 '비(比: 숟가락 두 개가 나란히 나열됨)'로 쓰기도 한다. 금문에서 이 두 글자는 모두 '뒤따르다'는 뜻으로 쓰였는데, 후세에 들면서 구분되었다. 종(从)은 '뒤따르다'는 의미로, 비(比)는 '친밀하다'는 의미로 쓰여 더 이상 혼란을 일으키지 않게 되었다.

金 甲

篆

1307 **아우를 병**

并

bìng

하나 또는 두 개의 가로획으로 표시되었는데, 두 '사람'을 한 그룹으로 묶다는 뜻이다.

金 甲

篆

1308 **간사할 간**

妍

jiān

세 개의 여(女)자가 병렬되거나 위에 한 개 아래에 두 개의 모습으로 배치되는데, '간사하다'는 부정적인 의미를 갖는다. 지금은 간(妍)으로 써 여(女)가 의미부이고 간(干)이 소리부인 형성구조로 바뀌었다.

篆 金

古

1309 **삼갈 전**

孨

zhuǎn

세 개의 자(子)가 조합된 모습으로, '주의를 기울이다가 원래 뜻이다. 자녀가 많아서 육아 문제에 주의를 기울이는 것 외에도 특히 생활비를 '신중하게' 지출해야 함을 반영했을 수도 있다.

金

篆

❶ 동물

❷ 전쟁과 형벌

❸ 일상생활①

❹ 일상생활②

❺ 기물제작

❻ 삶과 신앙

1310　무리 중

众

zhòng

간(姦)이나 전(姦)과 상대하여, 세 개의 인(人)으로 구성되었다. 중(众)은 사람이 '많음'을 뜻한다.

篆

1311　무리 중

眾

zhòng

갑골문에서 세 사람(많은 사람들을 대표함)이 태양 아래서 일하는 모습을 그렸다. 태양을 그렸던 일(日)의 모양도 많이 바뀌었는데, 금문에 들어서는 목(目)으로 잘못 썼고, 그래서 '감시를 받는 노예'라는 잘못된 해석이 나오게 되었다.

1312　삼합 집

人

jí

3획으로 구성된 삼각형의 기호는 '집(集: 모이다)'과 같은 의미를 갖는다.

篆

1313　어릴 요

한 사람의 머리가 눌려 한쪽으로 치우친 모습이다.

yāo

篆

1314　머리 기울 녈

사람의 머리가 한쪽으로 기울어진 모습이다. 사람들은 생각할 때 무의식적으로 머리를 한쪽으로 기울이게 되는데, 이로써 '비스듬히 기울어진' 상황을 표현했다.

zè

金　甲

篆

1315　나라 이름 오

오(吳)는 나라 이름인데, 구(口)와 녈(矢: 머리가 한쪽으로 비스듬히 기운 모습)의 조합으로 이루어졌다.

wú

篆　金

古

1316 **으뜸 원**

yuán

'머리'가 원래 뜻인데, 사람의 측면 모습에 머리 부분을 두드러지게 그렸다. 원래 자형은 금문(？)처럼 되어야 할 것이지만, 갑골문이 뼈에 칼로 새긴 글자여서 머리 부분을 동그랗게 그리지 못하고 두 개의 가로획으로 그렸다(？). 이후 '시작'이라는 의미로 확장되었다.

1317 **우뚝할 올**

wù

머리를 나타내는 원(兀)자에서 가장 윗부분의 가로획이 제거된 모습이다. 이는 머리칼이 없어 들쭉날쭉한 머리칼을 보이지 않게 표현했을 것이다.

1318 **하늘 천**

tiān

정면으로 서있는 사람의 머리를 강조한 모습이다. 갑골문에서는 '머리의 꼭대기' 즉 '정수리'라는 의미로만 쓰였다. 금문에서는 '크다'는 의미 외에도 천자(天子)에서처럼 최고의 '하늘'이라는 뜻으로 가차되었다.

1319 **기울 측**

몸이 낮은 곳에 위치하여 머리를 어쩔 수 없이 한쪽으로 기울여야 하는 모습을 그렸다. 이로부터 '비스듬하게 기운' 모습을 표현하였다.

zè

篆

籀

1320 **강직할 간**

세 개의 비스듬한 획은 말이 많음을 상징한다. 직설적인 말을 많이 하는 사람을 그렸으며, 이로부터 '강직하다'는 의미를 갖게 되었다.

kǎn

金

篆

1321 **머리 혈**

갑골문에서는 무릎을 꿇은 사람의 머리와 머리카락을 묘사했다. 이러한 자형은 종종 보통 사람이 아닌 귀족이나 제사장을 나타낸다. 금문 이후로는 머리카락이 생략되었으며, '머리'와 관련된 의미부로 사용되었다.

yè

金

甲

篆

1322 **머리 수**

首

shǒu

머리카락이 그려진 머리 전체를 명확하게 그렸는데, 이후에 점차 눈과 머리카락만 표현되었다. 머리와 관련된 다른 글자들과 마찬가지로 '첫 번째'와 '가장 중요한'이라는 의미를 가진다.

1323 **머리 수**

百

shǒu

수(首)자와 같은 글자인데, 마찬가지로 머리카락의 이미지가 생략되었으며, 나중에는 거의 사용되지 않는 글자가 되었다.

1324 **클 호**

顥

hào

일(日)과 경(京)과 혈(頁)의 조합으로 이루어졌는데, 태양이 비치는 높은 건축물에서 활동하는 노인 귀족을 표현하는 것으로 추정된다. 그들의 흰 머리카락은 밝은 빛을 받아 반사되는데, 이로써 존경받는 노련한 신하를 부르는 말로 사용했다.

1325 잇따를 련

聯

lián

현(顯)자와 대조해 볼 때, 이는 귀족의 귀에 달린 매우 긴 귀걸이를 가리키는 것으로 추측된다. 이후 '연결되다'는 뜻으로 가차되었다.

1326 귀 이

耳

ěr

귀의 모양을 그렸다. 고대인들은 귀가 청각을 관리하는 기관이라는 것을 알았고, 그래서 청력에 관한 글자는 모두 이(耳)자로 구성되었다.

1327 귀뿌리 첩

聑

zhé

귀가 아래로 처진 모습이다.

❶ 동물

❷ 전쟁과 형벌

❸ 일상생활 ①

❹ 일상생활 ②

❺ 기물제작

❻ 삶과 신앙

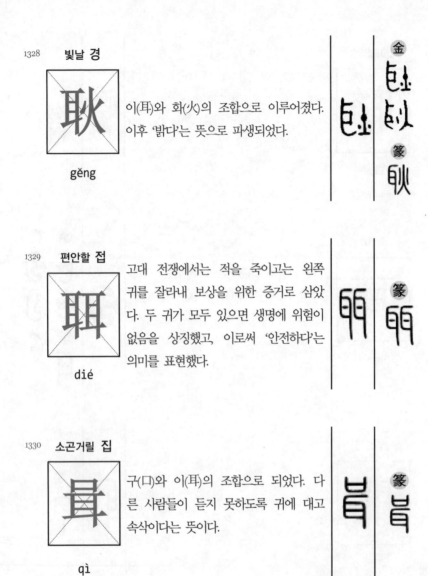

1328 **빛날 경**

耿

gěng

이(耳)와 화(火)의 조합으로 이루어졌다. 이후 '밝다'는 뜻으로 파생되었다.

金 篆

1329 **편안할 접**

聑

dié

고대 전쟁에서는 적을 죽이고는 왼쪽 귀를 잘라내 보상을 위한 증거로 삼았다. 두 귀가 모두 있으면 생명에 위험이 없음을 상징했고, 이로써 '안전하다'는 의미를 표현했다.

篆

1330 **소곤거릴 집**

咠

qì

구(口)와 이(耳)의 조합으로 되었다. 다른 사람들이 듣지 못하도록 귀에 대고 속삭이다는 뜻이다.

篆

1331 **소곤거릴 섭**

niè

여러 개의 귀가 한데 모여 있는 모습으로, 다른 사람들이 낮은 소리라 하는 말을 귀를 기울여 듣다는 뜻이다.

篆

1332 **무성할 용**

róng

원래는 사람의 귀에 있는 털을 말했는데, 땅에 나는 풀과 같이 세밀하다는 뜻에서 '귀에 자란 풀'이라는 이미지를 그려냈다. 이후 '세밀한' 정황을 표현하는데 사용되었다.

篆

1333 **도둑질한 물건 가질 섭**

shǎn

다른 사람들이 알지 못하도록 한 사람이 물건을 두 겨드랑이 아래에 숨긴 모습이다.

篆

1334 낄 협

夾

jiā

다른 사람이 걸을 수 있도록 두 사람이 양쪽에서 부축하는 모습이다. 이로부터 양쪽에서 '끼고 있는' 상태를 표현하게 되었다.

1335 밭 넓이 단위 경

頃

qǐng

비(匕)와 혈(頁)의 조합으로 이루어졌는데, 귀족의 머리가 한쪽으로 기울어져 있는 모습이다. 정권을 잡은 큰 인물은 언제나 좋은 정치를 어떻게 펼 것인가의 문제로 골머리를 앓기 마련인데, 이를 해결하기 위해 무의식적으로 머리를 기울여 생각하곤 한다. 그래서 '비스듬하다', '기울어지다'는 뜻이 나왔다.

1336 엎드릴 와

臥

wò

구조를 보면 경(頃)과 비슷하다. 누워서 머리를 한쪽으로 기울인 채(눈으로 위치를 나타냄) 깊은 잠에 빠진 사람을 그렸다.

1337 뇌 뇌

腦

năo

오른쪽 절반은 아이의 두뇌와 머리카락의 형상이며, 왼쪽 절반은 '비(匕: 숟가락)'로 두뇌와 관련이 없다. 인(人)을 반대로 뒤집은 모습임이 분명하다. 지금은 대부분 인(人)이 육(肉)으로 대체되어 뇌(腦)자로 쓴다.

篆

1338 아이 아

兒

ér

갑골 복사에서 신의 이름으로 쓰였지만, 금문에서부터는 '아이'의 의미로 쓰였음이 분명하다. 『설문해자』에서는 아이의 두개골이 아직 완전히 닫히지 않은 모습을 그렸다고 했지만, 어쩌면 소년의 헤어스타일을 표현한 것일 수도 있다.

金 甲

篆

1339 터럭 발

髮

fǎ

사람의 머리에서 자라는 모발을 말한다. 금문에서는 견(犬)과 수(首)의 조합으로 이루어졌는데, 강아지의 몸에 난 긴 털을 갖고서 사람의 모발을 표현한 것으로 보인다. 나중에는 표(髟)가 의미부이고 발(犮)이 소리부인 형성구조로 바뀌었다.

篆 金

古

1340 길 장

長

cháng

갑골문에서는 지팡이를 든 한 노인을 표현했다. 고대 사회에서 노인의 긴 머리카락은 종종 산발된 모습을 하여 비녀를 꽂아 단정하게 한 성인의 머리칼과는 달랐다. 그리하여 이로써 '길다'는 추상적인 개념을 그려냈다.

1341 머리털 드리워질 표

髟

biāo

장(長)자의 의미가 '길다'로 바뀌어 더 이상 긴 모발의 모양을 나타낼 수가 없게 되자 다시 삼(彡)을 추가하여 모발의 조밀하고 긴 이미지를 표현해 냈으며, 동시에 사람의 모발을 뜻하는 부수자로 사용되었다.

1342 모름지기 수

須

xū

갑골문에서는 사람의 얼굴에 세 가닥으로 난(세 가닥은 많다는 뜻임) 수염이 그려진 모습이다. 금문에 들어서는 머리 부분이 혈(頁)로 바뀌었다. 나중에는 '필수(必須)'라는 의미로 가차되어 쓰였고, 그러자 표(髟)를 더하여 수(鬚)를 만들어 그 의미를 강조했다.

1343 말 이을 이

ér

갑골문의 자형으로 볼 때, 이(而)자는 아래턱의 수염을 그렸다. 이후 접속사로 가차되어 쓰였고, 본래 의미로는 거의 사용되지 않았다.

金 甲

篆

1344 털 모

máo

'수(須: 수염)'와 '발(髮: 모발)'이 사람의 모발을 나타내는데 반해, 동물의 털은 모(毛)라고 한다. 금문의 자형을 보면 소나 말의 꼬리털에서 그 이미지를 가져왔다. 중간의 긴 선은 꼬리이고 그 옆에 그려진 선들은 꼬리에 무성하게 촘촘히 자란 털을 표현했다.

篆 金

1345 솜털 취

cuì

위에 한 개 아래에 두 개 배치된 세 개의 모(毛)로 구성되었는데, 털이 많음을 표현했다. 많은 털은 짐승의 특징이며, 포유류의 신체에 난 세밀한 체모를 나타내기도 한다.

篆 金

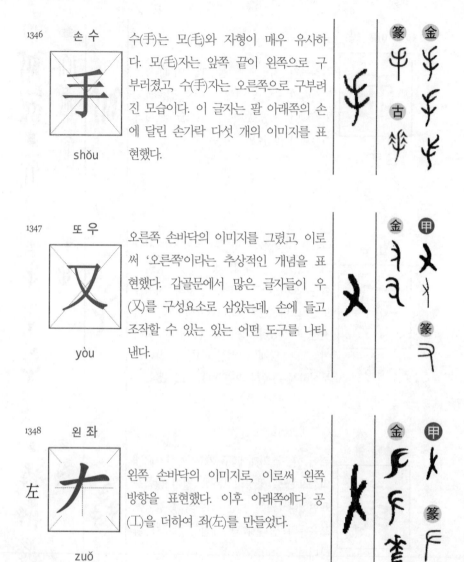

1346 **손 수**

手

shǒu

수(手)는 모(毛)와 자형이 매우 유사하다. 모(毛)자는 앞쪽 끝이 왼쪽으로 구부러졌고, 수(手)자는 오른쪽으로 구부려진 모습이다. 이 글자는 팔 아래쪽의 손에 달린 손가락 다섯 개의 이미지를 표현했다.

1347 **또 우**

又

yòu

오른쪽 손바닥의 이미지를 그렸고, 이로써 '오른쪽'이라는 추상적인 개념을 표현했다. 갑골문에서 많은 글자들이 우(又)를 구성요소로 삼았는데, 손에 들고 조작할 수 있는 있는 어떤 도구를 나타낸다.

1348 **왼 좌**

左 大

zuǒ

왼쪽 손바닥의 이미지로, 이로써 왼쪽 방향을 표현했다. 이후 아래쪽에다 공(工)을 더하여 좌(左)를 만들었다.

1349 벗 우

友

yǒu

두 손을 같은 방향으로 한 모습이다. 간혹 두 개의 가로획을 추가하여 하나의 그룹으로 합친 모습이기도 하다. 친구의 정감을 표현했다. 금문에서는 구(口)나 점 하나가 더해졌는데, 구덩이를 팔 때 친구들이 함께 협력해야 함을 표현했거나 깊은 구덩이에서 빠져나올 수 있도록 서로 도와야 함을 그렸을 것이다.

1350 더욱 우

尤

yóu

갑골문에서 우(尤)는 '작은 재앙'을 뜻하는데, 짧은 획은 손가락이 부상을 입었음을 나타낸다. 『설문해자』에서는 이를 '특이하다'는 의미로 해석했는데, 아마도 손가락을 다쳤거나 사마귀가 생겨서 모양이 이상했기 때문일 수도 있다.

1351 절 배

拜

bài

금문에 의하면, 배(拜)는 수(手)와 식물의 뿌리가 조합된 모습이다. 허리를 굽혀 식물을 뽑아 올리는 자세와 의식을 행하는 자세가 서로 비슷하기 때문에 배(拜)를 빌려와 '만나 뵙고 절을 하다'는 뜻을 표현했다.

① 동물

② 전쟁과 형벌

③ 일상생활①

④ 일상생활②

⑤ 기물제작

❻ 삶과 신앙

1352 눈 목

mù

전면은 넓고 뒷면은 좁은 눈을 그렸는데, 이후 안구가 생략되었다. 금문에서는 눈을 세로로 쓰기 시작했고, 소전체에 들어서부터 지금처럼 되었다.

1353 눈으로 뒤따를 답

dà

갑골문을 보면 눈물이 연속해서 흘러내리는 모습임을 쉽게 알 수 있다. 그래서 '~와'라는 연결사로 쓰였다. 금문에 들어 분리되었던 눈물이 직선으로 연결되어 직선의 양쪽으로 고르게 분포되었다.

1354 눈썹 미

méi

갑골문의 초기 모양에서는 사람의 몸을 그렸는데, 눈과 눈썹을 분리하여 그렸다 (). 나중에는 사람의 형태는 생략하고 눈썹을 눈에 연결하여 그렸다. 소전체에서는 눈썹의 위치가 변했다.

1355 아첨할 미

媚

mèi

갑골문에서는 무릎을 꿇은 여성을 그렸는데, 눈 위의 눈썹을 부각시켜 놓았다. 아마도 여성들의 아름다운 눈썹은 매력적이고 사람들의 사랑을 받았기에, '어여쁘다'는 뜻이 생겼을 것이다.

篆 媚   甲

1356 눈언저리 권

罥

juàn

이 글자는 '눈 주위'를 의미한다. 이는 두 눈 주위에 장식을 더하여 눈을 더 크고 아름답게 한 것으로 보인다. 이는 고대 여성의 메이크업 기술을 반영하였는데, 오늘날의 아이섀도(eye shadow)와 같은 것으로 이해될 수 있다.

篆

1357 업신여길 멸

蔑

miè

이 글자는 '피폐하여 눈에 힘이 없다(勞目無精神)'는 뜻이다. 갑골문의 자형으로 볼 때, 이는 아름다운 눈썹을 가진, 발이 잘리는 형벌을 선고받아 정신이 피로하고 힘들어 하는 한 귀족을 그렸는데, 과로하여 정신이 빠진 것처럼 보인다.

金   甲   篆

볼 견

見

jiàn

서 있거나 무릎을 꿇은 사람이 눈을 뜬 채로 보는 모습을 그렸다. 금문에서는 보다 사실적으로 표현하여, 눈동자까지 그려냈으며(🖐), 눈이 세로로 그려지기 시작했다. 소전체에 들어서는 더 이상 무릎을 꿇은 모습은 보이지 않게 되었다.

金 甲

篆

볼 간

看

kàn

의미는 앞의 견(見)자와 비슷하다. 그래서 '간견(看見: 보이다)'이라는 복합어를 만들었다. '목(目: 눈)'이 '수(手: 손)' 아래에 자리한 구조로, 눈부신 햇빛을 손으로 가림으로써 보기에 편하다는 의미를 표현했다.

篆

아득히 합할

요

眣

yǎo

'멀리 보다'는 뜻이다. 아마도 머리를 들어 멀리 바라다보는 사람을 그렸을 것이다. 이후 눈동자의 모습이 변화하자 눈을 의미하는 목(目)도 일(日)로 바뀌었다.

篆

1361 눈짓할 혈

目夊

xuè

『설문해자』에서는 이 글자를 두고 '사람들을 눈짓으로 부리다'라는 뜻이라고 했다. 한쪽 눈을 찔러 자해한 모습을 그렸는데, 한쪽 눈만 남으면 시선에 편차가 생겨 사물을 볼 때 종종 머리를 한쪽으로 기울이기 마련인데, 그 모습이 마치 다른 사람들에게 눈짓으로 지시하는 것처럼 보인다.

1362 사팔눈 질

眣

chì

이 글자는 혈(夐)과 유사하여, 한쪽 눈이 화살에 찔려 남은 눈 하나의 시력에 항상 오차가 있음을 나타냈다. 이후 '화살의 모습이 잘못 변했고, 구조도 목(目)이 의미부이고 실(失)이 소리부'인 형성자로 바뀌었다.

1363 잃을 실

失

shī

이는 질(眣)자에서 분해되어 나온 글자일 것이다. 아니면 손에서 무언가가 미끄러져 떨어짐을 표현했을 수도 있다.

❶ 동물

❷ 전쟁과 형벌

❸ 일상생활①

❹ 일상생활②

❺ 기물제작

❻ 삶과 신앙

1364 **거여목 목**

mù

윗부분은 눈썹을 그렸고, 아랫부분의 목 (目)은 '내사시(內斜視: 사물을 볼 때 눈동자가 안쪽으로 몰리는 눈)'를 표현했을 것으로 보인다. 눈동자가 정상 위치가 아니라 한 곳에 집중되어 있으므로 '눈이 바르지 않다'는 뜻을 갖게 되었다.

篆

1365 **어긋날 간**

gèn

원한 때문에 머리를 돌려 경멸하거나 눈을 동그랗게 뜨고 쳐다보는 사람의 모습을 그렸다.

篆

1366 **눈 부릴 왈**

wò

글자의 구조를 보면, '목(目: 눈)'과 '조 (叉: 손톱)'로 구성되었는데, 아마도 보다 선명하게 볼 수 있게 손가락을 사용하여 눈꺼풀을 펴는 모습일 것이다.

篆

1367 **손톱 조**

zhǎo

손가락 사이에 두 개의 작은 점이 더해졌는데, 이는 손톱의 위치를 표시한다. 이로부터 '손톱'의 의미를 나타냈다.

1368 **깍지 낄 차**

chā

조(叉)와 유사한데, 두 손가락 사이의 틈을 말한다. 포크처럼 중간에 틈이 있는 것을 나타내는 데 사용되었다.

1369 **끌 만**

màn

갑골문에서는 두 손이 눈 위와 아래에 있음을 분명하게 표현했다. 두 손으로 눈을 벌려 시야를 더 멀리 보게 하려는 모습이다. 이로부터 '길다는 의미가 나왔다. 금문에 이르러 '수(手: 손)'가 '모(冃: 투구)'와 비슷한 모습으로 변했다.

❶ 동물 ❷ 전쟁과 형벌 ❸ 일상생활① ❹ 일상생활② ❺ 기물제작 ❻ 삶과 신앙

1370 구할 수

xū

유(濡)의 어원이 되는 글자이다. 사람의 몸 전체가 물에 젖었는데, 수염(而)조차도 젖었음을 표현했다.

篆 (篆書)

1371 낯 면

miàn

얼굴을 표현하기 위해 전체 윤곽에다 눈 하나를 에워싼 모습을 그렸다. 다섯 가지 감각기관(눈, 코, 귀, 입, 피부) 중에서도 눈의 이미지가 가장 중요하기 때문이다. 소전체에서는 눈의 방향이 수직으로 바뀌었다.

甲

篆

1372 안색이 부드러울 유

yǒu

『설문해자』에서는 '안색이 부드럽다', 즉 얼굴에 화색을 띠다는 의미로 해석했다. 자형을 보면 면(面)과 육(肉)으로 구성되었는데, 얼굴에 살이 많다는 것은 살찐 사람의 모습이고, 살찐 사람은 성격이 좋은 법이다. 그래서 '화기애애하다'는 뜻이 있게 되었다.

篆

1373 파리할 초

酏

qiáo

면(面)과 초(焦)의 조합으로 된 회의자이다. 얼굴이 마치 불에 그슬린 것처럼 야위고 시커멓다는 뜻이다.

1374 살찔 비

肥

féi

살이 많은 사람이 무릎을 꿇고 앉은 모습이다. 비만인 사람은 움직이기가 쉽지 않으므로 앉은 자세로써 '살쪘음'을 표현했다.

1375 얼굴 모

貌 兒

mào

자형과 의미로 볼 때, 사람의 용모를 표현한 것임이 분명하다. 주문(籒文)체에서는 치(豸)가 더해졌는데, 짐승의 외모를 의미하기도 한다.

1376 진실로 윤

允

yǔn

윤(允)을 소리부로 삼는 준(畯,)이나 준(俊) 같은 글자들은 모두 '농부'라는 뜻을 담고 있다. 그래서 윤(允)은 머리에 햇빛을 가리는 두건을 쓴 모습임이 분명하다. 농부의 성격은 단순하고 정직하므로 이를 빌려 추상적인 '진실함'도 표현하게 되었다.

金
甲
篆

1377 흘겨볼 구

䀠

jū

두 눈이 팔 아래에 놓인 모습이다. 시력이 약해져 항상 아래를 내려다보면서 봐야 한다는 뜻이다.

篆

1378 목 항

亢

kàng

『설문해자』의 해설에 의하면, 목의 정맥을 그렸다고 했다. 목은 인체의 상부에 있기 때문에, '높다'는 의미로 확장되었고, 나중에 의미를 보다 명확하게 하기 위해 머리를 나타내는 혈(頁)을 더하여 형성구조로 변했다.

篆

1379 **잡을 극**

jǐ

두 손을 앞으로 뻗은 모습인데, 기도 하는 몸짓이다.

1380 <u>스스로 자</u>

zì

갑골문의 자형에 의하면, '코'를 그렸다. 이후 기점을 나타내는 '~로부터'라는 의 미로 가차되었으며, 그러자 소리부 비 (畀)를 더한 비(鼻)를 만들어 '코'의 뜻을 표현했다.

1381 **입 구**

kǒu

입을 크게 벌린 모습이다. 입은 말을 하 고 식사를 하는 신체의 기관이다.

① 동물 ② 전쟁과 형벌 ③ 일상생활① ④ 일상생활② ⑤ 기물제작

⑥ 삶과 신앙

yuē

지사자이다. 구(口)에다 짧은 가로획을 더하여 그것이 발성되는 말임을 표시했다. '말'은 인간이 갖고 있는 고유한 특성인데, 의미를 변별할 수 있는 소리이다.

kū

사람이 울고 있다는 뜻인데, 여러 개의 벌어진 입이 함께 모여 우는 소리가 들리는 듯하다. 나중에 풀어헤친 머리카락의 형상이 견(犬)으로 변해 곡(哭)자가 되었다.

xiào

원래의 자형은 한 사람이 머리를 기울여 눈을 찡그리며 윙크하는 모습이다. 어떤 경우에는 아래 부분이 견(犬)으로 잘못 변했고(), 이 때문에 『설문해자』에서도 견(犬)이 의미부인 글자로 해석했다.

1385 허물 건

qiān

글자의 의미는 '재앙'이다. 질(疾)이 질병의 '재앙'이라면 건(辛)은 질병 이외의 '재앙'을 말한다. 자형을 보면, 굽은 바늘을 그렸는데, 이 바늘은 찔러 문신을 새겨 넣던 형벌(묵형)에 쓰던 도구이다. 그래서 '재앙'과 '재난'의 뜻을 의미했다.

1386 말다툼 할 알

yè

건(辛)이 날이 굽은 새김칼을 그렸다면, 신(辛)은 날이 직선으로 된 새김칼이다. 건(辛)과 구(口)의 조합으로 이루어져, '말로 사람들을 다치게 하다'는 뜻을 담았다. 마찬가지로 문신을 새기던 칼이고 의미도 비슷하여, 이후 얼(孽)이라는 글자로 대체되었다.

1387 허물 설

niè   xuē

갑골문에서 '재앙', 특히 군사와 관련된 재앙을 나타내는데 이 글자를 자주 사용했다. 금문에 이르러 사(自)에 변화가 일어났고, 설(咠)자가 더 추가되었다. 그래서 사(自)가 의미부이고 철(屮)이 소리부인 구조라고 풀이했다.

① 동물 ② 전쟁과 형벌 ③ 일상생활① ④ 일상생활② ⑤ 기물제작 ⑥ 삶과 신앙

빌 개

gài

자형을 보면 망(亡)과 도(刀)의 결합으로 이루어졌다. 갑골문에서는 '재앙'을 뜻해, 생산 도구(칼, knive)를 잃어버렸음을 말해, 경제적 손실을 뜻했다. 금문에서는 '기도하다'의 뜻으로 가차되었다.

金 甲 篆

글귀 구

勾

gōu

구(口)의 형상은 '입'이나 용기 또는 구덩이를 표현하는데 쓰였다. 외형이 모두 굽은 모습을 했기 때문에 '굽은' 정황을 나타내는데 쓰였다. 지금은 구(勾)를 많이 사용한다.

金 甲 篆

혀 설

shé

입안의 기관인 '혀'를 말한다. 원래 모양은 앞쪽이 약간 넓은 긴 혀의 모습이었는데, 단순화된 후 앞쪽이 갈라진 모습을 하게 되었다. 나중에 혀 밑면에 두 개의 비스듬한 획이 추가되었는데, 작은 점은 입안의 침을 나타낸다.

篆 甲

1391

이 치

齒

chǐ

숫자가 일정치 않은 입안의 치아의 형상을 명확하게 보여준다. 금문에 이르러 독음을 나타내는 지(止)가 더해져 형성구조가 되었다.

1392

이 갈 츤

齔

chèn

소전체에 근거하면 치(齒)와 화(匕=化)로 구성된 회의구조로 해석할 수 있다. 어린이가 일곱 여덟 살쯤 되면 있던 이가 빠지고 새로 나는데 그런 정황을 그려냈다.

1393

이 드러나 보일 언

齞

yàn

치(齒)와 지(只)의 조합으로 이루어졌다. 지(只)는 아마도 치아가 노출되는 토끼 입술의 이미지를 나타내었을 것이다.

❻ 삶과 신앙

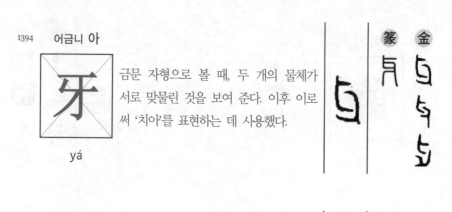

1394 어금니 아

牙

yá

금문 자형으로 볼 때, 두 개의 물체가 서로 맞물린 것을 보여 준다. 이후 이로써 '치아'를 표현하는 데 사용했다.

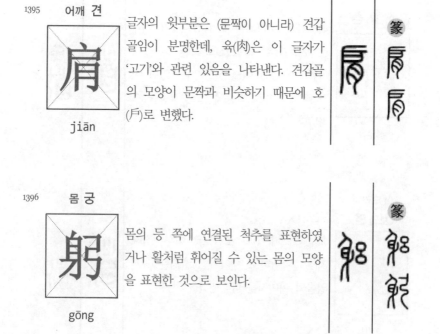

1395 어깨 견

肩

jiān

글자의 윗부분은 (문짝이 아니라) 견갑골임이 분명한데, 육(肉)은 이 글자가 '고기'와 관련 있음을 나타낸다. 견갑골의 모양이 문짝과 비슷하기 때문에 호(戸)로 변했다.

1396 몸 궁

躬

gōng

몸의 등 쪽에 연결된 척추를 표현하였거나 활처럼 휘어질 수 있는 몸의 모양을 표현한 것으로 보인다.

어그러질 괴

guāi

한 줄 한 줄 구부러진 갈비뼈가 직선 모양의 척추에 있는 모습인데, 이로써 '척추'를 의미했다.

등성마루 척

jǐ

척추와 갈비뼈를 그렸다. 아래쪽에 육(肉)을 더해 이것이 신체와 관련된 형상임을 명확히 했다.

숱 많을 진

zhěn

사람의 신체에 털이 조밀함을 그렸다.

또 역

腋

亦

yè　　yì

역(亦)은 전형적인 지사자이다. 두 개의 작은 점으로써 겨드랑이의 위치를 나타냈다. 이후 어조사로 차용되었으며, 그러자 원래 의미는 형성자인 액(腋)으로 표현했다.

金 甲

篆

볼기 둔

屍

臀

tún

지사자이다. 아치 모양으로 엉덩이가 몸의 하체에 있음을 표시했다. 나중에 꿇어앉은 자세에서 낮은 등 없는 의자에 앉은 자세로 바뀌었다. 그래서 소전체에서는 엉덩이 아래쪽에다 짧은 등 없는 의자를 추가했다.

篆 甲

1402 오줌 뇨

niào

1403 똥 시

屎

shǐ

뇨(尿)는 서서 소변을 보는 사람을 그렸다. 이에 반해 시(屎)는 배설물이 자신의 몸 뒤쪽으로 나오는 모습을 그렸다. 소전체에서의 뇨(尿)는 이미 여러 개의 작은 점들이 수(水)로 변했으며, 시(屎)자에서 배설물을 표현한 작은 점들이 미(米)로 바뀌었다.

1404 마음 심

xīn

갑골문에서는 아직 심(心)자가 단독으로 출현하지 않았다. 그러나 심(心)과 관련된 글자들은 몇 자 보인다. 예컨대, 경(慶, 𩲔)자에 든 심(心)자를 보면 위쪽이 뾰족하고 아래쪽이 넓은 모습으로 잘못 그려졌음을 알 수 있다. 그러나 금문에 들어서는 모두 위가 넓고 아래쪽이 좁은 모습으로 변했다.

❶ 동물

❷ 전쟁과 형벌

❸ 일상생활①

❹ 일상생활②

❺ 기물제작

❻ 삶과 신앙

1405	숨 쉴 식 息 xi	'자(自: 코)'와 '심(心: 심장)'의 결합으로 이루어졌다. 호흡하는 숨결을 표현했다. 이로부터 고대인들은 심장이 호흡을 주관하는 기관이며, 코와 함께 협력하여 공기를 끌어 들이고 내보낸다고 여겼음을 알 수 있다.	
1406	생각할 사 思 si	심(心)과 신(囟: 정수리)이 결합한 모습인데, 심장과 두뇌가 생각을 주관하는 기관임을 표현했다. 이 글자로부터 한나라 사람들이 이미 두뇌가 사고를 책임지는 기관임을 알고 있었다고 추정된다.	
1407	슬기 지 智 知 zhì	갑골문에서는 자(子)와 대(大)와 책(冊)의 조합으로 구성되었다. 가장 복잡한 경우에는 구(口)가 더해지기도 했다. 나중에는 책(冊)이 생략되었고, 대(大)가 다시 시(示)로 잘못 변했다. 아마도 책봉 의식을 통해 태자를 그 자리에 세우려면 '지혜'를 필요로 했기에 '지혜'의 의미를 대표하게 되었을 것이다.	

1408 **밥통 위**

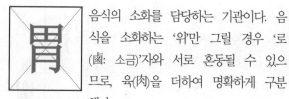

胃

wèi

음식의 소화를 담당하는 기관이다. 음식을 소화하는 '위'만 그릴 경우 '로(鹵: 소금)'자와 서로 혼동될 수 있으므로, 육(肉)을 더하여 명확하게 구분했다.

1409 **소금 로**

鹵

lǔ

간수(습기가 찬 소금에서 저절로 녹아 흐르는 짜고 쓴 물)가 담겨진 포대를 그렸다. 간수의 주성분은 소금물인데, 음식을 오랫동안 보관할 수 있게 한다. 자형이 서(西)와 닮았다. 그래서 『설문해자』에서는 '서쪽 지방의 소금 생산지'라고 풀이했던 것이다.

1410 **거느릴 솔**

率

shuài

기름기가 있는 창자가 길게 꼬인 모양을 그렸다. 제사 때 쓰던 물품이며, '솔(膟: 제사고기)'의 원래 글자로 추정된다.

❶ 동물
❷ 전쟁과 형벌
❸ 일상생활①
❹ 일상생활②
❺ 기물제작
❻ 삶과 신앙

1411 **이을 윤**

yìn

솔(率)에 육(肉)이 더 추가된 모습이다. 원래는 창자의 끝에 있는 대창을 말했으나, 나중에 이로써 '자손이 끝없이 이어지다'는 의미로 사용했다.

1412 **구할 요**

腰

yāo

갑골문의 자형을 보면 한 여성이 두 손으로 허리를 에워싼 채, 다른 여성을 껴안고 있는 모습으로, '요(腰: 허리)'의 원래 글자이다. 소전체의 자형에 근거하면 『설문해자』의 해설처럼 두 손을 허리에 얹은 모습일 수도 있다.

1413 **팔뚝 굉**

肱

gōng

굉(厷)의 갑골문은 팔꿈치로부터 어깨에 이르는 팔의 윗부분을 그렸다.

그리고 '주(肘: 팔꿈치)'의 갑골문을 보면 전체 손을 그리면서 팔꿈치의 구부러진 부분에 곡선이 그려졌는데, 정형적인 지사자이다. 팔이 굽히는 팔꿈치 부분임을 나타냈다.

1414 **팔꿈치 주**

肘

zhǒu

1415 **두 손으로 받들 공**

廾

gǒng

두 손을 아래로부터 위로 받들고 있는 모습이다. 갑골문에서는 '사람을 불러 모으다'는 뜻으로 가차되었다. 금문에서는 자형이 조금 변했는데, '공동', '함께'라는 뜻으로 쓰였지만, 원래의 뜻에 더 가깝다.

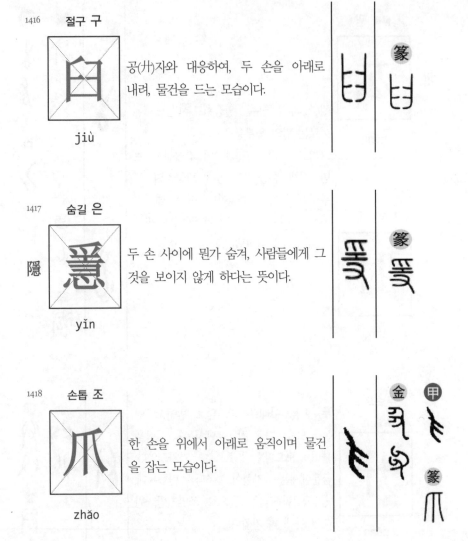

1416 절구 구

臼

jiù

공(廾)자와 대응하여, 두 손을 아래로 내려, 물건을 드는 모습이다.

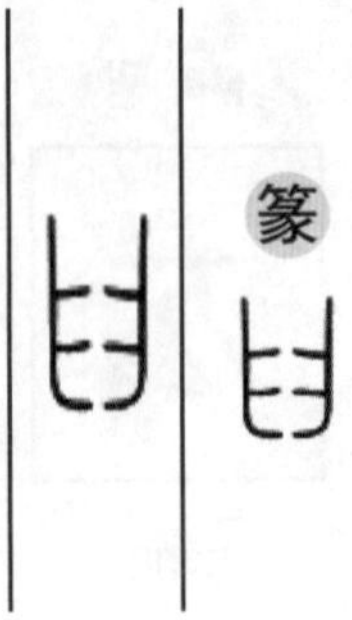

1417 숨길 은

隱 㥯

yǐn

두 손 사이에 뭔가 숨겨, 사람들에게 그것을 보이지 않게 하다는 뜻이다.

1418 손톱 조

爪

zhǎo

한 손을 위에서 아래로 움직이며 물건을 잡는 모습이다.

1419 **아닐 비**

fēi

갑골문에서는 두 손으로 어떤 물체(아마도 문의 커튼)를 양쪽으로 걷어 제치는 모습이다. 금문에서는 두 손이 생략되었고, 나중에는 부정을 나타내는 부정부사로 가차되었다.

1420 **발 족**

zú

종아리와 발가락을 그렸다. 자형은 일찍부터 잘못 변하기 시작하여 종아리 부분이 원으로 변했다.

1421 **넓적다리 고**

gǔ

육(肉)과 수(殳)의 조합으로 이루어졌는데, 무릎 위의 허벅지 부분을 나타낸다. 이는 대퇴골이 힘을 다해 두드려야만 잘릴 수 있을 정도로 크고 굵다는 의미를 그렸다.

❶ 동물   ❷ 전쟁과 형벌   ❸ 일상생활①   ❹ 일상생활②   ❺ 기물제작

❻ 삶과 신앙

제6부 삶과 신앙 **523**

1422 **꾀할 기**

企

qǐ

기(企)는 망(望)과 관련이 있지만 다음과 같은 부분이 다르다. 즉 망(望)자는 사람이 언덕 위에 올라서서 멀리 바라보는 모습이라면, 기(企)는 발꿈치를 세우고 멀리 보는 모습인데, 희망에 초점을 두고 있다. '인(人: 사람)'과 '지(止: 발)'가 원래는 하나로 붙어 있었으나 점차 두 부분으로 나뉘어 분리되었다.

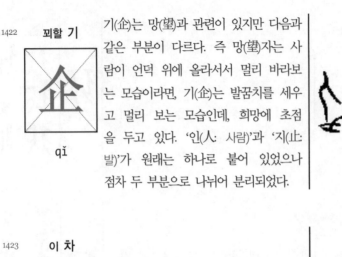

1423 **이 차**

此

cǐ

지시대명사이다. 발끝을 땅에 놓아 다른 사람에게 '이곳'임을 보여주는 습관에서 비롯되었다.

1424 **삼갈 송**

竦

sǒng

사람이 선 모습인데, 묶어 세워 놓은 자루처럼 조금도 움직임이 없어 매우 공경하는 모습임을 그렸다.

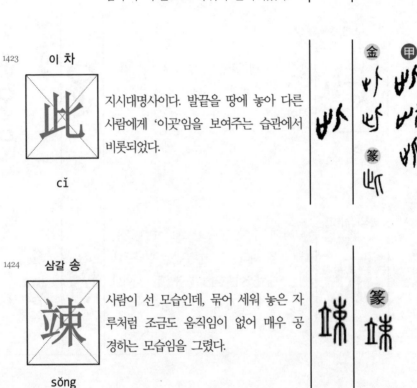

1425 사귈 교

交

jiāo

물체가 서로 얽힌 모습을 표현하는데, 다리를 교차시켜 서 있는 성인의 모습으로 이를 그려냈다.

1426 먼저 선

先

xiān

한 사람이 맨발로 다른 사람의 머리위에 서 있는 모습이다. 사다리가 없었던 시절, 고대인들은 종종 이런 방식으로 높은 곳에 올라갔다. 이로부터 '앞으로 나가다', '앞뒤' 등의 뜻이 나왔다.

1427 말다툼할 경

誩

jìng

두 개의 언(言)으로 구성되었다. 언(言)은 긴 관을 가진 나팔을 그렸는데, 사람의 말이라는 뜻을 갖게 되었다. 『설문해자』에서는 '말로 다투다'는 의미를 갖는다고 했다.

① 동물
② 전쟁과 형벌
③ 일상생활①
④ 일상생활②
⑤ 기물제작
⑥ 삶과 신앙

제6부 삶과 신앙 **525**

1428 **겨룰 경**

競

jìng

머리에 장식을 한 두 사람이 나란히 서 있는 모습이다. 이는 두 사람이 나란히 서서 경쟁하는 모습일 것이다. 나중에는 머리 부분의 장식이 더욱 복잡해졌고, 언(言)으로 잘못 변해 지금의 자형이 되었다.

1429 **삼갈 긍**

兢

jìng

글자의 의미는 '경(競: 겨루다)'과 같다. 두 사람이 나란히 서서 머리 부분의 장식물의 아름다움을 경쟁하는 모습이며, 머리 부분의 장식물이 떨어져 봉(丰)과 구(口)로 분리되었다.

1430 **다할 경**

竟

jìng

사람의 머리 부분에 높이 솟은 머리 장식이 있어, 이것이 떨어질까 전전긍긍 걱정하는 모습이다.

❶ 동물

❷ 전쟁과 형벌

❸ 일상생활①

❹ 일상생활②

❺ 기물제작

❻ 삶과 신앙

1431   **번쩍할 섬**

사람이 문 안에 숨어서 문밖의 모습을
몰래 살피는 모습이다.

shǎn

1432   **머뭇거릴 유**

사람의 왼쪽과 오른쪽 양쪽 어깨에 물
건을 멘 모습인데, 힘들게 걷고 있음을
표현하였다.

yín

1433   **가라앉을 침**

상나라 때의 제의의 하나인데, 신들이
즐길 수 있도록 소나 양을 통째로 물속
에 던져 넣는 모습을 그렸다.

chén

1434 **음란할 애**

毐

ǎi

뿌리 작물의 일종이다. 먹으면 성적인 욕망을 증가시키는 독약인데, 이후 '품행이 단정하지 못하다'는 뜻으로 쓰이게 되었다.

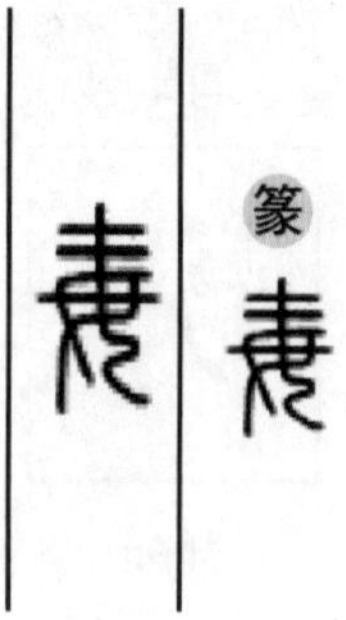

6.9

음악

1435 **말씀 언**

yán

갑골문의 자형에 근거해 볼 때, 언(🔯)이 최초의 필사법인데, 이를 이어서 짧은 획 하나가 더해져 언(🔯)이 되었으며, 이후 다시 신(辛, 🔯)으로 변했다. 언(言)은 관악기를 그렸는데, 소리를 먼 곳까지 전달할 수 있었기에 '유용한 메시지'를 대표하게 되었다.

1436 **소리 음**

yīn

악기가 내는 소리를 말한다. 언(言)과 구분하기 위해 금문에서는 입을 상징하는 구(口)에다 가로획을 더했는데, 이후로 이러한 필사법이 고정되어 지금에 이르렀다.

1437 꾸짖을 리

lì

망(罒=網)과 언(言)의 조합으로 이루어 졌다. 말로 욕하다는 뜻이며, '죄를 덮어 씌우다'는 의미로 쓰였다.

1438 고할 고

gào

금문에서는 두 손으로 긴 관이 달린 나팔을 든 모습이다. 고대사회에서 정 부가 새로 공표해야 할 새로운 정책 이 있을 때는 사람들을 각 지역으로 파견하여 긴 관을 가진 나팔을 불어 민중들을 모았고 정책을 선포했다. 이 로부터 '선언하다'의 뜻을 가게 되었 다.

1439 칠 토

tǎo

언(言)과 촌(寸)의 조합으로 이루어져 있 는데, 촌(寸)은 우(又)에서 변해온 글자 이다. 그래서 이 글자는 손으로 나팔을 들고 적과 싸울 신호음을 불어, 적과 싸 울 때 먼저 함께 모여 적을 '성토(聲討)' 해야 함을 말한다.

1440 　믿을 신

xìn

인(人)과 언(言)으로 구성된 글자인데, 금문에서 처음으로 등장한다. 가장 오래된 글꼴은 신(信)인데, 나중에 신(信)으로 단순화되었다. 나팔[言]은 정책을 홍보하는 도구이기에, 신(信)자는 정부의 공표가 믿을 수 없는 풍문이 아니라 신뢰할 수 있는 것임을 표상한다.

1441 　이를 첨

詹

zhān

긴 관을 가진 악기[言]로 절벽[广]에 있는 사람들에게 그곳이 위험한 곳임을 긴급하게 알리다는 의미이다. 이로부터 '긴급 알람'을 뜻하게 되었다.

1442 　풍류 악/
즐길 락/
좋아할 요

yuè

노래, 연주, 춤, 놀이 등을 총칭하여 '음악이라고 한다. 갑골문에서는 나무 위에 두 가닥의 실이 그려진 모습인데, 현악기를 상징한다. 음악은 마음을 즐겁게 하므로 '즐겁다'는 뜻이 나왔다.

① 동물
② 전쟁과 형벌
③ 일상생활①
④ 일상생활②
⑤ 기물제작
⑥ 삶과 신앙

1443 **불 취**

chuī

현존하는 가장 오래된 악기는 관악기이다. 갑골문에서는 한 사람이 입을 벌리고 도기로 만든 '훈(塤: 질나발)'이라는 악기를 부는 모습이다. 나중에 훈을 그린 부분이 구(口)로 변했고, 그래서 구(口)가 의미부이고 흠(欠)이 소리부안인 형성구조가 되었다. 이 때문에 입을 벌리고 하품을 하는 모습이라 오해하게 되었다.

1444 **피리 약**

yuè

두 개의(혹은 여러 개의) 소리관이 하나로 묶여 있고, 역삼각형의 마우스피스가 더해진 다관으로 된 관악기를 말한다. 다양한 톤의 소리관이 함께 묶여 다채로운 음정의 음악을 재생한다.

1445 **둥글 륜**

lún

이는 '약(龠: 다관 악기)'에서 변해 온 글자이다. 여러 개의 관으로 구성된 약(龠)은 원형으로 묶여 있어 손가락으로 제어하기가 불편하기 때문에 음높이에 따라 가로로 배열하게 되었다. 그러나 금문에서는 악기의 취구(吹口) 즉 리드는 생략되었고, '윤리(倫理)'라는 의미로 확장되었다.

532 갑골문 고급 자전

❶ 동물

❷ 전쟁과 형벌

❸ 일상생활①

❹ 일상생활②

❺ 기물제작

❻ 삶과 신앙

1446

노래 요

yáo

1447

질그릇 요

요

yóu

요(䚻)자는 언(言)이 의미부이고 육(䍃)이 소리부로' '노래를 의미하는데, 반주 없이 부르는 노래를 말한다.

그리고 요(䍃)자는 '도기'를 의미하고, 육(䍃)은 거꾸로 된 구(口)로, 입[口]으로 관악기를 부는 형상을 그렸다.

1448

착할 선

善

shàn

금문에서 처음 등장하는 선(善)자는 두 개의 언(言)과 한 개의 양(羊)이 결합한 모습이다. 이는 관이 두 개인 굽은 양 뿔 모양의 악기를 그린 것으로 추정된다. 듣기 좋은 소리라는 뜻에서 '아름답고 좋다는 뜻이 생겼을 것이다.

1449 **어지러울 련**

lián

긴 관이 달린 악기를 그렸는데, 윗부분이 긴 리본으로 장식된 모습이다. 이는 지배자가 상으로 내린 기물인 '연기(鑾旗)'로, 군악대가 의식에 사용할 때 쓰던 기물의 일종이며, 행군 시 군대의 위엄을 나타내었다

1450 **베풀 설**

shè

언(言)과 수(殳)의 조합으로 이루어졌다. 수(殳)는 예컨대 종을 치는 모습을 그린 각(殼, 🕊)에서처럼 악기를 연주할 때 치는 채를 말한다. 고대에는 관악기와 타악기가 연주의 주된 악기였으므로, 악기의 배열로써 '진설하다'는 의미를 표현했다.

1451 **큰북 분**

fén

갑골문 자형을 보면 북을 놓는 좌대에 많은 장식물이 달린 모습을 그렸다. 『설문해자』에서는 높이가 8자 되는 군대에서 쓰는 대형 북으로 일반적인 북보다 더 많은 장식이 달렸다고 풀이했다.

1452 어찌 기

kǎi

북을 놓는 좌대에 장식물이 달린 모습이다. 군대가 승리를 거두고 돌아올 때 연주하는 군악을 말한다.

1453 기쁠 희

xǐ

주(壴)와 구(口)의 조합으로 이루어졌다. 노래[口]와 악기[壴]는 모두 기쁜 일을 상징한다. 고문체에서는 흠(欠)이 더해져 노래하다는 의미를 강조했다.

1454 빛날 태

duì

열(悅) 즉 '기쁘다'가 원래 뜻일 것이다. 자형을 보면, 서 있는 사람의 입 양쪽으로 대각선이 대칭을 이룬 모습이다. 이것은 입을 벌리고 기쁜 웃음을 지을 때 얼굴에 나타나는 미소인데, 이로써 '기쁘다'는 의미를 나타냈다.

1455

산 속의 늪
연

yǎn

고문자 자형으로 볼 때, 이 글자의 어원은 학(叡, [그림])과 관련이 있을 수 있다. 또 용(容)자의 금문([그림])으로부터 곡(谷)자가 어떤 글자의 구성성분으로 사용될 때에는 연(㕣)으로 줄여서 썼으며, 그래서 연(㕣)자는 곡(谷)자의 생략된 자형이라는 사실을 알 수 있다.

篆
古

1456

껍질 각

ké

한 손으로 구부러진 북 채를 잡고 매달린 종 모양의 악기를 치는 모습이다. 갑골문에 종(鐘)자가 없지만, 각(殼)자는 당시 종이 사용되었음을 반영해 준다.

金 甲

篆

1457　　**종 각**

qiāng

갑골문에서 '수(殳: 북 채)'가 들어간 자형은 대부분 '치다'는 뜻을 가진다. 각(殼, 🐾)자는 종이나 요령 같은 타악기를 치는 장치이다.

1458　　**남녘 남**

nán

이 두 글자의 뜻은 갑골문에서는 '남쪽'인데, 아마도 고대 중국에서 악기를 연주할 때 종이나 요령을 남쪽에 진설했기 때문일 것이다. 그래서 종이나 요령을 갖고서 '남향'을 표현했다.

1459　　**약간 심할 임**

rěn

이 글자는 순전히 남(南)자에서 분리되어 온 글자로, 따로 쓰이지 않으며 실제적 의미도 갖지 못한다.

1460 길 용

甬

yǒng

금문에서 볼 수 있듯이 이것은 둥근 고리가 있어 매달 수 있는 기물인데, 아마도 초기의 '용종(甬鐘: 매다는 종)'이었을 것이다.

篆 金

1461 쓸 용

用

yòng

금문의 용(甬)자가 둥근 고리가 달린 종 모양의 악기처럼 보이기 때문에, 용(用)자는 대나무 쪽을 그린 것으로 보인다. 대나무 쪽은 두드려 박자를 맞추는데 쓰였다. 그래서 이에 '시행하다', '쓰이다' 등의 의미가 생겼다.

金 甲
古 篆

1462 거문고 금

琴

qín

구석기 후기 때의 인류는 활과 화살을 사용하여, 현이 진동하는 소리에 익숙했다. 이 때문에 현악기의 기원은 매우 이른 것으로 여겨지고 있다. 소전체에서는 윗부분이 현의 강약을 조절하는 기러기 발(雁足)임을 분명하게 표현했으며, 고문체에서는 소리부 금(金)을 더했다.

篆
古

1463 큰 거문고 슬

sè

고문체의 자형을 보면 현을 조율하는 기러기발[雁足]의 형상이다. 금(琴)의 현은 수가 적고 슬(瑟)은 수가 많지만, 자형 상으로는 별 차이가 드러나지 않는다. 그래서 (이를 구분하고자) 금(琴)은 금(金)이라는 소리부를 사용하고, 슬(瑟)은 필(必)이라는 소리부를 사용함으로써, 모두 형성구조가 되었다.

1464 성할 은

yīn

은(殷)은 주나라 사람들이 상나라를 부르던 이름의 하나이다. 수(殳)는 갑골문에서 대형 악기를 칠 때 사용하던 채를 말했으므로, 은(殷)에 '성대한 음악'이라는 뜻이 있다. 문헌에서 상나라 사람들이 멸망한 것은 사람들이 음악과 가무에만 빠져 군사적 대비에는 관심이 없었기 때문이라고 한다.

1465 아뢸 주

zòu

주(奏)는 음악과 관련이 있으며, 종종 무(舞)자와 함께 등장한다. 무(舞)가 비를 기원하는 춤을 말하므로, 주(奏)는 신령을 즐겁게 해주기 위한 음악의 연주를 뜻할 것이다. 자형을 보면 두 손으로 아래로 늘어진 도구를 들고 악단을 지휘하는 모습이다.

篆 古

篆 金

篆 甲
古

❶ 동물
❷ 전쟁과 형벌
❸ 일상생활①
❹ 일상생활②
❺ 기물제작
❻ 삶과 신앙

제6부 삶과 신앙 **539**

1466 **높이 날 료**

한 사람이 깃털로 된 도구를 들고 뛰며 춤을 추는 모습이다.

liáo

❶ 동물

❷ 전쟁과 형벌

❸ 일상생활①

❹ 일상생활②

❺ 기물제작

❻ 삶과 신앙

6.10
천간(天干)과 지지(地支)

1467 **첫째 천간 갑**

jiǎ

『설문해자』에서는 10개의 천간이 머리부터 발끝까지의 사람의 인체부위를 순서대로 대표한다고 했다. 자형으로 볼 때, 갑(甲)자는 직각이 교차하는 십자모양이다. 무사들이 입던 갑옷을 실로 꿰매는 재봉 선을 말하며, (『설문해자』의 해설처럼) '사람의 머리'와는 무관한 글자다.

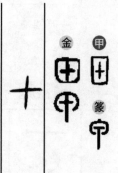

1468 **새 을**

yǐ

을(乙)은 어떤 기호로 추상적인 곡선을 표현했으며, 구체적 형상을 그린 것은 아니다.

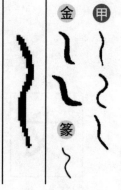

1469　남녘 병

丙

bīng

자형을 보면 내(內,)자와 비슷하지만, 중간의 짧은 직선 획이 없다. 나중에 내(內)자의 자형이 잘못 변했고, 병(丙)자도 내(內)자와 같이 변해버렸다.

1470　넷째 천간 정

丁

dīng

자형은 원래 원이나 둥근 점이어야 하지만, 갑골에 새겨 넣으면서 네모꼴로 변했다. 못의 윗부분을 그렸을 가능성이 크다. 때로는 획이 둥글지 않게 그린 바람에 소전체에서는 위가 넓고 아래가 좁은 모습으로 변해 못의 측면 모습처럼 변했다.

1471　다섯째 천간
무

戊

wù

세로로 된 손잡이와 좁은 날을 가진 의장용 무기를 그렸다.

자기 기

jǐ

을(乙)과 조금 다르게 그려진 기호인데, 이는 고대사회에서 계약을 할 때 나무에 새겼던 굴곡진 몇 가닥의 곡선을 그린 것으로 보인다.

일곱째 천간
경

庚

gēng

'행복하다[康樂]'는 뜻의 강(康, 🎋)은 경(庚)자의 아래에 점이 몇 개 더해진 모습인데, 악기의 소리를 형상화 한 것으로 보인다. 경(庚)자는 손으로 흔드는 요령(핸드 벨)의 모습일 수 있다(🎋). 소전체에 이르러 손으로 방패를 든 모습으로 잘못 변해 더 이상 원래의 창제의미를 알아보기 어렵게 되었다.

편안할 강

康

kāng

강(康)은 '훌륭하다'는 뜻인데, 이는 손으로 흔드는 악기인 요령(핸드 벨)에서 나는 귀를 즐겁게 해주는 소리에서 그 이미지를 가져왔을 것이다. 소전체에 이르러 작은 점들이 미(米)자로 변했고, 그러자 원래의 창제의미를 잘 알아보기 어렵게 되었다.

❶ 동물　❷ 전쟁과 형벌　❸ 일상생활①　❹ 일상생활②　❺ 기물제작

❻ 삶과 신앙

1475 **당나라 당**

táng

자형을 보면 불알이 달린 종의 모습이다. 타격에 의해 나는 소리가 아름답기 때문에 이를 빌려서 '휘황찬란함'이나 '아름답다' 등과 같은 긍정적인 의미를 표현하게 되었다.

金 甲

古

篆

1476 **매울 신**

xīn

얼굴에 문신을 새기던 조각칼을 말한다. 그래서 글자 속에 신(辛)이 들어가면 대부분 범죄나 형벌과 관련된다. 처벌을 받는 심정은 고통스럽다는 뜻에서 '고통'과 '맵다'는 뜻이 나왔다.

金 甲

篆

1477 **아홉째 천간 임**

rén

고대 자형은 모양이 단순한데, 이는 고대인들이 일상에서 사용했던 실을 감는 실꾸리로 보인다. 금문에 이르러 가운데 선에 점이 하나 더해졌고, 다시 짧은 획으로 변해 임(壬)이 되었다.

金 甲

篆

1478 **차례 제**

第

dì

이 글자의 창제의미는 임(壬)자와 매우 관련이 깊다. 『설문해자』에서는 '가죽을 묶을 때의 순서'라고 정확하게 풀이했다. 실을 감을 때는 규칙적으로 감아야만 길게 감을 수 있고, 그래서 '차례', '순서'라는 의미가 나왔다. 그리고 다시 형제(兄弟)라는 가차 의미와 구분하기 위해 제(第)를 만들었다.

1479 **착할 정**

壬

tǐng

한 사람이 작은 흙더미 위에 똑바로 서 있는 모습이기 때문에 '똑바로'라는 의미가 나왔다. 나중에 흙더미는 생략되었고 땅위에 서 있는 모습으로 변했다. 또 한자 변화에서 자주 보는 것처럼 사람의 몸에 작은 점이 더해졌고, 이 점이 다시 가로획으로 변해 지금의 자형이 되었다.

1480 **드릴 정**

呈

chéng

어떤 도구를 그렸는데, 바닥이 굽어 오뚝이처럼 넘어지지 않고 균형을 유지할 수 있으므로 '균형'이라는 의미를 갖게 되었다.

1481 **열째 천간 계**

癸

guǐ

갑골문 자형()을 보면 교차된 모양의 선반에 다양한 톤을 연주할 수 있는 4가지 악기가 놓인 모습이다. 자형의 변화를 보면, 먼저 네 개의 짧은 획이 안쪽으로 향하였고 구부러졌다. 주문체()에 이르러서는 더욱 모습이 변하여 화살처럼 되었다. 그래서 무기를 그린 것으로 오인하게 되었다.

1482 **아들 자**

子

zǐ

12개의 지지(地支) 중에서 첫 번째가 자(子)이다. 이는 막 태어난 아이의 모습이다. 갑골문의 또 다른 자형에서는 이미 자란 아이를 그렸는데, 이후에 이 두 글자가 하나로 합쳐졌다.

1483 **외로울 혈**

孑

jié

소전체에 이르러 자(子)에서 혈(孑)과 궐(孒) 두 글자가 분화되어 나왔다. 혈(孑)은 오른팔이 없는 어린 이이를, 궐(孒)은 왼팔이 없는 어린 아이를 그렸다.

1484　왼팔 없을 궐

왼팔이 없는 어린 아이를 그렸는데, 자
(子)에서 분화해 나온 글자이다.

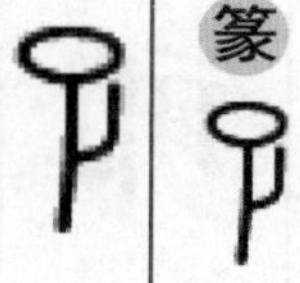

jué

1485　소 축

구부러진 손가락의 형상이다. 철(徹,
�)을 보면 축(丑)은 속이 빈 솥의 다리
속에 남은 음식을 깨끗하게 씻어내기
위해 손가락을 구부려 그것을 파내는
형상을 그렸다.

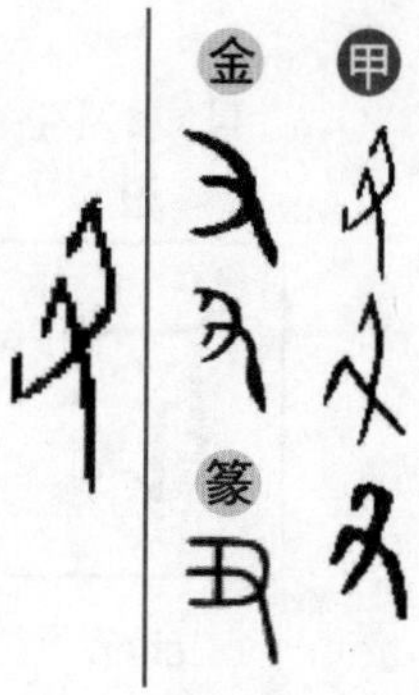

chǒu

1486　셋째 지지 인

초기 자형을 보면 화살임이 분명하다.
원래의 시(矢)자와 구분하기 위해 화살
대에다 짧은 가로획을 추가했으며(𡩁),
그 다음에 네모 상자를 추가했던 것으
로 보인다(𡩁). 금문에 이르러 상자가
왼쪽과 오른쪽의 두 손으로 변했다(𡩁).

yín

① 동물

② 전쟁과 형벌

③ 일상생활①

④ 일상생활②

⑤ 기물제작

❻ 삶과 신앙

1487

넷째 지지 묘

卯

mǎo

묘(卯)자가 가장 일반적으로 사용된 때는 제사를 지낼 때의 '좌묘(左卯)'와 '우묘(右卯)'인데, 이 때문에 학자들은 묘(卯)가 희생의 몸통을 좌우로 반쪽씩 나누는 것이라고 믿고 있다. 물체를 둘로 나눈 절반이 원래 뜻이다.

金 甲
古 篆

1488

다섯째 지지 진

辰

chén

진(辰)자의 원래 모습은 각도를 돌린 모습인 ⌐으로 보아야만 한다. 이는 껍질을 가진 조개류 연체동물의 모습이다. 초기 농부들은 단단한 조개껍질을 농작물의 수확 도구로 사용했기 때문에 종종 농업과 관련된 일을 표현하는 데 사용되었다.

金 甲
古 篆

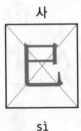

1489

여섯째 지지 사

巳

sì

사(巳)자는 원래 막 태어난 갓난아이를 표현했는데(子), 나중에 자(子)자와 구분하기 위해 아직 태어나지 않은 자궁속의 아이를 표현했다(了). 소전체의 자형은 머리 부분을 그린 획이 끊겼는데(己), 이 때문에 '뱀'이라 오인하였다.

金 甲
篆

1490

일곱째 지지

오

午

wǔ

쌀을 찧기 위한 나무 절굿공이를 그렸다. 원래는 기다란 막대기였을 것인데, 십(十)자와 구분하기 위해 세로로 된 직선에다 작은 점 두 개를 더했다(⋮). 이것이 다시 짧은 가로획으로 변했으며(⊥), 윗부분의 가로획은 다시 긴 비스듬한 획이 되어(介) 지금의 글자가 되었다.

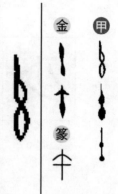

1491

작을 요

幺

yāo

비단실 한 가닥을 그렸으며, '작다'는 뜻이다. 이 의미는 유(幽, ⿳)에서부터 나왔을 수도 있는데, 유(幽)는 불을 피우는 등잔의 두 개의 심지를 말한다. 빛이 희미하고 약하기 때문에 이를 요(幺)로 표현하게 되었다.

1492

작을 소

小

xiǎo

갑골복사에서 때때로 소(少)로 표기되어, 이 두 글자는 서로 통용되었음을 알 수 있다. 세 개의 필획을 위에 하나 아래에 둘 배열하여 해당 의미를 나타냈다. 이는 양이 적다는 개념을 표현하기 위한 기호에 지나지 않을 것이다.

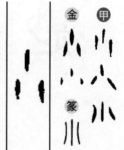

① 동물

② 전쟁과 형벌

③ 일상생활①

④ 일상생활②

⑤ 기물제작

⑥ 삶과 신앙

1493
적을 소

少

shǎo

네 개의 작은 점이나 혹은 조금 늘어뜨린 점들을 상하와 좌우로 배열하여 양이 적음을 표현했다. 이후 소(小)자와 정식으로 구분해서 썼는데, 소(小)는 길이가 짧다는 것에 초점이 놓인 반면 소(少)는 양이 적음에 초점이 놓였다.

1494
모래 사

沙

shā

금문 자형을 보면 흐르는 물줄기 하나와 4개에서 9개에 이르는 모래 입자가 표현되었다. 이로부터 모래 입자가 대부분은 물가에 있음을 나타냈다.

1495
적을 선

尟

xiǎn

시(是)와 소(少)의 조합으로 이루어진 글자인데, 대단히 적은 정도를 나타냈다.

❶ 동물

❷ 전쟁과 형벌

❸ 일상생활①

❹ 일상생활②

❺ 기물제작

❻ 삶과 신앙

1496 　 큰 대

大

dà

정면에 서있는 성인의 형상이다. 성인의 신체가 아이보다 '크다'는 의미를 빌려와 '크다'는 추상적 개념을 표현했다.

1497 　 아닐 미

未

wèi

나무 즉 목(木)자에서 창제의미를 가져왔다. 목(木)은 가지가 똑바르지만 미(未)는 가지가 구부러져 있어 가지가 번성함을 강조했다. 나중에 목(木)자와 명확하게 구별하기 위해 다시 가지를 한 층 더 추가해 의미를 쉽게 이해하도록 만들었다.

1498 　 아홉째 지지

신

申

shēn

광선이 굴절되어 여러 갈래로 내리치는 '번개'를 형상적으로 표현했다. 금문에 이르러서는 갈래를 이룬 번개가 주 번개와 분리되었으며, 그 때문에 뢰(雷)자(🜨, 🜨)와 혼동하게 되었다.

1499 　번개 전

電

diàn

갑골문 시대에 하늘에서 떨어지는 것들에 대해서는 의미부호 우(雨)를 더했다. 그래서 금문 이전에는 신(申)이 전(電)의 의미도 함께 갖고 있었을 것이다. 금문 시대에 이르러 하늘에서 일어나는 현상은 모두 우(雨)부수에 귀속되었고, 전(電)자도 그래서 만들어지게 되었다.

篆　金
雷　霍
　古
雷

1500 　우레 뢰

畾

雷

léi

번개와 천둥은 종종 함께 나타나는데, 갑골문에서 뢰(雷)는 번개가 동반한 천둥의 이미지를 그려냈다. 금문에 이르러 의미부 우(雨)를 더하여 로 사용하기 시작했으며, 때로는 전(田)이 더해지기도 했다. 소전체에 이르러서는 이미 관습이 된 것처럼 위에 한 개 아래에 두 개를 배치하는 모습으로 바뀌었다.

金　甲
　
古　篆
　雷

1501 　구름 운

云

雲

yún

갑골문에서는 둥글둥글하게 말린 구름의 모양을 했다. 이는 순(旬)자와 구분하기 위해 상(上)자 비슷한 기호를 추가한 것으로 보이며, 그로써 하늘의 구름임을 나타냈다.

篆　甲
雲
　古
云

1502 열흘 순

xún

갑골문에서 구름의 형상이다. 금문에 이르러 일(日)이 더해져, 순(旬)의 의미가 날짜와 관련되었음을 표명했다. 소전체에서는 조금 변형이 이루어졌는데, 동그라미가 일(日)을 감싼 것처럼 되었다.

1503 닭 유

yǒu

술을 담아 먼 곳까지 운반할 수 있는 아가리가 좁고 몸통이 길며 바닥이 뾰족한 모습의 도기를 그렸는데, 윗부분에는 끈을 끼울 수 있는 반원형으로 된 구멍이 두 개 있다.

1504 가득할 복

福

fù

신을 경배하고 복을 구하기 위해 신들에게 올리는 술독을 그렸는데, '복이 가득하다'는 뜻으로 의미가 확장되었다. 이후 제사라는 뜻에서 시(示)를 더해 의미를 보충했고, 구조도 형성자로 변했다.

1505 **두목 추**

qíu

오래된 좋은 술로, 술 향기가 사방에 가득한 모습을 그렸다. 자형은 실체에다 추상적 부호를 더한 지사자이다. 이후 우두머리나 권세를 가진 사람을 부르는 말로 가차되었다.

篆

1506 **제사 지낼 전**

diàn

큰 아가리를 가진 도기 항아리의 바닥이 땅에 꽂힌 모습이다. 이렇게 되어야만 넘어지거나 움직이지 않게 된다. 이로부터 '다지다', '안정시키다'의 의미가 나왔다.

金 甲

篆

1507 **개 술**

xū

똑바른 손잡이를 가진 무기인데, 날 부분이 상당히 넓은 모습이다. 그대로 내리찍어 목을 잘라 죽이는 데 쓰였으며, 공격 면이 넓기에 무거운 재료로 만들어야만 했다. 형벌을 집행하기 위한 무기로 주로 사용되어, 사법권의 상징으로 여겨지기도 했다.

金 甲

1508 **돼지 해**

亥

hài

해(亥)자는 언뜻 보기에는 '시(豕: 돼지)'에서 머리가 잘린 모습처럼 보인다. 어쩌면 어떤 지방에서는 돼지 머리를 매달아 재부(財富)를 표현했기 때문일 것이다.

① 동물

② 전쟁과 형벌

③ 일상생활①

④ 일상생활②

⑤ 기물제작

❻ 삶과 신앙

번역 후기

1986년 겨울로 기억된다. 벌써 아련한 35년 전의 일이다. 허진웅 교수님께서 캐나다에서 오랜 외유 끝에 잠시 대만으로 돌아오셔서 갑골문 강의를 하신다는 소식을 대만대학의 친구로부터 들었다. 그때 대만대학으로 가서 선생님의 강의를 방청한 것이 처음으로 뵌 인연이다.

처음에 놀란 것은 학문에 대한 선생님의 성실함과 과학적 접근과 분석이었다. 우리에게 강의를 해 주시면서 당시에 나온 갑골문 등에 관한 학술 논문들을 한 편 한 편 컴퓨터 파일로 정리하여 나누어 주셨다. 각 편의 논문마다 해당 논문의 기본 정보, 내용 요약, 문제점, 해결 방안, 참고문헌 등을 기록한 파일을 출력하신 것이었다. 그때만 해도 개인 컴퓨터가 막 보급되기 시작하였고, 다른 사람들은 필사하거나 자료를 잘라 붙인 카드나 노트 등으로 자료를 정리하고 연구하던 시절이라 도트 프린트로 인쇄된 선생님의 자료들은 신선한 충격이 아닐 수 없었다. 게다가 당시로서는 보기 어려웠던 서구의 자료들은 물론 대륙의 다양한 자료들까지 포함하고 있었다. 당시는 대륙의 자료들이 마치 우리들에게서 북한자료인 것처럼 열람이 제한되어 있었다. 이들 자료를 보려면 대만국가도서관의 중국학센터[漢學中心]나 국립정치대학 동아시아연구소에 가서 허락을 득한 후 복사도 불가한 상태에서 손으로 베껴 써야만 했던 때였다. 그랬으니 그 충격과 감격은 가히 헤아릴 수 있으리라.

선생님께서는 캐나다 온타리오 박물관에서 멘지스 소장 갑골문을 손수 정리하시면서 체득한 여러 노하우들도 알려주셨는데, 그 과정에서 발견한 갑골을 지지기 위해 홈을 파둔 찬과 조의 형태에 근거해 갑골문의 시대를 구분할 새로운 잣대의 발견을 이야기 할 때는 다소 흥분까지 하신 듯 했다. 동작빈 선생께서 1933년 갑골문의 시기구분 기준으로 제시했던 10가지 표준에 하나를 더 보탤 수 있는 과학적 잣대이자 획기적인 성과였다. 그리고 상나라 때의 5가지 주요 제사에 대해서도 일가견을 갖고 계셨고, 새로운 연구 성과와 경향을 다양하게 소개해 주셨다. 게다가 갑골문 연구, 나아가 한자연구에서 가져야 할 참신한 시각도 많이 제공해 주셨다. 특히 한자를 문헌과의 연계 연구에서 벗어나, 고고학 자료들과의 연계, 나아가 인류학과 연계해야 한다는 말씀도 강조하셨다. 어쩌면 왕국유 선생께서 일찍이 제시했던 한자와 문헌과 출토문헌 자료를 함께 연구해야 하며 거기서 공통된 증거를 찾아야 한다는 '이중증거법'을 넘어서 인류학 자료까지 포함시킴으로써 '삼중증거법'을 주창하셨던 셈이다. 혜안이 아닐 수 없었다. 아마도 선생님께서 캐나다라는 구미 지역에서 오랜 세월 동안 연구하셨기 때문에 이러한 영역을 연계시키고 나아가 '중국인들의 사고'를 넘을 수 있었던 것이라 생각했다.

그 후로 선생님을 마음속에서만 흠모 했을 뿐, 제대로 찾아뵙지도 못하고, 제대로 가르침을 구하지도 못했다. 1989년 귀국하여 군복무를 마치고, 1991년 운 좋게 대학에 자리를 잡아 학생들을 가르치게 되었다. 중국학의 기초가 되는, 또 우리 문화의 기저에 자리하고 있는 한자를 좀 더 참신하게 강의하고자 노력하고 있을 때였다. 그때 정말 반가운 소식을 하나 접하게 되었다. 다름 아닌 선생님의 거작 『중국고대사회』가 동문선출판사에서 홍희 교수의 번역으로 출간된 것이었다. 영어로 된 교재 편집 본을 보고 감탄하며 활용하고 있었는데, 선생님의 학문 세계를 망라한 그 방대한 책이 우리말로 번역되어 한국 독자들에게 소개된 것이다. "문자의 인류학의 투시"라는 부제가 붙어 있듯이 책은 각종 고고학과 인류학적 자료와 연구 성과들을 한자와 접목하여 그 어원을 파헤치고 변화 과정을 설명한 책이다.

너무나 기뻐 내 자신이 몇 번이고 숙독을 했음은 물론 학생들의 교재로 사용하기도 했다. 지금 생각하면 그 두껍고 상당히 학술적이기까지 한 책을 통째로 익히게 했으니 학생들이 꽤나 고생하고 원망도 많았다. 하지만 당시에는 미국과 캐나다의 중문과에서도 여러분과 같은 또래의 학부학생들이 이 책으로 꼭 같이 공부하고 있다고 하면서 경쟁력을 가지려면 한자문화권에 사는 여러분들이 이 정도는 당연히 소화해야 하지 않겠냐며 독려했던 기억이 생생하다.

필자가 지금하고 있는 한자의 문화적 해석과 한자의 어원 연구는 사실 허진웅 선생님의 계발을 받은 바가 크다. 필자의 한자 연구를 '한자문화학'이라는 구체적 방향으로 가도록 해 준 책이 바로 이 책이기 때문이다. 그러다 1994년 숙명여대 양동숙 교수님의 주관으로 한국에서 전무후무한 성대한 갑골학 국제학술대회가 열렸다. 중국 대륙의 구석규, 왕우신 선생님을 비롯해 허진웅 선생님까지 오신 것이다. 저도 어린 나이었지만 초대되어 부족하지만 「갑골문에 나타난 인간중심주의」라는 논문을 발표하여 좋은 평가를 받았으며, 그 이후로 한자문화학이라는 이 방향이 지속 가능한 연구임을 확인하게 되었다.

그 이후로는 선생님을 직접 뵐 기회가 없었다. 중국이 개방되면서 주로 대륙을 드나들면서 상해의 화동사범대학 등과 공동 연구를 주로 하면서 대만을 갈 기회가 없었기 때문이다. 그래도 선생님의 책은 꾸준히 사 모았다. 그리고 블로그 등을 통해서도 선생님의 활발한 학술활동과 연구경향 등을 확인할 수 있었다. 컴퓨터를 여전히 잘 운용하시는 선생님의 모습이 그려졌다.

그러다 2019년 5월 대만문자학회의 초청으로 학술대회에 참여했다가 서점에서 선생님의 『유래를 품은 한자』 7권을 접하게 되었다. 그간의 선생님의 관점과 연구 성과를 담은 결과물을 보다 쉽게, 보다 통속적으로 기술한 책이었다. 나이 여든이 된 세계적 대학자께서 그 연세에 청소년들을 위해 큰마음을 잡수시고 이 방대한 책을 펴냈을 것임을 직감했다. 날이 갈수록 한자를 학문적 근거 없이 편한 대로 이해하는 세태, 그 속에 담긴 문화적 속성에 대한 이해 없이 단순한 부호로만 생각하는 한자, 그리고 줄어만 가는 중국 전통문화의 연구 등등, 이러한 풍조를 바로 잡고 후학들에게 관심을 가지게 하려면 어린 청소년부터 시작하는 게 옳다고 생각하셨을 것이다. 그래서 보통 대학자들이 잘 하지 않는 통속적 저술 쓰기를 손수 실천하셨던 것이다. 사실 전문적 학술 글쓰기보다 훨씬 어려운 것이 대중적 통속적 글쓰기이다. 고희를 넘어서 산수(傘壽)에 이르신 연세에 노구를 이끌고 이런 작업을 하신 선생님의 고귀한 열정을 우리 모두 깊이 새겨야 할 것이다.

대만 학회를 마치고 오는 길에 이 책을 번역하여 한국 독자들에게 소개해야겠다는 결심을 했다. 그것이 선생님께 진 학문적 빚을 조금이라도 갚고 선생님의 지도에도 감사하는 한 방식이라 생각했기 때문이다. 돌아오자마자 해당 출판사에 번역 제의를 했고 선생님께도 이 사실을 보고해 도움을 달라고 부탁드렸다. 출판사도 선생님께서도 모두 흔쾌히 허락해 주셨다. 다만 『유래를 품은 한자』 7권과 곧이어 나올 『갑골문 고급 자전』까지 총 8권의 방대한 저작을 한꺼번에 제대로 번역할 수 있을까 하는 걱정도 갖고 계셨다. 그러나 저는 개인이 아니라 한국한자연구소의 여러 선생님과 함께 하는 팀이 있다고 말씀드렸고, 저의 책임 하에 잘 번역하겠다고 약속드렸다. 물론 연구소의 인원 모두가 참여한 것은 아니지만 중국학 전공으로 자발적으로 참여하신 선생님들을 위주로 번역 팀이 꾸려졌다.

그리고 2020년 1월 초, 한자의 시원이라 할 갑골문 발견 120주년을 기념하는 국제학술대회와 한중갑골문서예전을 우리 연구소에서 개최하기로 되어, 이 자리에 선생님을 모셨다. 고령이기도 하시거니와 외부 활동을 잘 하지 않으시는 선생님이었지만, 초청에 흔쾌히 응해 주셨다. 한국은 숙명여대 학술대회 이후 약 25년 만에 이루어진 방문이셨다. 아마도 우리 연구소와 번역 팀이 어떤지를 확인해 보고 싶기도 했을 것이라 생각한다. 이번 학회에서도 선생님께서는 유가의 3년 상의 전통이 우리가 상상하는 것보다 훨씬 이전인 상나라 때부터 존재했다는 가설을 갑골문과 관련 고고자료들을 통해 논증해주셨다. 언제나 어떤 학회를 가시더라도 항상 참신한 주제에 새로운 성과를 발표해 주시는 선생님의 학문적 태도에 다시 한 번 감동하지 않을 수 없었다.

우리 한국한자연구소는 한국한자의 정리와 세계적 네트워크와 협력 연구를 위해 2008년 출범한, 아직 나이가 '어린' 연구소이다. 그러나 한자가 동양문화의 기저이며, 인류가 만든 중요한 발명품의 하나이자 계승 발전시켜야 할 유산이라는 이념을 견지하며 여러 가지 다양한 활동을 하고 있으며, 세계한자학회의 사무국도 유치했다. 마침 2018년 한국연구재단의 인문한국플러스(HK+)사업에 선정되어 한국, 중국, 일본, 베트남 4개국의 한자 어휘 비교를 통한 "동아시아한자문명연구"를 진행하고 있다. 2025년까지 이 연구는 지속될 것이다. 한자는 동아시아 문명의 근원이고, 한자 어휘는 그 출발이 개별 한자이다. 한 글자 한 글자 모두가 중요한 개념을 글자 속에 담고 있고 수 천 년 동안 누적된 그 변화의 흔적들을 새겨 놓은 것이 한자라는 문자체계이다. 그래서 한자에 대한 근원적이고 철저한 이해는 이 모든 것을 출발점이자 성공을 담보하는 열쇠라 생각한다.

그런 의미에서 이 『유래를 품은 한자』는 우리 사업과도 잘 맞는 책이며, 통속적이고 대중적이지만 결코 가볍지도 않은 책이다. 허진웅 선생님의 평생에 걸친 연구 업적이 고스란히 녹아 있는 결정체이다. 특히 『갑골문 고급 자전』은 최신 출토 갑골문 자료를 망라함은 물론 평생 천착해 오신 갑골문과 한자어원 및 한자문화 해석에 대한 선생님의 집대성한 가장 최근의 저작이다. 이들 책에서 한자를 단순히 문자 부호가 아닌 문화적 부호로 보고 이를 문화학적 입장에서 해석하려는 노력이 특별히 돋보인다. 독자들에게 한자를 고고학과 인류학과 연결하여 보는 눈을 열어주고 한자에 담긴 새로운 세계를 인류의 역사와 함께 탐험하게 할 것이다. 그 어떤 저작보다 창의적이면서도 학술적이라 확신한다. 우리에게서도 점점 멀어져만 가는 한자, 이 책을 통해서 한자의 진면목과 숭고한 가치를 느끼고 한자와 가까워질 수 있을 것이라 믿는다. 그리고 한자에 담긴 무한한 지혜와 창의성을 체험하는 재미도 느끼게 해 줄 것이다.

다소 장황한 '후기'가 되었지만, 허진웅 선생님과의 인연과 필자가 한자 문화학의 길로 들어서게 된 연유, 그리고 그 과정에서 선생님께 입은 은혜에 대해 감사 표시라 이해해 주시기 바란다. 아울러 이 방대한 책을 빠른 시간 내에 번역할 수 있도록 참여해 주신 김화영, 양영매, 이지영, 곽현숙 교수님께도 감사드리며, 여러 번거로운 일을 마다않고 도와준 김소연 디자이너, 이예지, 최우주, 김태균, 박승현, 정소영 동학에게도 고마움을 표한다.

2020년 12월 20일
역자를 대표하여 하영삼 씁니다.

찾아
보기

찾아보기
(수록글자순)

**제3부
일상생활
❶**

찾아보기
(한글독음순)

저자/역자 소개

허진웅(許進雄)

1941년 대만 고웅 출생, 국립대만대학 중문과 졸업 후 1968년 캐나다 토론토의 로열 온타리오박물관 초청으로 멘지스 소장 갑골문을 정리, 갑골문 시기 구분 표준을 제시하는 등 갑골문 연구의 세계적 권위가가 됨.
1974년 토론토대학 동아시아학 박사학위 취득, 동아시아학과 교수 부임.
1996년 대만으로 귀국, 국립대만대학 중문과 특임교수로 재직, 2006년 퇴임 후 현재 세신대학 중문과 교수로 재직.
주요 저서에『중국고대사회』,『실용 중국문자학』,『허진웅 고문자학 논문집』,『문자학 강의』,『갑골복사의 5가지 제사 연구』,『갑골의 찬조 형태 연구』 등이 있다.

하영삼(河永三)

경성대학교 중국학과 교수, 한국한자연구소 소장, 인문한국플러스(HK+)한자문명연구사업단 단장. (사)세계한자학회 상임이사. 부산대를 졸업하고, 대만 정치대학에서 석.박사 학위를 취득했으며, 한자 어원과 이에 반영된 문화 특징을 연구하고 있다.
저서에『한자어원사전』,『한자와 에크리튀르』,『한자야 미안해』(부수편, 어휘편),『연상 한자』,『한자의 세계』 등이 있고, 역서에『중국 청동기시대』,『허신과 설문해자』,『갑골학 일백 년』,『한어문자학사』 등이 있고,『한국역대한자자전총서』(16책) 등을 주편했다.

김화영(金和英)

경성대학교 중국학과 조교수, (사)세계한자학회 사무국장, 『한자연구』 편집주임. 동의대학교 중문과를 졸업하고, 동 대학원에서 석사학위, 부산대학교에서 박사학위를 취득했으며, 한자학 관련 서적의 번역에 주력하고 있다.
저서에『한자로 읽는 부산과 역사』(공저),『땅띠중국어』가 있고, 역서에『삼차원 한자학』,『한국한문자전의 세계』,『유행어로 읽는 현대 중국 1백년』 등이 있다.